Elisa Maier
Wilhelm von Humboldt - Lichtstrahlen.
Aus seinen Briefen an eine Freundin, Frau von
Wolzogen, Schiller, G. Forster, F.A. Wolf

Mit einer Biographie Humboldt's

I0585255

SEVERUS Verlag

ISBN: 978-3-95801-677-4
Druck: SEVERUS Verlag, 2017
Überarbeitete Ausgabe des Neudrucks der Originalausgabe von 1855

Der SEVERUS Verlag ist ein Imprint der Diplomica Verlag GmbH.
Bibliografische Information der Deutschen Nationalbibliothek:
Die Deutsche Nationalbibliothek verzeichnet diese Publikation in der
Deutschen Nationalbibliografie; detaillierte bibliografische Daten
sind im Internet über http://dnb.d-nb.de abrufbar.

© SEVERUS Verlag, 2017
http://www.severus-verlag.de
Printed in Germany
Alle Rechte vorbehalten.
Der SEVERUS Verlag übernimmt keine juristische Verantwortung
oder irgendeine Haftung für evtl. fehlerhafte Angaben und deren
Folgen.

Elisa Maier

Wilhelm von Humboldt – Lichtstrahlen.

Aus seinen Briefen an eine Freundin, Frau von Wolzogen, Schiller, G. Forster, F.A. Wolf.

Mit einer Biographie Humboldt's

Inhaltsverzeichnis.

Vorwort.

Als mich Schlag auf Schlag eine Reihe von Mißge-
schicken traf, die ich schmerzlich fühlte und deren
schwer zu tragende Folgen, menschlicher Berech-
nung nach, weit hinausreichen mußten, da ließ mich
mein guter Genius Wilhelm von Humboldt's „Briefe
an eine Freundin" finden. Wie ward mir das Buch so
lieb! Wie teuer der Mann, an dem sich jene Frau
emporrichtete!

Alles, was Wilhelm von Humboldt's Namen an
der Stirn trug, war mir ein Kleinod; ich las seine
übrigen, einzeln erschienenen Briefwechsel, aus
seinen gesammelten Werken soviel mir nur immer
zugänglich war, und dann Das, was Andere über ihn
geschrieben. Gewohnt, Auszüge aus Schriften zu
machen, die mit meinem Innersten übereinstimmten,
die mich intellektuell und moralisch fördern konnten, machte ich auch solche aus Wilhelm von Humboldt's Briefen. Und als ich sie gemacht, da fiel mir
ein, diese herrlichen, großen Ideen könnten auch
Andere heben, die aus verschiedenen Gründen nicht

Alles lesen können, was mir so freundlich zukam und wozu ich hinlänglich Muße hatte. Ich fügte eine Biographie des Mannes bei, der mir so viel gegeben. Nicht daß ich so vermessen sei, zu glauben, es sei mir möglich, einen so universellen Geist in allen seinen Eigenschaften und Verhältnissen darzustellen. Wohl lehrte mich Niemand so wie er Bescheidenheit, und ich beuge mich tief vor seiner Geistesgröße. Dennoch habe ich es zur Ergänzung der „Lichtstrahlen" versucht, einen Lebensumriss des hochverehrten Mannes zu geben; ich habe ihn aus seinen bekannten Briefen, seinen gesammelten Werken, aus Dem, was in Varnhagen von Ense's Schriften und in Schlesier's „Erinnerungen" enthalten ist, zusammengetragen. Letzterem verdanke ich sehr viel: die Stellen, welche, mit „—" eingeschlossen, ohne Angabe des Verfassers stehen, sind — wenige Reminiszenzen aus Schiller's Gedichten ausgenommen — sämtlich aus Schlesier's „Erinnerungen".

Daß Wilhelm von Humboldt's „Briefe an eine Freundin" und vorliegende „Lichtstrahlen" aus sämtlichen Briefen des großen Mannes so rasche Verbreitung gefunden, beweist einesteils, wie richtig der tiefe Denker das Seelenleben und den Zweck des menschlichen Daseins erkannt hat und andernteils, wie tief das Bedürfnis, das Streben nach geistiger Entwicklung und Förderung im Grunde der menschlichen Seele wohnt, wie sie hungert und dürstet nach Gerechtigkeit, nach unvergänglicher Wahrheit.

Wohl Allen, die sich von Wilhelm von Humboldt nähren und groß ziehen lassen! Sie werden nicht jammern und klagen, wenn sich die Sonne ihres

Lebens hinter dunkeln Wolken verbirgt; wenn der sonst so freundliche Mai statt duftender Blüten und wonniger Klänge nur einen faltenreichen Trauermantel für sie Hat, ihr Unglück und ihren Schmerz einsam zu verhüllen. — Im dunkeln Schachte gedeiht das Gold, in der kranken Muschel die Perle, und der kalte, stürmische Winter bedingt den liebreizenden Frühling. Schmerz und Unglück schulen den schwachen, kleinen Menschen, das zagende Erdenkind zum starken und großen, zum Himmelsboten, wecken die in ihm schlummernden göttlichen Kräfte, lehren ihn glauben und lieben und arbeiten und die Gegenwart als eine große Göttin ansehen, die Demjenigen unendlich viel gewährt, der nicht bald fürchtend, bald hoffend und immer sehnsüchtig in die Zukunft blickt und sich darüber um den Reiz des allein gegebenen Augenblicks, ja um das Leben selber betrügt; der unabhängig ist von allem Äußeren, nicht kleinlich und selbstsüchtig mit seinem Ich beschäftigt; der vom reichen Leben nichts Anderes will als Entwicklung, reichste Entwicklung der göttlichen Kraft in ihm.

O mögen sich fort und fort Tausende aufrichten an Wilhelm von Humboldt und dann still und mutig tragen schweres, langes Unglück und demütig groß das süße, schöne Glück!

Winterthur.
Elisa Maier.

Wilhelm von Humboldts Leben.

Wer seiner Jugend treu bleibt durch das Leben
Und hoch im Herzen achtet diese Treue,
Bewahret Einheit in de« Geistes Streben
Und kennt den Stachel niemals bittrer Reue.

Des Alters Brust noch die Gefühle heben,
Die heiligten der Jugend Blütenweihe;
Der ersten Sehnsucht leises Wonneleben
Dem ganzen Dasein glänzt wie Himmelsbläue.

Denn von den duft'gen Lebenskränzen allen
Am duftigsten der Kranz der Jugend schwillet;
Bis hin zum Grabe Balsam ihm entquillet,

Die andern auf Momente nur gefallen.
Die Hand der Zeit ein Herz läßt unberühret,
Das fromm und treu der Jugend Genius führet.

So singt Wilhelm von Humboldt, der am 22. Juni
1767 zu Potsdam geboren wurde. Sein Vater, Alexander Georg Freiherr von Humboldt, Erbherr auf
Hadersleben und Ringelswalde, später auch Besitzer
des Schlößchens Tegel, diente lange im Finken-
stein'schen Dragonerregimente, wurde dann Major
und Adjutant des Herzogs Ferdinand von Braun-
schweig, leistete wichtige Dienste im Siebenjährigen
Kriege und wurde nach demselben von Friedlich
dem Großen zum Kammerherrn ernannt (1765).
Seine Gemahlin war eine geborene von Colomb, die
in erster Ehe mit einem Baron von Holwede verheiratet war. Sie schenkte ihrem zweiten Gatten und der
Welt zwei herrliche Söhne, den schon genannten
Wilhelm und, zwei Jahre später, am 14. September
1769, Alexander von Humboldt. Der Major von
Humboldt starb schon 1779; die Mutter erfüllte ge-

treu ihre hohe Sendung, lebte der Erziehung ihrer Söhne und zog die besten Ratgeber an ihre Seite. Sie starb im November 1796, als Wilhelm und Alexander schon auf vielversprechende Weise ihre Laufbahn betreten hatten.

Wilhelm von Humboldt brachte seine ersten Jugendjahre in Tegel zu. Das Haus, in dem große Menschen einen Teil ihrer Jugend verlebten, hat etwas geheimnisvoll Anziehendes; man möchte gern ein Bild von ihm und seiner Umgebung haben; drum stehe, was mir bekannt ist, hier. Drei Stunden nordwestlich von Berlin, in recht anmutiger Gegend, nur durch einen düsteren Kiefernwald von der Hauptstadt getrennt, liegt Tegel an der Havel, die sich hier wie ein See ausbreitet und auch der Tegeler See genannt wird. Südwärts am anderen Ufer der Havel erblickt man Stadt und Festung Spandau. Der Major von Humboldt erweiterte und verschönerte dies Besitztum durch große Gartenanlagen nach dem See hin und legte auch einen Weinberg an. Das nordwestliche Ufer hat hohe Hügeldämme, mit Waldung und Buschwerk reich bewachsen, angenehme Spaziergänge mit schönen Aussichten. Das Dorf selbst ist königlich und das Schloß mit dem dazu gehörigen Lande hat erst Wilhelm von Humboldt auch als Rittergut besessen. Für einen alten, aus der Zeit des großen Kurfürsten stimmenden Turm hegte er solche Vorliebe, daß er ihn auch bei einem Umbau, von dem später die Rede sein wird, stehen ließ. Schon das alte Schloß war eine gastliche Stätte; auch Goethe soll noch zu Lebzeiten des Majors von Humboldt einen Besuch in Tegel gemacht haben. In seinem

„Faust" spielt er recht hübsch auf den Geisterspuk in Tegel an. Nicolai, der Geist der Plattheit, fährt dort die Geister der Walpurgisnacht also an:

> Ihr seid noch immer da! Nein, das ist unerhört.
> Verschwindet doch! Wir haber ja aufgeklart.
> Das Teufelspack, es fragt nach keiner Regel;
> Wir sind so klug und dennoch spukt's in Tegel.
> Wie lange Hab' ich nicht am Wahn,
> hinausgekehrt,
> Und nie wird's rein; das ist doch unerhört!

Ein seltener Glücksstern leuchtete den beiden Dioskuren von der Stunde ihrer Geburt an: glücklich begabt, in der günstigsten äußeren Stellung, begannen und durchwandelten sie ihr Leben in einer Kräfte weckenden und fördernden Zeit des Umschwungs und großer Bewegungen — in politischer, literarischer und philosophischer Beziehung. Neue Erziehungsmethoden, durch Rousseau angeregt, machten sich in Preußen Bahn. Der Domherr von Rochow, Gedike, Basedow und Campe wirkten tätig; und wenn auch, wie bei allen Anfängen, manche Missgriffe getan würden, so fand doch immer ein Fortschreiten statt, das auch den beiden Humboldt zugute kam. Campe wurde 1773 ihr Hauslehrer und blieb es bis 1777, wo er als Lehrer an das Philanthropin zu Dessau trat. „Konnte der Mann, der nächst Klopstock einer der Ersten in Deutschland war, die mit Sprachtheorie, wennschon zunächst mehr mit deutscher Sprache und deutschem Stil, sich beschäftigten, konnte der nicht die ersten Triebe der Sprachforschung in unseres Humboldt's Geist erwecken? Der

Mann, der Robinson bearbeitete und die Gestalten kühner Weltumsegler auch der Kinderwelt nahe brachte, konnte der nicht zuerst Alexander's Phantasie mit solchen Bildern befruchtet und die unvertilgbare Entdeckungslust in ihm entzündet haben?"

Wiewohl beide Zöglinge früh genug den Lehrer überwuchsen, blieben sie doch in freundlichem Verhältnisse zu ihm. Campe's Nachfolger wurde Christian Kunth, ein sehr junger, aber an Geistesbildung reicher Mann. Er verwaltete sein wichtiges Amt mit der wahren Treue eines guten Erziehers, trug nicht nur eigene, vielseitige Kenntnisse auf den Geist der reichbegabten Schüler über, sondern bestrebte sich, „Alles, was Berlin an echten Bildungsmitteln besaß, für die Entwickelung großer Anlagen fruchtbar zu machen, was den Erzieher nach dem frühen Tode des Vaters, von dem edelmütigen Vertrauen und der hohen Gesinnung der Mutter unterstützt, unauflöslich mit seinen Zöglingen verband". Während elf Jahren war Kunth Erzieher der beiden Söhne und dann bis 1796, also bis zum Tode der Mutter, Hausgenosse. 1795 hatte er ein Staatsamt erhalten, in dem er sich bedeutende Verdienste erwarb. Mit treuer Liebe blieben die Zöglinge ihrem ausgezeichneten Lehrer sein Leben lang zugetan.

Unter den Männern, die zur Ausbildung so reicher Talente gewählt wurden, nennt Schlesier auch den berühmten Berliner Arzt Ernst Ludwig Heim, der die Knaben in die Anfangsgründe der Pflanzenkunde einweihte; später unterrichtete Willdenow den jungen Alexander in der Botanik. Den Grund zu Wilhelm's tiefen griechischen Studien legte Löffler, der Verfasser eines freigesinnten Buches über den Neu-Platonismus der Kirchenväter. Nach Löffler erteilte ihm Fischer, der neben Mathematik viel Griechisch wußte, Unterricht in dieser Sprache. Da es nur in der Hauptstadt selbst möglich war, ausgezeichnete Männer für größere Privatvorträge zu gewinnen, brachten die Brüder die Zeit vor ihrem Abgange auf die Universität mehr in Berlin als in Tegel zu, und da lasen ihnen Engel, Klein, Dohm lange Kollegien über Philosophie, Rechts- und Staatswissenschaft.

Der zwei Jahre jüngere Alexander mußte die Vorteile der gemeinsamen Erziehung mit größerer Anstrengung erkaufen als der früh schon kräftige Wilhelm. In den ersten Jahren der Kindheit verzweifelte man auch ganz an des Ersteren Fähigkeiten, bis es im späteren Knabenalter Plötzlich Licht in seinem Kopfe ward. Körperlich leidend war er sogar noch in und nach den Universitätsjahren. Freunde wie Georg Forster meinten, daß der Körper nur deshalb leide, weil der Geist zu tätig sei und „die logische Erziehung der Herren Berliner seinen Kopf gar zu sehr mitgenommen habe". Es konnten aber doch Beide gemeinschaftlich die Universitätsstudien beginnen, und auch bei dem Jüngeren hat der gewaltige Geist den Körper bezwungen, sodaß er später die eisige Kälte des Ural und Altai ohne nachteiligen Einfluß ertrug, ungestraft unter Palmen wandelte, die ganze Erde zur Heimat hat und als körperlich rüstiger und geistig kräftiger Greis von mehr als achtzig Jahren einen „Kosmos" herausgibt, den er in seinem vierundsiebzigsten Jahre begonnen. Ein Mensch, bei dessen Besuch einst Goethe ausrief: „Welch ein Mann! Ich weiß ihm keinen Anderen zu vergleichen; er ist einem immer frischquellenden Borne vergleichbar; er weiß Alles und Alles weiß er gründlich."

„Nicht bloß die Geistesfähigkeiten Wilhelm von Humboldt's entwickelten sich im frühesten Alter, auch die ihm eigentümlichen Gemüts- und Charakteranlagen zeigten sich schon so früh an seinem Wesen, daß wir in Dem, was er noch vor dem Ende seines Universitätslebens tut und schreibt, schon den ganzen, fertigen, entschiedenen Humboldt erkennen werden." Ein schwärmerisch idealer Trieb begleitete Humboldt durch sein ganzes Leben, trat aber nur in den ersten Jünglingsjahren und im späteren Alter dominierend und unverkennbar hervor. Seine Jugend fiel in eine sehr sentimentale, enthusiastische Epoche. „Goethe's «Werther» und Schiller's «Carlos» hatten, was in der Zeit lag, zu hellen Flammen angefacht." Es wurden Bünde geschlossen, sich selbst und Andere zu veredeln. Humboldt trat auch mit den ausgezeichneten Erscheinungen des weiblichen Geschlechts in Verbindung, mit Fräulein von Briest, nachherigen Frau von Rochow und dann Frau von Fouque', mit Rahel und besonders mit Henriette Herz, die an Schönheit so sehr wie an Geist hervorragte. Humboldt stand mit dieser Frau in einem, recht innigen Freundschaftsverhältnisse; sie waren auf Du und Du und führten den vertrautesten Briefwechsel. Der weibliche Umgang nährte die sentimentale Stimmung. Aber neben einer ungeheueren Empfindsamkeit „entwickelte sich fast ebenso früh

der schroffste Gegensatz in Humboldt's Natur, nämlich die furchtbarste Schärfe und Käte des Verstandes, der Satire, der Ironie, die ruhigste Anmut des
Scherzes, die ausgebildetste Macht der Dialektik, der
allseitigste Trieb der Forschung, der Neugier, der
Beweisführung und Überredung — kurz Das, was
später so hervorstechend an Humbolbt's Wesen war,
daß Manchem jener schwärmerische Zug ganz verborgen blieb". Humboldt suchte später im äußerli-
chen Verkehr sein Innerstes absichtlich, zu verhüllen.

Nachstehender Vorfall in Humboldt's Universitätsjahren, von Varnhagen erzählt und von Schlesier
wiedergegeben, zeigt, wie er schon damals sich unter
Scherz versteckende Empfindsamkeit mit antiker
Seelenstärke verband. Er badete, mit seinem Freunde
Stieglitz, dem nachherigen hannoverschen Leibarzte,
bei Göttingen Abends in der Leine und geriet in
einen Strudel, der ihn fortriß; nach vergeblichem
Ringen hielt er sich für verloren und rief dem.
Freunde zu: „Stieglitz, ich ertrinke, aber es tut
nichts!" Doch dieser sprang ihm nach und rettete
ihn. Humboldt erzählte späterhin seine Empfindungen; sie waren die der zartesten und edelsten Freundschaft für den anwesenden Freund, des innigsten
Andenkens an ferne Geliebte, aber in den unmittelbaren Äußerungen fand sich nichts davon; er ging
mit dem Freunde, der ihn gerettet hatte, unter Scherz
und Lachen noch lange in der Mondnacht spazieren.
Wie sehr Humboldt überall nur das Tüchtige suchte,
von keinen Vorurteilen gegen Religion, Rang und
Titel befangen war, beweist unter Anderem, daß ein

großer Teil der Männer und Frauen, mit denen er in näherem Umgang stand, israelitisch war. Sein Geist war früh schon ein freier Geist, überall nur Entwicklung und das Tüchtige suchend.

Neben der hochgesinnten Mutter, dem treuen Erzieher, den wissenschaftlich gebildeten Lehrern und Freunden, den geistigen Frauen, einer nach dem höchsten Ideal emporringenden Nationalliteratur, wirkte auch der preußische Staat, wie er unter Friedrich dem Großen geworden, und dieser Letztere selbst mächtig auf beide Jünglinge. Bald nach dem Tode des Königs verließen die freien, hochstrebenden Jünglinge Berlin, lebten der Wissenschaft und blieben so von der eingetretenen Periode der Schwäche, der Nicolai'schen Plattheit und manchem in Berlin wuchernden Unkraut unberührt. Wohl würde sie ihr Genius mitten darin groß und frei erhalten haben.

Die Gebrüder bezogen zunächst die vaterländische Universität Frankfurt an der Oder, wo sie im Hause ihres ehemaligen Lehrers Löffler wohnten und sich mit Berufsstudien beschäftigten. Wilhelm machte da einen juristischen Kursus, Alexander widmete sich den Kameralwissenschaften, Unter den dortigen Lehrern Wilhelm's zeichnete sich der Jurist und Philologe Reitemeier aus. Hier auch lernte er den mitstudierenden jungen Grafen Alexander zu Dohna-Schlobitten kennen, mit dem er später in wichtige Verbindung trat.

Nachdem in Frankfurt das Mögliche geholt war, bezogen beide Brüder die Georgia-Augusta in Göttingen, damals die erste aller Universitäten und von

jeher der Sitz der Altertums- und Geschichtswissen-
schaft. Hier genossen sie den näheren Umgang des
Philologen Heyne; neben ihm standen auch andere
treffliche Lehrer, und diese und eine reiche Bücher-
sammlung boten reiche Nahrung. Unser Humboldt
widmete sich mit besonderem Eifer der Altertums-
wissenschaft und dem Studium der Kant'schen Philosophie. Aus seinen Briefen an Wolf erhellt, wie
tief der Jüngling in die Schriften der Alten eindrang,
wie sehr sich sein Geist in der antiken Einfachheit
und Größe zu Hause fand.

Beide Brüder strebten nach Universalität und
Gründlichkeit in jedem einzelnen Wissen, aber,
„während Alexander berufen war, die äußere Natur-
und Menschenwelt in allen Formen der Erscheinung
zu beobachten, drang Wilhelm in das Innere der
Menschheit, in die Geisteswelt und das eigentüm-
lichste Element ihrer Erscheinung, die Sprache. Sind
es nun allerdings sehr auseinander liegende Gebiete,
in denen sie die individuelle Heimat ausschlugen, so
berühren sie sich doch auf beiden nahe genug, und
selbst auf den entferntesten Punkten zeugt ihr Geist
wieder von ursprünglicher Gemeinschaft. Dringt der
Jüngere mehr in die Weiten der äußeren Welt, der
Ältere in das Reich der Ideen, so nimmt doch Jeder
von ihnen wieder an den Forschungen des Anderen
Teil". Nächst dem Bruder lebte Wilhelm in näherem
Umgange mit dem oben genannten geistreichen
Stieglitz, mit Oelsner, dem bekannten Genossen des
Grafen Schlabrendorf, mit A. W. von Schlegel und
Graf Dohna, der hierher gefolgt war. Auf kleineren
und größeren Reifen, die er von Göttingen aus mach-

te, erweiterte er seine äußeren Weltkenntnisse und den Kreis seiner Verbindungen.

Im Herbst 1788 sah er auf einer Rheinreise den edeln, nach Freiheit ringenden, später so unglücklichen Forster, Schwiegersohn Heyne's. Er stand mit ihm in einem höchst interessanten Briefwechsel und verlebte nun mit ihm und seiner geistigen und gemütlichen Gattin, die Humboldt bis an seinen Tod hochschätzte, vier Tage, „die glücklichsten auf der ganzen Reise".

Forster gab dem rheinabwärts Reisenden einen Brief an den Philosophen Friedrich Jacobi mit, dessen Persönlichkeit einen das denkende Individuum über das System stellenden Humboldt lebhaft interessierte. Dieser schreibt hierauf an Forster: „Jacobi empfing mich mit der größten und unerwartetsten Freundschaft, mit einer Freundschaft, die mich stolz gemacht haben würde, wenn ich nicht gewußt hätte, daß ich sie allein Ihrer gütigen Empfehlung verdankte. Ich bin Ihnen in der Tat herzlich für seine Bekanntschaft verbunden. Sein Umgang war mir über Alles interessant. Er ist ein so vortrefflicher Kopf, so reich an neuen, großen und tiefen Ideen, die er in seiner so lebhaften, schönen Sprache vorträgt; sein Charakter scheint so edel zu sein, daß ich in der Tat nicht entscheiden mag, ob er zuerst mein Herz oder meinen Kopf gewonnen hat. Er hat mir erlaubt und versprochen, die Verbindung mit ihm durch einen Briefwechsel zu unterhalten." Dieser Briefwechsel machte Humboldt sehr viel Freude, und wenn er auch der Art, wie Jacobi das Übersinnliche anzuschauen, zu fassen glaubt, nicht beistimmt, ist er doch fortwährend begeistert für den Denker und sieht ihn im Sommer 1789 auf einer größeren Reise wieder, bringt fünf Tage mit ihm in Hannover zu und schreibt darauf an Forster: „Ich habe noch wenig Menschen gesehen, die so viel durch die persönliche Bekanntschaft gewinnen wie er." Jacobi selbst hält viel auf das Urteil des zweiundzwanzigjährigen Jünglings, führt sogar eins von diesem (über Biester) dem eigenen gegenüber in Hannover als maßgebend an.

Im gleichen Sommer reiste er mit Campe, welcher „der Leichenfeier des französischen Despotismus beizuwohnen" wünschte, nach Paris; sie kamen gerade nach den Ereignissen des 4. und 5. August an, wohnten durch Vermittelung des Grafen von Mirabeau den 12. und 13. August der Nationalversammlung zu Versailles bei und den 24. August den Festlichkeiten, mit welchen der Tag des heiligen Ludwig gefeiert wurde. Die Reisenden besuchten in Paris einige literarische Berühmtheiten und in Ermenonville das Haus und Grab Rousseau's. Den 27. August verließen sie Frankreich; Humboldt trennte sich in Mainz von Campe und den übrigen Reisegefährten und blieb vierzehn „sehr glückliche Tage" bei Forster, der an Jacobi schreibt: „Der Wanderer Wilhelm Humboldt ist noch bei uns und erzählt uns zwar nicht mehr von der parisischen — nicht paradiesischen Freiheit, aber hilft uns doch das Leben würzen, welches ohne solche Würze in der Tat insipid ist." Wohl mag Humboldt nie so glänzende Hoffnungen gewiegt haben wie Campe. Humboldts Aufenthalt in Mainz war von bedeutendem Einfluß auf

Forster, der gerade gegen Biester in einer Streitigkeit begriffen war, die Deutschland bewegte. Die Mäßigung, welche in Forfter's Aufsatz „Über Proselytenmacherei" herrschen soll, sei zunächst Humboldt zu verdanken, der über allen Parteien stand und von jeder zunächst nur Duldung forderte. Nach Humboldt's Abreise schrieb Forster an Jacobi: „Gestern, mein Teuerster, ist Herr von Humboldt zu Oppenheim aus unseren Umarmungen geschieden. Die gute, reine Seele! Ich habe mich seines jugendlich warmen Gefühls bei so männlichem Geiste, so reifer, vorurteilsfreier Vernunft herzlich erfreut."

Von Mainz reiste Humboldt über Mannheim, Heidelberg, Heilbronn, Stuttgart, Tübingen und Konstanz nach der Schweiz, besuchte Theater und Bildergalerie in Mannheim, schreibt über diese, dann sehr hübsch über die Heidelberger Gegend und endlich auch über Abel (Lehrer Schiller's), Professor Reuß, Hofrat Schwab (Vater des Dichters Gustav Schwab) und über den Dichter Schubart an Forster. In Zürich sieht Humboldt den Physiognomen Lavater und schreibt über diesen ungemein charakteristisch. Wie wenig der so sehr auf die Form und das Äußere haltende Mann dem tiefgeistigen Besucher entsprach, beweist nachstehende Stelle aus seinem Briefe an Forster: „Ich erwartete eine Fülle neuer, großer, fruchtbarer, wenngleich auch oft nur halb wahrer, oft gar schwärmerischer Ideen, Allein in dem Allen fand ich mich sehr getäuscht, und nicht bloß getäuscht, weil ich so viel erwartete, sondern wirklich, weil ich so Wenig fand. Ich hätte die interessanten Ideen zählen können, die ich in den ganzen vierzehn Tagen von ihm hörte, und ich würde mich schämen, damit einen einzigen Tag, bei Ihnen oder Jacobi zugebracht, zu vergleichen. Hier und da ist freilich ein tiefer und schneller Blick, aber sein Geist ist zu kleinlich, hat weder die rastlose Tätigkeit, womit wirklich genialische Köpfe die geahnte Wahrheit aufsuchen, noch die fruchtbare Warme, womit sie die gefundene umfassen." Hierauf erzählt Humboldt Einiges, um zu zeigen, wie sehr Lavater auf die Form halte, und fährt dann fort: „Ich begreife nicht, wann der Mann an die Materie kommt, da ihm die Form so viel Zeit kosten Muß. Meine wichtigsten Unterredungen mit ihm waren über Physiognomik und über deutsche Schriftsteller und den Maßstab, nach dem man Geistesprodukte bei uns beurteilt. Es mag wohl viel Schwärmerei darin liegen, die ganze Sinnenwelt nur so als eine Art anzusehen, wie die unsinnliche erscheint, nur als einen Ausdruck, eine Chiffre von ihr, die wir enträtseln müssen; aber interessant bleibt die Idee doch immer, und wenn man sich recht hineinträumt, schon die Hoffnung, immer mehr zu entziffern von dieser Sprache der Natur, dadurch — da das Zeichen der Natur mehr Freude gewährt als das Zeichen der Konvention, der Blick mehr als die Sprache — den Genuß zu erhöhen, zu veredeln, zu verfeinern, die grobe Sinnlichkeit, deren eigentlicher Charakter es ist, im Sinnlichen nur das Sinnliche zu finden, zu vernichten und immer mehr auszubilden den ästhetischen Sinn, als den wahren Mittler zwischen dem sterblichen Blick und der unsterblichen Uridee." Die Schweiz gefiel Humboldt sehr wohl; fand er den Züricher-See reizend, so weckten die großartigen Gebirgsgegenden Ideen, und er äußert lebhaft den Wunsch, einmal mit Forster eine „eigentliche Gebirgsreise" zu machen. Von Basel wendet er sich nach Karlsruhe; in Freiburg hat er den Dichter Jacobi — „so gar nicht wie sein Bruder" — und in, Kolmar Pfeffel gesehen, dem er „schlechterdings kein Interesse" abgewinnen konnte, Anfangs Dezember traf der Wanderer in Mainz ein; Forster geleitete ihn bis Frankfurt, und da schieden sie, um sich nie wiederzusehen. Wohl blieben sie noch einige Zeit im Briefwechsel, aber bald ging Forster im Strudel der Revolution unter, Es wirkte diese auch auf Humboldt; aber sie trieb ihn nicht zum unmittelbaren Handeln und Wirken; er griff „denkend in die Brust" und schrieb bald nach seinem Abschiede von Forster an diesen: „Jeder Mensch muß in das Große und Ganze wirken; nur was dies Große und Ganze genannt wird, darin liegt, meinem Gefühl nach so viel Täuschung. Mir heißt in das Große und Ganze wirken, auf den Charakter der Menschheit wirken, und darauf wirkt Jeder, sobald er auf sich und bloß auf sich wirkt."

Die individuelle Ausbildung stellt Humboldt als zweiundzwanzigjähriger Jüngling und durch sein ganzes Leben hindurch am höchsten. Varnhagen sagt, Humboldt sei von keinem Alter gewesen und habe keinem angehört. Wohl wahr! Wie fertig, wie männlich und groß steht er den ersten Männern seiner Zeit teils verbündet, teils ihnen gegenüber da! — Tiefe, schwärmerische Empfindung und die kälteste Ruhe, Feinheit und Schärfe des Geschmacks und Urteils, große Empfänglichkeit, die ihn, wie Schiller sagt, zum geborenen Kritiker machte, und Energie des Charakters, Schwung der Gedanken und Vertiefung in die trockenste Wissenschaft, Universalität und Gründlichkeit vereinten sich in ihm zu einem wundervollen Ganzen; sein Innerstes war sein Leben lang Idealität. Seine Größe besteht darin, daß er mit jenem Alles beherrschenden Idealismus einen tüchtigen „Sinn für die Gegenwart und ein entschiedenes Wollen und Wirken in gegebenen Verhältnissen vereint". Wir werden für diese Wahrheit in seinem Leben reichliche Belege finden.

Wir sehen den für Freundschaft und Liebe so empfänglichen Humboldt in trautem Umgange mit den edelsten Geistern seiner Zeit, und diese durften in jeder Lage auf den Freund zählen. Ein Humboldt konnte Jedem treu bleiben, ohne sich selbst untreu zu werden; denn ein richtiges Gefühl, große Menschenkenntnis und seine frühe innere Einheit hatten ihn keinen Missgriff tun lassen. Die Eindrücke seiner jüngeren Jahre hielt er heilig, blieb auch einigen Frauen zeitlebens mit gleicher Verehrung zugetan. In den 1847 erschienenen „Briefen an eine Freundin" schreibt er dieser: „Ich habe das Glück, denn es ist wirklich nur ein Glück, daß ich mich keiner Empfindung schämen darf, die ich in meiner Jugend hegte." Dieser Freundin, die er 1788 in Pyrmont kennen lernte, einer höchst schätzenswerten, aber geistig auf einer ganz anderen Stufe stehenden Frau, als Humboldt, blieb er sein Leben lang nahe, trug und hob, tröstete und unterstützte die schwer Heimgesuchte mit der zartesten Freundschaft. Humboldt liebte und verehrte in jedem Individuum das ihm eigentümliche

Schöne, Edle und Große, und auch verschiedene Ansichten beirrten ihn wenig. Er schreibt in späteren Jahren an Gentz: „Ich habe von jeher nur ein althistorisches Interesse gehabt, und da schrumpft alles Menschliche unglaublich zusammen; man sieht mehr den Strom, der die Dinge fortreißt, als die Dinge selbst."

Humboldt trat in Erfurt und Weimar, wo er sich im Winter 1789 und 1790 eine Zeit lang aufhielt, in für sein ganzes Leben entscheidende Verhältnisse. In Erfurt lernte er den damaligen Coadjutor Reichsfreiherrn von Dalberg kennen, sprach mit ihm vorzüglich über politische Philosophie und ging mit ihm seinen Aufsatz über Staatsverfassung „Abschnitt für Abschnitt" durch.[1] Dalberg berechtigte den Staat zu einer viel ausgebreiteteren Wirksamkeit als der die freie Ausbildung der Individualkraft zunächst im Auge habende Humboldt; doch überzeugte sich dieser von der „Reinheit der Absichten und der Vortrefflichkeit des moralischen Charakters" Dalberg's.

In Erfurt auch erblühte für Humboldt die schöne Blume einer innigen, hohen und unendlichen Liebe: Karoline von Dacheröden, die ausgezeichnete Tochter eines großen, weit bekannten Hauses, wurde von Wilhelm von Humboldt zur Lebensgefährtin erkoren. Ihr Kopf soll wahrhaft schön gewesen sein, ihre Augen von wirklich bewundernswertem Glanz; es strahlten aus diesen das herrliche, reine und tiefe Gemüt, der freie, kräftig gebildete Geist, Varnhagen

---

1 Briefe an Forster (in „W. v. Humboldts gesammelten Werken", Bd. 1).

sagt: „Frau von Humboldt hatte unwiderstehliche Anmut in frischem Lebensdrange; doch lenkte ihr Sinn und Gefühl bei starken Anlagen und lebhaften Äußerungen gern in eine Art romantischen Dämmerlebens ein, von welchem doch ernste Tiefe und helle Wahrheit nicht ausgeschlossen waren." Humboldt lebte mit ihr in der innigsten Gemeinschaft; „alles Schwärmerische in seiner Natur, das er im Außenleben gewaltsam zurückdrängte, fand hier seinen Brennpunkt", und sie nahm den lebhaftesten Anteil an seinen Studien und Arbeiten, las mit ihm griechische Dichter in der Ursprache und schuf jenes freundliche, anregende, gesellige Leben um ihn. Sie erfüllte, wie wir mehr und mehr einsehen werden, ihre weibliche Sendung, stand als großes Weib dem großen Manne zur Seite und übte bis über das Grab hinaus Zaubermacht auf Wilhelm von Humboldt, Durch sie machte er die Bekanntschaft der beiden Fräulein von Lengefeld, von welchen die Ältere erst an einen Herrn von Beulwitz und dann an den weimarischen Geheimrat Freiherrn von Wolzogen vermählt war; die Jüngere hatte sich soeben mit Schiller verlobt. Mit diesen Menschen, besonders mit Schiller, trat nun Humboldt in enge Verbindung, Ein herrlicher Kreis!

In Weimar sahen sie sich öfters. Es waren heitere Tage, sagt Frau von Wolzogen, Alle genossen des Glücks, das die enge Verbindung eines kleinen Kreises edler, geistvoller, ganz harmonierender Menschen gewährt, wo Jedes seine Originalität behauptet und sich vom Odem der Liebe getragen und verstanden fühlt. Sie führten ein abgeschlossenes Leben, setzten sich über Weltformen hinweg und ließen den jugendlichen Scherz oft bis zum Übermut anwachsen. Es war ein Leben, wie es nur in der Phantasie in die Länge existieren kann, und als sie sich einst eine so wunderschöne Zukunft träumten, da sagte Dalberg: „Kinder, denkt euch das ja nicht als etwas Gewisses, Ein Sturm kann das Alles umstürzen!" Wohl mag er den Umsturz der vaterländischen Zustände geahnt haben.

Die Freunde trennten sich; Schiller wurde schon im Februar 1790 getraut, Humboldt hatte vorerst einen Probekursus in Berlin zu machen. Der berühmte Altertumsforscher Wolf soll diesen Winter mit ihm zusammengekommen sein.

Im Sommer 1790 finden wir Humboldt in Berlin; aber wie wenig konnte die erschlaffte, in jeder Hinsicht gesunkene Stadt einem so freien, strebenden, idealen Manne zusagen, wie wenig konnte es ihn anmuten, unter solchen Verhältnissen seine bürgerliche Laufbahn zu beginnen!

Die früheren Freunde fand er wieder, und diese und einige Gleichgesinnte begrüßten froh und hoffend den mit reichen Schätzen in die Heimat Zurückkehrenden; sie sahen zu ihm als zum Bürgen einer besseren Generation empor und sonnten sich an seinem Lichte. Biester, Gedike, Herz, Engel, David Friedländer lebten mit ihm in vertrautem Umgänge. Humboldt trat in des Ersteren Monatsschrift als Schriftsteller auf. Auch einige Frauen, die auf eine bessere Zukunft hinwiesen, fand er wieder: die geistreiche Freundin Schleiermacher's, Henriette Herz, und die, „tiefsinnende, Wahrheitsdürstende"

Rahel Levin; die Häuser beider Frauen, die so begeistert an den großen Erscheinungen hingen — man denke, wie Rahel Goethe vergötterte — waren Mittelpunkte geistigen Verkehrs.

Ein reichbegabter Geist, Friedrich Gentz, zog in Berlin bald die Aufmerksamkeit Humboldts auf sich. Es entstand ein freundschaftliches Verhältnis, das nie ganz erlosch, aber bei der großen Verschiedenheit beider Männer nie recht vertrau: und innig werden konnte. Ihr politischer Standpunkt schon war ein sehr verschiedener: Gentz stellte der Staat, dann die Regierungsgewalt und endlich die Monarchie in die erste Linie und hätte diesen Alles geopfert; Humboldt aber schreibt über Beschränkung der Wirksamkeit des Staats; das Höchste ist ihm, wie wir schon wissen, die höchst mögliche Entwicklung und Vollendung des Individuums und die erste und unerläßliche Bedingung hierzu: Freiheit.[2] Denke man sich nun noch den eitlen, furchtsamen — wo mit Argumenten nichts auszurichten war — den sinnlichen Gentz, dem von Anerkennung unabhängigen, Physisch und moralisch tapferen, Alles vergeistigenden Humboldt gegenüber. Freilich mußte in diesem Gegensatze selbst für beide so scharf verständige und mit ungewöhnlicher Beredsamkeit begabte Männer viel Reiz liegen. Geist und Bildung, wie sie sich bei Gentz zeigten, hatten für Humboldt immer individuelles Interesse, und er übte gern seine Kraft

---

2 „Wie weit darf sich die Sorgfalt des Staats um das Wohl
seiner Bürger erstrecken?" in „W. v. Humboldts gesammelten Werken", Bd. 2.

an ihm. Nach zehn Jahren, während welcher sich Beide nicht gesehen, schreibt Gentz an seine Freundin Rahel:[3] „Humboldt ist ebenso klug, ebenso amüsant, ebenso dämonisch als sonst. Sie haben mir meine Intimität mit H, nie verzeihen können, sie mir als eine Art crime contre nature vorgerechnet. Im Grunde hatten Sie vermutlich Recht; aber der Reiz, mich ewig an einem Sophisten (!) von solcher Überlegenheit, daß ich, ihn einmal besiegt, keinen anderen mehr fürchten durfte, zu reiben — und der Triumph, selbst dieser eiskalten Seele ein wirkliches Attachement für mich eingeflößt zu haben — diese Lockungen waren für meine Eitelkeit viel zu stark. Am Ende kann ich indes mein Verhältnis mit Humboldt nie bereuen; ich habe nichts Wesentliches dabei verloren und an Genuss und Bildung Manches gewonnen. Ein Jahr später schreibt er ebenfalls an Rahel: „Gewalt — wie Sie mir neulich schrieben — übt H. so wenig über mich aus, daß ich mich vielmehr heute weit über ihm fühle und alle Furcht und alles Imponieren ganz verschwunden ist."

Sobald wie möglich verließ Humboldt, Legationsrat und Beisitzer am Kammergericht, Berlin, wo einmal für ihn nichts zu schaffen war. Im Juli 1791 vermählte er sich mit Karoline von Dachenden; sich selbst hatte er das Gelübde getan, die Hochgesinnte um jeden Preis glücklich zu machen, und er hat es getreu erfüllt. Varnhagen sagt: „Alle Kraft der Vor-

---

3 „Galerie von Bildnissen aus Rahels Umgang und Briefwechsel", herausgegeben von Varnhagen von Ense (2. Bde.).

sätze, der Beeiferung, deren Humboldt fähig war, strömte hier zusammen, wirkte mit nie erlöschendem Feuer. Während der langen Lebenszeit, in der die Gattin als sein höchstes Glück ihm zur Seite blieb, dauerte diese Beeiferung in jeder Gestalt fort, mit völligem Unterordnen, ja Vergessen seiner selbst, mit Aufopferung sogar derjenigen Ansprüche, die von solcher Liebesfülle unzertrennlich schienen." Seine Liebe erwiderte Karoline vom Grunde des Herzens.

Auf dem schönen Schlosse Burgörner an der Wipper, von Frau von Humboldt zugebracht, wird die erste Zeit der Ehe verlebt, und von hier aus schreibt Humboldt in zwei sehr interessanten Briefen die Gründe seiner Entfernung von allen öffentlichen Geschäften; der erste ist an Friedländer, der zweite an Forster gerichtet. In beiden drückt sich seine damalige Stimmung aus. An Friedländer schreibt er: „Ich lebe, wie Sie schon aus meinen Plänen wissen und aus der Überschrift dieses Briefes sehen, auf dem Lande ... und mein Leben ist so einfach, daß es Ihnen nicht schwer sein wird, sich ein lebhaftes Bild davon zu entwerfen. Beschäftigung mit den Studien, die mir immer die liebsten waren, und Unterhaltung mit auswärtigen Freunden, die ich bei meiner vorigen Lebensart fast ganz hatte Vernachlässigen müssen, wechseln mit Spaziergängen und einem höchst angenehmen häuslichen Umgange ab. So verfließt ein Tag nach dem anderen, und jeder gibt mir ein stilles, aber sehr genügendes Glück Für mich ist der Kreis, in dem ich jetzt lebe, der angenehmste; es ist der, den ich am besten auszufüllen vermag, und sollte es nicht wichtiger sein, seinen Kreis — wie groß oder klein — auszufüllen, als gerade diesen oder jenen zu haben? Fühle ich je mehr Kräfte, als dieser Kreis fordert, nun so findet sich vielleicht auch ein größerer. Allein schwerlich wird das je der Fall sein. Je mehr man tut, desto mehr sieht man zu tun noch vor sich. Die intensive Größe ist gerade diejenige, welche man nie erschöpft, und dennoch, wie sonderbar, suchen die Menschen immer die extensive, als wären sie mit jener schon fertig. Statt zu fragen, wie viel an dem Zweck, an dem sie sind, noch zu tun ist, eilen sie schon nach einem anderen hin. Wenn dies, wie es mir scheint, den Geist notwendig zerstreut, so muß er bei jenem Verweilen an Tiefe und Stärke gewinnen, und ich gestehe Ihnen gern, daß ich für diesen Gewinn allein Sinn habe." Nachdem er sich nach Friedländer's und seiner Familie Befinden erkundigt und etwas über den politischen Zustand gesprochen, schließt er: „Schreiben Sie mir bald; es ist ja ein Wort, das Sie in die Wüste sagen."

An Forster: „Ich habe mich nun von allen Geschäften losgemacht, Berlin verlassen und geheiratet und lebe auf dem Lande, in einer unabhängigen, selbstgewählten, unendlich glücklichen Existenz. Ich empfinde dies doppelt, indem ich Ihnen das sage; ich kenne Ihr warmes, liebevolles Herz, Ihre innige Teilnahme. Ich besorge auch von Ihnen nicht die Missbilligung des Schritts, den ich tat, die ich von so vielen Anderen erfuhr. Sie schätzen Freiheit und unabhängige Tätigkeit zu sehr, um allen Nutzen nur von einer solchen zu erwarten, die durch äußere

Geschäftslagen bestimmt wird; und Sie trauen, hoff'
ich, mir zu, daß ich nie eine andere Richtung wählen
werde, als auf der ich, nach meiner innersten Überzeugung, für meine höchste und vielseitigste Bildung
den meisten Gewinn hoffen darf. In der Tat, lieber
Freund, war die Unmöglichkeit, dies zu können,
vorzüglich Das, was mich zu einer anderen Laufbahn
bestimmte. Die Sätze, daß nichts auf Erden so wichtig ist, als die höchste Kraft und die vielseitigste
Bildung der Individuen, und daß daher der wahren
Moral erstes Gesetz ist: bilde dich selbst, und nur ihr
zweites: wirke auf Andere durch Das, was du bist;
diese Maximen sind mir zu eigen, als daß ich mich je
von ihnen trennen könnte. Wie konnte ich mich aber
mit ihnen in einer Lage vertragen, in der ich kaum
hoffen durfte, mich dem Ideale, das meinen Geist
und mein Herz beschäftigte, auch nur mit langsamen
Schlitten zu nähern; wie konnte mir selbst der Nutzen Ersatz sein, den ich freilich stiftete und künftig
in unendlich höherem Maße gestiftet haben würde?
Ich zog also das bescheidenere Los vor, ein stilles
häusliches Dasein, einen kleineren Wirkungskreis. In
diesem kann ich mir selbst leben, den Personen, die
mir am nächsten sind, ein heiteres, zufriedenes Leben schaffen und vielleicht — wenn mir ein guter
Genius glückliche Stunden gewährt — auch Einiges
zu Dem beitragen, wozu im Grunde alles Tun und
Treiben in der Welt, selbst wider seinen Willen, nur
als Mittel dient, zur Bereicherung und Berichtigung
unserer Ideen."

Um aber so ganz nach Neigung der eigenen Ausbildung, dem Studium leben zu können, war die

unabhängige äußere Existenz nötig, welche das Glück Humboldt verliehen hatte. Von seinem Vater erbte er das Schloß Tegel und das Gut Hadersleben im Magdeburgischen; Ringelswalde fiel seinem Bruder Alexander zu, der es verkaufte, um die Kosten seiner großen Reise nach Amerika zu bestreiten. Frau von Humboldt war Erbin vom oben genannten Gute Burgörner, dazu von Auleben; der jährliche Ertrag dieser beiden Güter belief sich allein auf 10.000 Reichstaler, in früherer Zeit eine noch Bedeutendere Summe als jetzt.

Humboldt widmete sich nun vorzüglich dem Studium des Altertums — politische Untersuchungen liefen nur nebenbei — trat dem Altertumsforscher Wolf immer näher und unterhielt mit ihm einen geistig anregenden und gemütlich wohltuenden Briefwechsel.[4] Jeder der beiden Männer bot dem anderen reiche Ergänzung in wissenschaftlicher und rein menschlicher Beziehung, und so wurde denn auch ihr Verhältnis ein recht inniges. Frau von Humboldt nahm lebhaften Anteil am Studium ihres Gatten; sie las mit ihm in der Ursprache Homer, Pindar, Herodot und wohnte den Unterhaltungen der beiden Freunde bei, so oft Wolf einen Besuch in Burgörner machte. Humboldt widmete ihr ein hübsches Ergebnis seiner hellenistischen Studien: die (1816) gedruckte Übersetzung des Aeschyleischen „Agamemnon", zur Erinnerung an den gemeinschaftlichen Genuss.

Im Mai 1792 wurde Humboldt Vater eines Mädchens, das den Namen seiner vielgeliebten Mutter,

---

4 „W. v. Humboldts gesammelte Werke", Bd. 5.

Karoline, erhielt. Seiner Gattin wegen war Humboldt im Februar nach Erfurt gezogen, und Karoline von Beulwitz (Wolzogen) hatte Beide auf längere Zeit mit einem Besuche erfreut. Humboldt begann hier Pindar zu übersetzen; er las die erste Öde beiden Frauen vor und erntete so viel Beifall, daß er gern fortgefahren hätte. Selbst nicht recht wissend, ob ihm hinlänglich poetische Gabe geworden und ob er zu solchen Arbeiten berufen sei, fragt er Schiller, und dieser muß ihn zum Fortfahren aufgemuntert haben.

Über die Ankunft des kleinen Mädchens war Humboldt ganz glücklich; er schrieb seinem Freunde Forster: „Das kleine Mädchen ist ein allerliebstes Geschöpf, so groß und stark wie selten ein Kind von so wenig Tagen, so voll Leben und Munterkeit, und mit wundergroßen blauen Augen, die sie unaufhörlich im Kopfe herumrollt. Meine Frau stillt das Kind selbst; ich, bei meiner gänzlichen Geschäftslosigkeit, bin so gut als den ganzen Tag bei ihr, und so kommt das Kind kaum eine Minute in andere Hände als die unserigen. Nur Sie, lieber Freund, dessen eigenes Herz so überaus empfänglich für diese Freuden ist, und der Sie mich genauer kennen, vermögen ganz mit mir zu empfinden, wie unendlich süß mir diese kleinen Beschäftigungen sind und welche reiche Fülle neuer Freuden mir jetzt wiederum in meiner schon beneidenswerten glücklichen Lage geworden ist." Dieser Brief, in dem er noch Dalberg's und des Austausches politischer Ideen mit diesem erwähnt, ist der letzte von denen an Forster, die bis auf uns gekommen sind. 1794 ging die herrliche Natur, dieser großherzige Charakter in Not und Schmerz unter. Humboldt, der den rasch handelnden Freund nicht zu retten vermochte, blieb nur der Schmerz um ihn und das Bedürfnis, seiner Gattin, nachherigen Huber, stets nahe zu sein.

Im Sommer 1792 zogen Humboldts auf das schöne Gut Auleben; von da schreibt Humboldt an Schiller: „Meine Frau und mein Kind, das täglich hübscher wird, sind Wohl und wir leben ein einsames, aber unendlich glückliches Leben," Ende Winter 1793 zieht die Familie wieder nach Erfurt und im Frühjahr erhält sie Zuwachs durch das zweite Kind, einen Sohn, dem man des Vaters Namen gab. Herbst und Winter sind wahrscheinlich wieder in Auleben genossen und benutzt worden. Im Frühjahr 1794 geht man, Schiller zu lieb, nach Jena, in die Musenstadt — Schiller kehrte erst einige Wochen später aus Schwaben zurück. Was für ein herrliches Leben begann nun für beide Familien! Frau von Humboldt fand auch ihre Jugendfreundin wieder; Schiller's geistreiche Schwägerin verschönerte den ohnehin schon schönen Kreis noch mehr und sagt: „Die innige Verbindung mit diesen lieben und durch so viele Vorzüge ausgezeichneten Menschen war eine der schönsten Lebensblüten, die das Geschick uns darbot." Humboldt hatte eine Wohnung am Markte, derjenigen von Schiller gerade gegenüber, bezogen, und dieser schreibt an Jacobi: „Wir sahen uns täglich zwei mal, vorzüglich aber Abends und meistenteils bis tief in die Nacht hinein."

Wilhelm von Burgsdorf, Freund des Humboldt'schen Hauses, schreibt an Rahel: „Humboldts sind alle Abende regelmäßig bei Schiller von 8 bis 10 Uhr. Den zweiten Abend ging ich gleich mit und seitdem immer. Es ist mir unendlich viel wert, Schiller so zu sehen. Er lebt nur in seinen Ideen, in einer ewigen Geistestätigkeit, das Denken und Dichten ist sein ganzes Bedürfnis, alles Andere achtet und liebt er nur, insofern es sich an dies, sein eigentliches Leben, knüpft. Humboldt ist ihm daher sehr viel wert. Diese Stunden sieht er als seine Erholungsstunden an und spricht von Allem, doch sehr bald auf seine Art. Ich spreche wenig, aber doch nicht gar zu wenig, und wird es mir zu abstrakt, so spiele ich mit dem Bauspiel, kurz Alles hat glücklicherweise eine recht häusliche Tournüre genommen. Humboldt ist hier in seiner vollkommensten Assiette und daher liebenswürdiger denn je. Mit Schiller ist er ohne allen Zwang und mitunter ebenso komisch, als wir ihn nur je gesehen haben. Denken Sie sich dabei, wie interessant er ist, wenn er, statt der Lust, die Sachen kurz abzutun und zu frivolisieren, die beständige Lust hat, sie auszusprechen; wenn er, statt in dem Anderen irgend etwas Anderes, als wovon gerade die Rede ist, zu bekämpfen, nur bei der Sache selbst bleibt; wenn es ihm immer im Sprechen (wie sonst im Denken) um die Wahrheit selbst zu tun ist; ich meine, wenn er zu dem Anderen immer spricht wie zu seinem eigenen Verstande, wenn er nicht seine Meinungen aus Verachtung des Anderen zu früh fallen lasst oder zu lange durchsetzt "

Humboldt begeistert noch in späten Jahren das Zusammenleben mit Schiller und später mit Goethe zur poetischen Ergießung in dem Sonett:

Morgen des Glücks.

Im kleinen Raum von Erfurts reichen Auen,
Bis wo aus Schwarzburgs engem Fichtentale,
Sich lieblich windend, rauschend strömt die Saale,
Vermocht' ich wohl mein keimend Glück zu schauen.

Ich sah den Morgen dort des Lebens grauen,
Wenn Morgen heißet, wann zum ersten male
Hernieder aus der Liebe goldner Schale
Dem Geist des tiefen Sinnes Perlen tauen.

Denn die der Kranz des Dichterpreises schmückte,
Die beiden strahlverwandten Zwillingsterne,
Die spät noch glänzen in der Zukunft Ferne,

In Freundschaftsnähe mir das Schicksal rückte,
Da Bande, von der Liebe süß gewoben,
Empor mich, wie auf lichter Wolke hoben.

Glückliche Menschen! — Sie trugen nicht nur mächtiges Streben nach Entwicklung, tief gefühltes Bedürfnis nach Ergänzung des eigenen Seins, nach himmelan hebender und süß auf Erden befriedigender Liebe tief in der Seele — sie fanden, was sie ahnten und suchten: „Der große Olymp bewegte sich um die Sterblichen"; doch „weil sie die Glücklichen waren, können wir die Seligen sein",

Humboldt und Schiller fanden sich gegenseitig sehr angezogen: sie waren verwandte Naturen, und da, wo sie verschieden waren, konnten sie einander ergänzen, und das Bindungsmittel fand sich bald. Beide waren Kantianer, Beide drangen mit „dem Ernst, den keine Mühe bleichet", in die Tiefe des menschlichen Busens und suchten jede große Frage der Menschheit im Reiche des Gedankens zu lösen. Beide wußten Kant von ganzer Seele Dank;[5] aber Beide drängte es, die versöhnende Lösung zwischen den schroffen Gegensätzen von Neigung und Pflicht, dem sinnlichen und geistigen Menschen zu suchen. Humboldt sagt von Schiller: „Der Endpunkt, an den er Alles knüpfte, war die Totalität in der menschlichen Natur durch das Zusammenstimmen ihrer geschiedenen Kräfte in ihrer absoluten Freiheit." Und darauf: „Schiller fand, seinem Ideergange nach, die sinnlichen Kräfte des Menschen (in Kant's Philosophie) teils verletzt, teils nicht hinlänglich geachtet und die durch das ästhetische Prinzip in sie gelegte Möglichkeit freiwilliger Übereinstimmung mit der Vernunfteinheit nicht genug herausgehoben."

„Eben diese Versöhnung des Geistigen und Sinnlichen,", sagt Schlesier, „arbeitet auch in Humboldt, und schon in seinen frühesten Abhandlungen, zu Tage, Dies gemeinsame Streben ist es vorzüglich, was ihn mit Schiller verkettet, und wenn Dieser den Ruhm davongetragen, diese Anschauungsweise so ausgebreitet zu haben, so hat Jener sie doch ohne

---

5 Humboldts Vorerinnerungen zum „Briefwechsel zwischen Schiller und Wilhelm von Humboldt".

Zweifel mehr in ihrer Tiefe verfolgt, ja zuletzt in einer neuen Disziplin, in der Philosophie der Sprache, ein wissenschaftliches Fundament in dieser Richtung begründet, Schiller drang, seiner Natur gemäß, vorzüglich auf die sittlichen und ästhetischen Folgerungen los; Humboldt, der kontemplativere Geist, suchte die Totalität der Menschennatur durchaus zu ergründen, er mußte tiefer in das Gebiet der Anthropologie eindringen, auch die Naturseite des Geistes mehr in seinen Gesichtskreis ziehen und die Resultate alsdann nicht sowohl in die Sphäre des Sittlichen besonders, sondern in alle Gebiete der praktischen Philosophie, und auch in das praktischste, in die Politik, verfolgen. Es ist ein Fehlschluss, den Humboldt von seiner Natur auf die seines verewigten Freundes machte, wenn er sich verwundert, daß Schiller bei seinen Raisonnements über den Entwickelungsgang des Menschengeschlechts auch nicht einmal der Sprache erwähne, in welcher sich doch gerade die zwiefache Natur des Menschen, und zwar nicht abgesondert, sondern zum Symbole verschmolzen, auspräge.[6] Allerdings würde Schiller, wenn ihn dieser Gegenstand, »die entschieden primitivste Emanation der menschlichen Natur«, ergriffen hatte, von einzelnen mangelhaften Ansichten über den Ursprung der menschlichen Entwicklung zurückgekommen sein. Allein gerade dieses Gebiet konnte den schaffenden Genius nicht anziehen; es konnte auch für seinen apostolischen Trieb keinen

---

6 Vorerinnerungen zum „Briefwechsel zwischen Schiller und Wilhelm von Humboldt".

Gegenstand und kein Hilfsmittel bieten. Um die Sprache zum Objekt des Denkens zu machen, mußte man ein nicht eigentlich produktiver und so außerordentlich rezeptiver Geist sein, eine Forschernatur wie Humboldt. Daher ist es auch kein Wunder, daß Humboldt tiefer in die Geheimnisse eindringt, die die Natur des Menschen darbietet, als Schiller, der die Lösung oft mehr divinierte, die Wahrheit gleichsam als Postulat ergriff. Dennoch aber waren sie einander in dieser Grundrichtung so nahe, wie es bei solcher Verschiedenheit des geistigen Berufs nur gedacht werden kann. Auch Das begründet keinen wesentlichen Unterschied, daß Schiller in seinen Dichtungen und Untersuchungen die erhabene Seite und die menschlich humane, nebeneinander entwickelt, Humboldt dagegen mehr die völlige Identität des Geistes und der Sinnenwelt zu erfassen sucht. Denn trotzdem führen Beide die Erscheinungen auf ihren rein menschlichen Grund zurück. Mag dann Schiller mehr für das sittliche Ideal begeistern, während Humboldt im weiten Reiche der Ideen wohnt, so zeigt es doch nur die verschiedenen Aufgaben, die diese innerlich verbündeten Geister, ihrer individuellen Natur gemäß, zu erfüllen hatten.

„Am meisten schwinden die unterscheidenden Merkmale Beider auf demjenigen Gebiete der Spekulation, zu welchem sie auf gleiche Weise, hingezogen wurden — auf dem ästhetischen. Hier fallen auch ihre Forschungen am auffallendsten zusammen, hier begegnen sie sich in ihren merkwürdigsten Sympathien, und der Durchbruch, den sie hier aus den Fesseln des Kant'schen Systems fanden, ist so, gleichmäßig, daß man nicht leicht bestimmen möchte, was sie darin ihrem eigenen Geistesgange oder ihren gemeinsamen Untersuchungen dankten. Vertiefen sie sich dann auch in verschiedene Zweige dieses Gebiets, so scheint es fast, als hätten sie sich nur in die Arbeit geteilt. So ergänzt Einer die Forschung des Anderen."

Humboldt fühlte sich besonders vom Philosophierenden Dichter angezogen; ihm, der an Schiller schrieb: „Die Ideen sind das Höchste", mußte auch die Ideendichtung über jede andere Dichtungsart gehen. Reichtum, Größe und Macht der Gedanken und Erhabenheit der Darstellung rissen ihn zu beinahe unbedingter Bewunderung hin; die rein ästhetische Form wurde durch jene Eigenschaften für ihn fast ganz überdunkelt. Gedichte, wie „Die Macht des Gesanges", „Der Tanz", „Natur und Schule" („Der Genius"), „Würde der Frauen", „Der Spaziergang", „Das Reich der Schatten" („Das Ideal und das Leben"), sind ihm unendlich lieb. Beim Empfange des letzteren schreibt er dem Dichter: „Wie soll ich Ihnen, liebster Freund, für den unbeschreiblich hohen Genuss danken, den mir Ihr Gedicht gegeben hat! Es Hat mich seit dem Tage, an dem ich es empfing, im eigentlichsten Verstande ganz besessen, ich habe nichts Anderes gelesen, kaum etwas Anderes gedacht; ich habe es mir auf eine Weise zu eigen machen können, die mir noch mit keinem anderen Gedichte gelungen ist, und ich fühle es lebhaft, daß es mich noch sehr lang und anhaltend beschäftigen wird. Solch einen Umfang und solch eine Tiefe der Ideen enthalt es, und so fruchtbar ist es, woran ich vorzüglich das Gepräge des Genies erkenne, selbst wieder neue Ideen zu wecken. Es zeichnet jeden Gedanken mit einer unübertrefflichen Klarheit hin, in dem Umriss eines jeden Bildes verrät sich die Meisterhand, und die Phantasie wird unwiderstehlich hingerissen, selbst aus ihrem Inneren hervorzuschaffen, was Sie ihr vorzeichnen."

Von Schiller ward Humboldt zum Selbstschaffen gewaltig angeregt; am 4. August 1795 schreibt dieser dem Freunde von Tegel aus: „Ich vermisse es unglaublich, nicht noch bei Ihnen zu sein, und habe mich so sehr an das gesellschaftliche Denken gewöhnt, daß mir bei längerer Entfernung für meinen Ideenvorrat bang werden würde. Desto mehr nehme ich meine Zuflucht zu Erinnerungen, und ich bringe den besten Teil meiner Zeit in Gedanken bei Ihnen zu." Dann am 28. September: „Ich weiß nicht, durch welche Verbindung von Umständen ein großer Durst des Wissens plötzlich, wie von neuem, in mir erwacht ist, aber sehr lange habe ich ihn nicht in gleichem Grade gefühlt. Ich überlasse mich dieser Neigung umso mehr, als ich gar keinen Mut habe, solange ich von Ihnen abwesend bin, etwas nur irgend Würdiges hervorzubringen."

Aber auch Schiller bedarf Humboldt's, des Ratgebers und Richters; er schreibt (am 2. April 1805): „Ich wünschte auch von Ihnen selbst zu hören, wie Sie mit meinem «Tell» zufrieden sind. Es ist ein erlaubter Wunsch; denn bei Allem, was ich mache, denke ich, wie es Ihnen gefallen könnte. Der Ratgeber und Richter, der Sie mir oft in der Wirklichkeit waren, sind Sie mir in Gedanken auch noch jetzt, und wenn ich mich, um aus meinem Subjekte herauszukommen, mir selbst gegenüber zu stellen versuche, so geschieht es gerne in Ihrer Person und aus Ihrer Seele."

Wenn Schiller Goethe gegenüber an seinem Dichterberufe zweifelte, wenn ihn dessen Größe drückte und er tief innerlich fühlte, daß er ihn nie erreichen werde: Dann stand ihm Humboldt als Freund zur Seite, sagte, daß Goethe ihm keinen Eintrag tue, daß er auch neben diesem Großes und Unvergängliches leisten könne: „Die Vergleichung zwischen Ihnen und Goethe hat auch mich oft beschäftigt. Gerade Sie Beide können das Höchste erreichen, ohne einander zu schaden. Das fühle ich jetzt sehr deutlich." Und Selbstvertrauen und Mut lebten wieder in des Dichters Seele, und seine Geistesprodukte weckten fort und fort Bewunderung und glückliches Streben der empfänglichen Seelen.

Als Schiller im Zweifel war, ob er für epische oder dramatische Kunst geboren sei, wandte er sich nicht an Goethe, sondern an Humboldt und schreibt: „Denken Sie, lieber Freund, denken Sie noch einmal recht streng über mich nach und schreiben mir dann Ihre Meinung. Poesie wird auf jeden Fall mein Geschäft sein; die Frage ist also bloß, ob episch (im weilen Sinne des Worts) oder dramatisch?" Im gleichen Briefe teilt der Dichter dem Freunde seine dramatischen Pläne für die „Malteser" und den „Wallenstein" mit. Humboldt schreibt einen herrlichen Brief, geht ausführlich auf die Naturanlagen und Kräfte Schiller's und dann auf den Gegenstand ein, empfiehlt dringend die Bahn, auf welcher Schiller schon so früh viel geleistet, und rät an, die „Malteser" dramatisch zu behandeln, Schiller wandte sich zur Tragödie, wählte aber den „Wallenstein". Auch auf Schiller's „Briefe über ästhetische Erziehung" muß Humboldt Einfluß gehabt haben. Hören wir nun noch einige Richterstimmen über das Verhältnis beider Männer: „In der Schule Humboldts wurde Schiller für den Umgang Goethe's reif" (Hoffmeister, „Schiller's Leben", III, 5). „So rüstig Wilhelm von Humboldt mit Schiller nach jenem höchsten Ziele der Kunst emporklimmt, so macht es doch manchmal den Eindruck, als stünde auch er stille unter jener bewundernden Schar, welche sich mit dem Anblicke des herrlichen Strebens begnügt und um seinetwillen ihren ringenden Liebling vergöttert", bemerkt Schwab in „Schiller's Leben". So meint auch Schwab, es sei für Schiller ein großes Glück gewesen, daß der rege Verkehr zwischen diesen beiden Männern unterbrochen worden und Jener Goethe näher gekommen; die Ideendichtung hätte Alles verschlungen und einige seiner Balladen und Produkte wie „Wallenstein" und „Tell" würden nie zu Tage gekommen sein. Gervinus sagt in seiner „'Geschichte der deutschen Dichtung": „Humboldt's brieflicher Verkehr war in dieser Zeit Schiller für seine Lyrik Das, was der mit Goethe für sein Drama."

Als Humboldt Jena verließ, um nach Italien zu reisen, schrieb Schiller an Goethe „Humboldt ist heute fort; ich sehe ihn mehrere Jahre nicht wieder, und überhaupt läßt sich nicht erwarten, daß wir einander noch einmal so wiedersehen, wie wir uns jetzt verlassen. Das ist also wieder ein Verhältnis, das als beschlossen zu betrachten ist und nicht mehr wiederkommen kann; denn zwei Jahre, so ungleich verlebt, werden gar viel an uns und also auch zwischen uns verändern." Schiller fühlte sich schon sehr zu Goethe hingezogen. Humboldt erklärte, für den Umgang mit Schiller nirgends, wo er auch lebe, Ersatz finden zu können.

Nach Schillers Tode (1803) schreibt Humboldt an Wolf (von Rom aus): „Sie schreiben mir viel von Goethe, was mich herzlich freut, aber kein Wort, von Schiller, ob Sie ihn noch sahen oder nach seinem Tode in Weimar waren. Mich hat sein Tod unendlich niedergeschlagen. Ich kann wohl behaupten, daß ich meine ideenreichsten Tage mit ihm zugebracht habe. Ein so rein intellektuelles Genie, so zu allem Höchsten in Dichtkunst und Philosophie ewig aufgelegt, von so ununterbrochen edlem und sanftem Ernst, von so parteilos gerechter Beurteilung, wird ebenso wenig in langer Zeit wieder aufstehen, als eine solche Kunst im Schreiben und Reden. Sie, der Sie ihn oft und gern sahen teurer Freund, fühlen das gewiß gleich stark mit mir."

An Goethe um eben diese Zeit: „Ich freute mich kaum Ihres Briefes, mein innig geliebter Freund, als ich durch Fernow die schreckliche Nachricht von Schiller's Tode empfing. Nichts hat mich je gleich stark erschüttert. Es ist das erste mal, daß ich einen erprüften Freund, mit dem sich durch Jahre des Zusammenseins Gedanken und Empfindungen innig vermischt hatten, verliere, und ich fühle jetzt die Trennung, die Entfernung, in der wir in den letzten

Jahren lebten, noch schrecklicher. Seinen letzten Brief schrieb er mir im September 1803 über Wilhelms Tod.[7] Er war über meinen Schmerz sehr bewegt. Das, was er darin wünscht und hofft, ist in Erfüllung gegangen. Er ist hingeschieden, ohne selbst einen von Denen, die ihm zunächst lieb warm, verloren zu haben. Seine schwächliche Konstitution, sagt er, lasse es ihn hoffen. Wär' er selbst nur uns nicht so früh entrissen worden! Jetzt denke ich oft, er hätte die letzten Jahre seines Lebens hier zubringen sollen. Rom würde einen großen Eindruck auf ihn gemacht haben, er hätte das mit sich hinübergenommen. Er hätte sich auch vielleicht länger erhalten; der strenge Winter scheint ihm doch verderblich gewesen zu sein, vielleicht auch die ewige Anstrengung, die nachgelassen oder doch mild gewirkt hätte. Wie einsam Sie sich fühlen müssen, kann ich mir denken, und dennoch beneide ich Sie unendlich. Sie können doch sich noch die letzten Worte seiner letzten Tage zurückrufen? Mir ist er wie ein Schatten entflohen, und ich muß Alles, was ihn mir lebhaft zurückruft, aus einer dunkeln Ferne mühsam herbeiholen. Wie oft ist es mir eingefallen, daß der Mensch sich leichtsinnig trennt, zerreißt, was ihn beglückt, und mutwillig nach dem Neuen hascht. Wenn die wahre Ungewissheit des menschlichen Schicksals den Menschen so lebendig vor Augen stände, als sie es sollte, würde kein Mensch von Gefühl je sich

---

7 Humboldt hatte also den letzten Brief des Freundes (vom 2. April 1805) noch nicht erhalten.

entschließen, die Spanne Landes zu verlassen, auf der er zuerst Freunde umarmte. „

Auch zu Goethe stand also Humboldt in einem freundschaftlichen Verhältnis, und Schiller war es, der die beiden Männer zusammenführte. Am 43. Juni 1794 bittet Letzterer Goethe, als Mitarbeiter und Mitbeurteiler den „Horen" beizutreten. Goethe sagt mit Freuden und von ganzem Herzen zu und empfiehlt sich Schiller und den geschätzten Mitarbeitern (beiden Humboldt, Herder, Fichte, Weltmann, Jacobi, Garve, Engel und Professor Meyer) aufs beste. Kurz darauf (im Juli) kam er selbst nach Jena, und im September stattet Humboldt einen Besuch in Weimar ab. Von diesem Besuche an grüßt Goethe fast in jedem seiner Briefe an Schiller „Humboldt und die Damen" oder „die Frauen von Humboldt", und dieser läßt die Grüße in seinem und der Seinen Namen „freundschaftlich" erwidern. Ein Briefwechsel zwischen Humboldt und Goethe wird begonnen, der aber bis jetzt noch nicht veröffentlicht worden, Goethe besucht bisweilen die Freunde in Jena und diese sehen den großen Dichter auch in Weimar. Nachdem dieser den Freunden den „Wilhelm Meister" gesandt, schreibt Schiller (das erste Buch war gelesen): „Herr von Humboldt hat sich recht daran gelabt und findet, wie ich, Ihren Geist in seiner ganzen männlichen Jugend, stillen Kraft und schöpferischen Fülle." Goethe antwortet: „Da ich nebst der Ihrigen auch Herrn von Humboldt's Stimme habe, werde ich desto fleißiger und unverdrossener fortarbeiten."

Humboldt gibt in der Folge noch manches Urteil über den Roman selbst, und Goethe nimmt sie immer mit Interesse auf. In den „Tag - und Jahresblättern", wo er von den Einwürfen und Bemerkungen spricht, die ihm Freunde über den „Wilhelm Meister" machten, schreibt er: „Wilhelm von Humboldt's Teilnahme war indes fruchtbarer; aus seinen Briefen geht eine klare Einsicht in das Wollen und Vollbringen hervor, daß ein wahres Fördernis daraus erfolgen mußte." Schiller's Teilnahme als die höchste und innigste nannte er zuletzt.

Zu Eckermann sagte Goethe: „Daß die Gebrüder Humboldt und Schlegel unter meinen Augen aufzutreten anfingen, war von der größten Wichtigkeit. Es sind mir daher unnennbare Vorteile entstanden." Ebenfalls im Jahre 1794 notiert er: „Alexander von Humboldt, längst erwartet, von Bayreuth ankommend, nötigte uns, ins Allgemeine der Naturwissenschaft. Sein älterer Bruder, gleichfalls in Jena gegenwärtig, ein klares Interesse nach allen Seiten hin richtend, teilte Streben, Forschen und Unterricht." In den „Nachträgen zur Osteologie": „So benutzte ich viele Zeit, bis im Jahre 1795 die Gebrüder von Humboldt, die mir schon oft als Dioskuren auf meinem Lebenswege geleuchtet, einen längeren Aufenthalt in Jena beliebten. Ich trug die Angelegenheit meines Typus so oft und zudringlich vor, daß man, beinahe ungeduldig, zuletzt verlangte: ich solle Das in Schriften verfassen, was mir in Geist, Sinn und Gedächtnis so lebendig vorschwebte." Als Humboldt durch Schiller den Plan zum „Faust' erhielt, schreibt er: „Der Plan ist ungeheuer. Schade nur, daß er eben darum wohl nur Plan bleiben wird." Manches kleinere Produkt Goethe's, wie die Idylle „Alexis und Dora", wird von Humboldt mit Freuden aufgenommen, und Goethe schreibt an Schiller: „Sowohl das viele Gute, das er sagt, als auch die kleinen Erinnerungen nötigen mich, auf dem schmalen Wege, auf dem ich wandle, desto vorsichtiger zu sein." Nachdem Humboldt den „Xenien-Almanach" gelesen, schreibt Schiller: „Humboldt ist von unserem Almanach nicht wenig überrascht worden und hat recht darin geschwelgt; auch die «Xenien» haben den heiteren Eindruck auf ihn gemacht, den wir wünschen. Es ist mir wieder eine angenehme Entdeckung, daß der Eindruck des Ganzen doch jedem liberalen Gemüt gefällig und ergötzlich ist."

Mitte Februar 1797 besuchte Goethe die Freunde in Jena und vollendete da sein herrliches episches Gedicht, Wilhelm von Burgsdorf schrieb an Rahel: „Goethe sah ich hier noch, als ich ankam, und hörte ihn aus seinem göttlichen Gedicht «Hermann und Dorothea» lesen."

Humboldt und Goethe blieben ihr Leben lang, fast ein halbes Jahrhundert hindurch, in anregendem freundschaftlichen Verhältnisse; am 17. März 1832, am Morgen vor seiner tödlichen Erkrankung, schreibt Goethe noch an den Freund, teilt ihm seine innersten Gedanken und etwas über den zweiten Teil des „Faust" mit und fordert Humboldt auf, ihm auch von seinen Arbeiten zu schreiben.

Jedem der großen Dichter und Freunde hat Humboldt ein schönes, verherrlichendes Denkmal gesetzt, Schiller in der Vorerinnerung zum Briefwechsel mit ihm, Goethe in den „Ästhetischen Versuchen" über „Hermann und Dorothea".[8]

Außer Schiller und Goethe sah Humboldt in Jena Fichte, Niethammer, den Philologen Schütz, die beiden Hufeland, den sprach- und altertumskundigen Ilgen, in dessen Haus die Gebrüder Humboldt manche gesellige Stunde verlebten; dann den Geschichtschreiber Woltmann, die Dichterin Mereau, Kömer, Hölderlin, Veit.

Von Humboldt's Arbeiten während des Jenaer Aufenthalts sind hervorzuheben: die Beurteilung von Jacobi's „Woldemar", die in der „Allgemeinen Literaturzeitung" erschien und jetzt im ersten Bande seiner „Gesammelten Werke" enthalten ist. Manches Herrliche über Liebe, die Eigentümlichkeit der Geschlechter, und dann eine Befreiung vom starren Kantianismus tritt darin zu Tage. Humboldt stellt diejenige Tugend als die höchste dar, welche nicht mehr Kampf, sondern Gewöhnung ist, Veit, ein in Jena studierender tüchtiger Kopf, empfiehlt die „prächtige" Rezension seiner Freundin Rahel und diese bewunderte sie im höchsten Grade, fand sie weit genialer als „Woldemar" selbst: „Für einen außerordentlich philosophischen Kopf ließen Sie Humboldt immer gelten und rühmten ihn und erhoben ihn; aber die Menschenkenntnis wollten Sie ihm absprechen. Hat er denn nie mit Ihnen gesprochen, wie er in der Rezension geschrieben hat? oder haben Sie ihn total nicht verstanden! Sonst müßten Sie sich ja tief vor dieser Menschenkenntnis gebeugt haben."

---

8 „W. v. Humboldts gesammelte Werke", Bd. 4.

In den „Horen" erschienen nachstehende Aufsätze: „Über den Geschlechtsunterschied und dessen Einfluss auf die organische Natur"[9] und „Über die männliche und weibliche Form".[10] Humboldt, der Forscher, verfolgt den Gegenstand in die Tiefe; Schiller's Genius schaut und besingt das idealische Weib, Goethe stellt es in allen Formen der Erscheinung dar. Nach dem Empfange des Gedichts „Würde der Frauen" schreibt Humboldt an Schiller: „Mir war es ein in der Tat unbeschreibliches Gefühl, Dinge, über die ich so oft gedacht habe, die vielleicht noch mehr, als Sie bemerkt haben, mit mir und meinem Wesen verwebt sind, in einer so schönen und angemessenen Diktion ausgeprägt zu finden. Was man so denkt und prosaisch hinschreibt, ist doch nur so ein Hin- und Herschwatzen, etwas so Totes und Kraftloses, vorzüglich etwas so Unbestimmtes und Ungeschlossenes; Vollendung, Leben, eigene Organisation erhält es nur in dem Munde des Dichters, und dies habe ich lange nicht so sehr als hier gefühlt." Schiller antwortet: „Zweifeln Sie gar nicht, meist teurer Freund, daß Ihre Ideen über das Geschlecht endlich noch ganz kurrent und als wissenschaftliche Münze ausgeprägt werden, sobald Sie nur noch eine ausführlichere Darstellung daran wenden. Diese ist allerdings noch nötig und die Sache verdient sie auch so sehr. Ich warte jetzt nur auf einige öffentliche Stimmen des Beifalls über «Würde der Frauen» und

---

9 „W. v. Humboldts gesammelte Werke", Bd. 4.
10 Ebendaselbst, Bd. 1.

eine schickliche Gelegenheit, um es öffentlich zu sagen, wie viel in jenen Aufsätzen liegt."

Im Juni 1795 begaben sich Humboldts mit dem Vorsatze nach Tegel, im Herbste wieder nach Jena zurückzukehren. Die Ausführung scheiterte: Humboldt's Mutter wurde sehr krank angetroffen, und so war an eine baldige Wiederabreise nicht zu denken. Allerlei Missgeschicke, hauptsächlich Krankheiten stören das Leben in Tegel; Humboldt selbst wird von einem Augenübel befallen und, ist im Ganzen nicht so Wohl als in Jena. Frau von Humboldt ist oft unwohl; ein Knabe erkrankte ebenfalls. Das Alles wirkt störend auf Humboldt's Tätigkeit; sein innerstes Leben leidet aber nicht darunter. Viele Briefe an Schiller, in dieser Zeit geschrieben, atmen eine Fülle von Geist; bald bewundert man den Forscher und Kritiker, den nach unendlicher intellektueller Entwicklung ringenden Menschen, bald dessen reiches und tiefes Gemüt. Wie treu und liebend ist er als Freund, Gatte und Vater, wie rein menschlich im Fühlen!

Gentz, „der ihm ein angenehmer Umgang war", unterbricht bisweilen die Einsamkeit seines Tegeler Aufenthalts. Im Dezember zieht Humboldt der leidenden Mutter zu lieb in die Stadt, wo er wieder viele Menschen sieht. Vom November 1796 bis Ende April 1797 macht er einen zweiten Aufenthalt in Jena. Frau von Wolzogen brachte einige Zeit mit den Freunden zu und dann oben genannter Wilhelm von Burgsdorf; dieser schreibt an Rahel: „Man ging nicht leicht zu Bett, ohne nicht noch vorher für die Erhaltung der teuren Mutter in Berlin gebetet zu haben — als plötzlich gestern (20. Nov.) die Stafette die Nachricht ihres Todes brachte. Die Stafette ging sogleich weiter an Alexander von Humboldt (nach Bayreuth); auf den kommt es an, ob Humboldt jetzt gleich nach Berlin kommt oder nicht." Man ging nun bis Erfurt und auf der Durchreise sah Humboldt Goethe zwei mal.

Im Januar 1797 wird Humboldt Vater eines zweiten Sohnes, Theodor. Alexander von Humboldt besuchte die Seinigen und bleibt, erfüllt mit Plänen zur großen westindischen Reise, bis ins Frühjahr bei ihnen. Der Linguist Vater und die Gebrüder Schlegel vergrößerten den Kreis der Bekannten in Jena.

Humboldt beschäftigte sich während des Winters 1796-97 mit Übertragung des Aeschyleischen „Agamemnon", und als er den seinen Freunden zum Lesen gegeben und ihre Urteile erhalten, schreibt er mit rührender Einfachheit an Wolf:

„Da ich meine Arbeit Einigen hier gezeigt habe, befinde ich mich in einer recht sonderbaren Lage.

„Schiller ist gar nicht recht damit zufrieden. Er spricht der Übersetzung Energie und poetische Sinnlichkeit nicht ab, aber er findet sie zu schwer, hart und undeutlich. Er will gewöhnlichere Strukturen, mehr Ausführlichkeit, allenfalls sogar einen weniger obligaten Versbau.

„Sie scheinen mir meine Arbeit ebenso sehr zu verwerfen, aber gerade aus den umgekehrten Gründen, ob es gleich möglich wäre, daß Sie Ihre Klage wegen des Mangels an Aeschyleischem Geist noch mit der Schiller'schen über Mangel an Deutlichkeit kumulierten.

„Friedrich Schlegel (der Grieche) äußerte bei dem ersten Lesen des ersten Chors in einer noch früheren Gestalt, als die Ihre Abschrift hat, dieselben Klagen als Sie. Ich änderte darauf Manches, und beim zweiten Lesen schien er zufriedener. Ob ganz? mochte ich nicht sagen. Er ist, wie Sie wissen, in solchen Dingen einsilbig.

„Goethe ist, wie ich aus vielfältgen Äußerungen gegen mich und Andere und aus dem großen Interesse, das er daran nimmt, da er sich ganz eigentlich und täglich damit beschäftigt, mit der Arbeit im Ganzen sogar sehr zufrieden. Er macht nur einzelne Bemerkungen ganz eigener Art, die ich Ihnen zum Teil mitteilen kann. Er ermuntert mich nicht nur, den »Agamemnon« zu endigen, sondern auch ein Stück des Sophokles, eins des Euripides und eins des Aristophanes, alle charakteristisch gewählt, nachfolgen zu lassen.

„Alle Sie zusammen scheinen den Versbau, meine sauerste Arbeit und meiner Meinung nach auch die verdienstvollste, gar nicht sonderlich zu achten, Schiller fehlt es an Kenntnis; er rechnet mir Vieles darin noch als Schuld an. Sie haben sich nicht darüber geäußert. Goethe scheint ihn zu fühlen und zu billigen; aber zum Beurteilen fehlt's ihm an Kenntnis. Wilhelm Schlegel (der Shakspeare'sche) ist der Einzige, der sich darauf eingelassen hat, und der ist, bis auf Einzelnes, zufrieden.

„So weit mein Bericht. Wie ich mich nun selbst zu diesen Urteilen stelle? Fürs erste halte ich schon a priori den Tadel für gegründeter als das Lob, Goethe's Beifall ist mir aus mancherlei Gründen weniger erfreulich. Er findet sich durch meine Übersetzung beim Lesen des Originals erleichtert. Unter dem Tadel ist mir. der Schiller'sche nicht wichtig. Er beweist mir bloß, daß ich auf eine große Klasse Leser nicht zahlen darf, und das wußte ich vorher. Nur Ihrer hat mich niedergeschlagen. Ich gestehe Ihnen offenherzig, daß ich vier Tage lang keinen Vers gemacht habe und meine Arbeit nicht ansehen mochte ... Mein Mut ist zurückgekommen, und ich glaube mich nun in der wahren Stellung zu befinden, die ich annehmen darf ... Es ist mein fester Vorsatz, noch ehe meine Arbeit beendigt ist, so strenge Beurteilungen als möglich einzuziehen und mich zwar in die Mitte von allen zu stellen, weil ich ohne eine solche Selbständigkeit die Arbeit geradezu aufgeben müßte, aber von dieser Mitte aus mich so weit als möglich zu jedem hinzuneigen und jedem Genüge zu tun. An Fleiß und an Geduld soll es mir nicht fehlen, aber wenn ich zuletzt die Unmöglichkeit klar sehe und empfinde, daß ich nun mehr tun kann, dann werde ich es freilich durch einen Machtspruch für fertig erklären. Denn was ist anderes zu tun? Bei diesen Gesinnungen können Sie denken, wie ich mich freue, diese Materie recht mit Ihnen durchzusprechen. Sie liegt mir unglaublich am Herzen, und ich habe mich nie für eine Arbeit (d. h, nicht zu Gunsten Dessen, was ich schon getan habe, sondern Dessen, was ich daran tun möchte) so interessiert gefunden."

Humboldt feilte noch lange, fast zwei Dezennien, an seiner Arbeit. Schiller gab er für die „Horen"" und Almanache einige übersetzte Pindarische Oden. Die Übersetzung der neunten pythischen Hymne wurde nebst Einleitung in die „Horen", die „Dioskuren" aus der zehnten Nemeischen Ode in den „Musenalmanach" aufgenommen. Die von Humboldt übertragenen Pindarischen Gedichte sind im 2. Bd. der „Gesammelten Werke" abgedruckt.

Ende April 1797 schied Humboldt von Jena und von den Dichterfreunden, an deren Leben und Streben er so regen, innigen Anteil genommen, und begab sich über Halle, wo er Wolf sah, nach Berlin, da hatten er und sein Bruder nach dem Tode der Mutter manche Angelegenheit zu ordnen. Von Berlin wollten beide Brüder über Dresden, Wien und einen Teil der Alpen nach Italien reisen, und der jüngere dann weiter nach Spanien und der Neuen Welt. In Dresden verweilte man einige Wochen, tat Familiengeschäfte vollends ab — Kunth war behilflich — reifte dann nach Wien und blieb der Kriegsbegebenheiten wegen länger als man gewünscht. Nach Italien zu gehen war aus gleichem Grunde unmöglich; Wien sagte der längere Zeit kränkelnden Frau von Humboldt nicht zu, und er selbst fand wenig geistigen Umgang, Man wandte sich nach Paris — Alexander blieb den Winter über in Deutschland — wo es der Familie, „der Bewegung und Mannigfaltigkeit wegen, die im Ganzen herrschte, außerordentlich gut gefiel", und von wo Humboldt fleißig an die Jenaer Freunde berichtet und sie dann mit der schon erwähnten Theorie der Dichtung, insbesondere der epischen, in den „Ästhetischen Versuchen" über „Hermann und Dorothea" überraschte. Goethe schreibt: „Humboldt's Arbeit erwartete ich wirklich nicht und freue mich sehr darauf, umso mehr, als ich fürchtete, daß uns seine Reise seinen theoretischen Beistand, wenigstens auf eine Weile entziehen würde. Es ist kein geringer Vorteil für mich, daß ich wenigstens auf der letzten Strecke meiner poetischen Laufbahn mit der Kritik in Einklang gerate.'' Schiller, welcher dieser Arbeit gegenüber streng kritisierend auftritt, schreibt unter Anderem an Humboldt: „Man erweist Ihnen bloß Gerechtigkeit, wenn man sagt, daß noch kein dichterisches Werk zugleich so liberal und so gründlich, so vielseitig und so bestimmt, so kritisch und so ästhetisch zugleich beurteilt worden ist. Und das konnte auch gerade nur durch eine Natur geschehen wie die Ihrige, die zugleich so scharf schneidet und so vielseitig verbindet." Humboldt nahm nicht nur die Einwürfe, welche Schiller im gleichen Briefe brachte, ganz unbefangen, sondern auch den öffentlichen Spott der Gebrüder Schlegel ganz ruhig auf. Letzteren hatte er, da Andere in den Tagen des Wiener Kongresses seiner gedachten, in heiterer Großmut völlig vergessen. Die Schlegel erfreuten sich fortwährend seines Schutzes, Schiller war über das Auftreten der Schlegel entrüstet. Wieland las Humboldt's Werk mit großer Zufriedenheit, und die junge, geistreiche Rahel schreibt an Brinkmann: „Ich lese Humboldt, bin aber noch im Anfang; mir kann er gar nicht weitläufig genug schreiben. ... Möchten es nur alle Diebe lesen, die dichten wollen in Prosa oder in Versen, so wär' man sie los, und die Xenien würden lauter artige erwachsene Oden."

Am 25. Mai 1798 schreibt Frau von Humboldt an ihre Freundin Rahel nach Berlin: „Paris wäre der eigentliche Ort, an dem Sie leben müßten, an dem Sie, besonders wenn Sie auch einige Deutsche um sich hätten, sich gefallen würden wie an keinem anderen. Paris ist sehr schön. ... In den Kindern lebt meine Seele, das fühlen Sie wohl, und ich führe hier mit ihnen eine ganz häusliche Existenz, Die Vormittage dauern hier bis 4 Uhr; früher isst kein Mensch; das gibt mir das Mittel, viel mit ihnen zu sein. Abends bin ich häufig in Gesellschaften oder im Theater, oft auch an meinem Teetisch, mit dem kleinen Zirkel meiner Bekannten zu Hause. Es sind viele Deutsche hier, denen mein Haus ein point de ralliement ist. Das Theater ist unendlich interessant, die Komödie vortrefflich. Alle Feinheit, Höflichkeit, alle Oberflächlichkeit des französischen Wesens, ihrer Sitten wie ihrer Empfindungen, offenbart sich unendlich in ihren Stücken und in der Art, wie sie gespielt werden. Bei der Tragödie ist das vielleicht noch merkbarer; ich kann mir nicht denken, wie man jemals gerührt werden könnte, aber interessiert ist man aufs äußerste, weil das Spiel der vorzüglichen Schauspieler ein vollendetes Kunstwerk ist."

In diesem Frühjahr weilte Alexander von Humboldt wieder einige Zeit bei den Seinigen, bereitete sich auf seine große Reise vor, lernte z. B. Arabisch. Im Oktober 1798 ging er nach Marseille. In der Schilderung seiner großen Reise sagt er: "Ich trennte mich von einem Bruder, der durch seinen Rat und durch sein Beispiel einen großen Einfluss auf die Richtung meiner Gedanken ausgeübt hatte. Er billigte die Gründe, die mich bestimmten, Europa zu verlassen; eine geheime Stimme sagte uns, daß wir uns wiedersehen würden. Diese Hoffnung, die nicht getäuscht wurde, versüßte den Schmerz einer langen Trennung. Ich verließ Paris in der Absicht, mich nach Algier und Ägypten einzuschiffen, und durch den Wechsel der Begebenheiten, der über alle menschliche Dinge herrscht, sehe ich meinen Bruder bei meiner Rückkehr vom Amazonenstrom und von Peru wieder, ohne das feste Land von Afrika berührt zu haben."[11] Alexander brachte jenen Winter in Spanien zu und erhielt vom Hofe viele Vergünstigungen.

Unter den Deutschen, die Humboldt's Haus in Paris besuchten, sind hervorzuheben: der Maler Schick, der Bildhauer Tieck, Gustav von Brinkmann, Legationssekretär des schwedischen Gesandten, Baron von Staël, Graf von Schlabrendorf, der ausgezeichnete Redner, der einst am frühen Abend, mit dem Lichte in der Hand, Wilhelm von Humboldt zur Treppe geleitete und am hellen Tage noch immer in Diskussion an derselben Stelle mit ihm gefunden wurde; der feine Beobachter Leuchsenring, der, nachdem er in Not geraten, nur von Humboldt und Schlabrendorf Hilfe annahm und für dessen unglückliche Gattin Frau von Humboldt bestmöglichst sorgte; dann der schon genannte Burgsdorf. Im französischen Kreise finden wir: Frau von Staël, die Humboldt sehr hoch hielt, von der er 1833 (in den „Briefen an eine Freundin") schrieb: „Die Staël war bei weitem weniger von ihren schriftstellerischen

---

11 „A. v. Humboldts und A. Bonplands Reise in die Äquinoktialgegenden des neuen Kontinents in den Jahren 1799-1804", Bd. 1.

Seiten, als im Leben und von Seiten ihres Charakters und ihrer Gefühle Geist und Empfindung. Was man von ihrer Unweiblichkeit sagte, gehört zu dem trivialen Geschwätz, das sich der gewöhnliche Schlag der Männer und Weiber über Frauen erlauben, deren Art und Wesen über ihren Gesichtskreis geht." Sie ihrerseits nannte Humboldt „la plus grande capacité l'Europe" und setzte ihm einen Denkstein in ihrer „Corinne". Außer ihr Benjamin Constant, „der geist- und giftvolle Sittenschilderer" Rétif de la Bretonne, der Vorliebe für deutsche Literatur zeigende Bitaubé, ferner Lalande, Geoffroy Saint-Hilaire, Cuvier, Delambre, Silvestre de Sacy u. A. m.

Im Oktober 1798 schreibt Humboldt an Wolf: „Sie Glücklicher, mitten in Deutschland und unter lauter Deutschen, können kaum fühlen, wie viel Einem eine solche, so kräftige, hohe und begeisterte Sprache gibt, was solche Bilder dem Sinn, solche Gedanken dem Geiste und Herzen sind (in der Übersetzung Ovid's von Voß). Aber in dieser Öde «fern von dem Schalle germanischer Rede», schlagen deutsche Töne dieser Art ganz anders an ein deutsches Ohr. In der Tat wird man hier der Herz - und Kraftlosigkeit sehr müde, und ich bleibe noch immer dabei, daß, so manches Interessante ich auch hier für meine Neugierde antreffe, der einzige Genuss meiner besseren Kräfte doch immer ein erhöhteres und durch den Kontrast selbst lebendigeren Bewusstsein der vollem und kräftigem deutsches Natur bleibt."

Seinen Freunden an der Saale sendet er noch von Paris aus einen Aufsatz: „Über die gegenwärtige französische tragische Bühne" — Humboldt kannte

56

Talma persönlich. Der Aufsatz erschien anonym in Goethe's „Propyläen".[12] Dieser und Schiller nahmen ihn mit Freuden auf.

Der politischen Ereignisse wegen, die den Aufenthalt in Paris für Fremde immer unbequemer machten, verließ die ganze Familie Humboldt (wahrscheinlich im Juli oder August 1799) Frankreichs Hauptstadt und wandte sich dahin, wo Alexander den Winter verlebt, nach Spanien. Über die Wanderung durch diese Halbinsel geben uns Aufschluss: 1) „Reiseskizzen aus Biscaya" und eine Beschreibung des „Mont-Serrat bei Barcelona".[13] 2) Ein Gedicht von Humboldt: „In der Sierra Morena"[14] und ein Brief an Goethe und einer an Wolf. 3) Aufsätze und Schriften über die von ihm zum Gegenstand besonderer Forschung erkorene baskische Sprache und Nation, von denen nur einer: „Prüfung der Untersuchungen über die Urbewohner Hispaniens vermittels der baskischen Sprache", im 2. Bd. der „Gesammelten Werke" enthalten ist.

In den „ Reiseskizzen aus Biscaya" zeigt Wilhelm seine innere Verwandtschaft mit Alexander. Auch er schildert die äußere Welt auf hinreißende Weise, steigt aber fort und fort in sein gewaltiges Reich, in das der Ideen empor, — An Goethe, dem er eine Wanderung zum Mont-Serrat berichtet, schreibt er: „Mir von fremdartigen Eigentümlichkeiten einen anschaulichen Begriff zu verschaffen, war,

---

12 „W. v. Humboldts gesammelte Werke", Bd. 3.
13 Ebendaselbst.
14 Ebendaselbst, Bd. 1.

was ich vorzüglich bei meinen Reisen beabsichtigte. Um das Ausland wissenschaftlich zu kennen, ist es nur selten nötig, es selbst zu besuchen; Bücher und Briefwechsel sind dazu weit sicherere Hilfsmittel als eigenes Einholen immer unvollständiger und selten zuverlässiger Nachrichten, Aber um eine fremde Nation zu begreifen, um den Schlüssel zur Erklärung ihrer Eigentümlichkeit in jeder Gattung zu erhalten, ja selbst um nur viele ihrer Schriften vollkommen zu verstehen, ist es schlechterdings notwendig, sie mit eigenen Augen gesehen zu haben. ... Denn gerade darauf kommt es an, jede Sache in ihrer Heimat zu erblicken, jeden Gegenstand in Verbindung mit den anderen, die ihn zugleich halten und beschranken. ... Ich habe zwei unvergesslich schöne Tage dort in den Einsiedler-Wohnungen des Mont-Serrat bei Barcelona zugebracht. Ihre «Geheimnisse» schwebten mir lebhaft vor dem Gedächtnisse. Ich habe diese schöne Dichtung, in der eine so wunderbar hohe und menschliche Stimmung herrscht, immer außerordentlich geliebt, aber erst seitdem ich diese Gegend besuchte, hat sie sich an etwas in meiner Erfahrung angeknüpft; sie ist mir nicht werter, aber sie ist mir näher und eigener geworden." Doch man lese die ganze Schilderung selbst; sie ist schön genug, oft gelesen zu werden. So auch das Gedicht: „In der Sierra Morena", aus dem wir uns nicht enthalten können, Einiges mitzuteilen. Es ist an ein zu erwartendes Kind gerichtet und wohl an ganz Deutschland, auch an ein zu erwartendes besseres.

Schwer, o Kind, ist die Zeit und mühvoll,
wo du den Tag siehst,
Arbeit heischend und Mut in dem ermüden-
den Kampf.
Niemals forderte mehr der Genius, strenger es
niemals,
Welcher, sinnenden Geists, lenket der Menschen
Geschick;
Und auf die Glimme des Gottes,
des ernstgebietenden Richters,
Werke mit achtsamem Sinn, wo in der Brust sie
dir tönt!
Denn nicht in luftigen Wolken
noch hoch in der Wüste des Äthers
Thront er, ihn zeuget des Manns tiefer Gedanke
sich selbst.
Los von der Hand der Natur
und der still beschränkenden Sitte,
Die ihn in kreisendem Lauf sorgsam und sicher
geführt,
Riss sich im Ungestüm der plötzlich erwachen-
den Kräfte
Ungeduldig der, Mensch, zeichnend sich selber
den Pfad;
Und nun gilt's in der Nacht des tief aufwogen-
den Meeres
Vom umnebelten Pol kühn zu entreißen den
Stern,
Welcher den schweifenden Wachen,
nicht mehr am nahen Gestade
Sicher und unversehrt führ' in den Hafen hinein.
Glücklich noch,
müßte nicht stets zum Streite gerüstet die Rechte
Kämpfen mit tückischem Wahn,
welcher die Wahrheit verschmäht;
Oder stählte der Vorzeit Mut und rüstige Stärke

59

Noch den Männern den Arm, noch in dem
Busen das Herz.
Aber es sinket den Feigen die Kraft beim halben
Beginnen;
Mutlos geben sie auf,
was sie mit Blut sich erkauft;
Und nach Ruhe sich sehnend,
vergessen sie törichten Sinnes:
Daß nur des Tapferen Mut bricht das erzürnte
Geschick,
So auch haben sie dir die göttliche Freiheit
entweihet.
Pflanzend mit Unbedacht, wo sie der Boden
nicht trug.
Nicht so verschwendet die Frucht, die goldne,
die Tochter des Himmels;
Nur ein starkes Geschlecht Pflückt sie mit wür-
diger Hand.
Wenig noch ist's,
des Wahns weitwuchernde Wurzel vertilgen,
Findest du die Wahrheit nicht auf,
wo sie das Dunkel verbirgt,
Tief in den fruchtbaren Schoß
des wirkenden Busens sie senkend,
Daß sie lebendig aus dir spreche in Wort und in
Tat.

*

Willst du ihn finden den Punkt,
auf den du mit Sicherheit tretend,
Leicht dich, wohin du nur willst,
rechtshin und linkshin bewegst;
Wo dein forschender Geist
stets schweifend weiter und weiter,
Endlich die Räume sie all',
all' die unendlichen mißt;
Wo du dich selbst umschaffst

nach des Alls unendlichem Urbild,
Rings versammelnd in dir,
was zu erfassen du magst; —
Sieh, es ruhet in dir! In dich versenke die Kräfte,
Welche, göttlich und frei,
reichlich dein Busen bewahrt!
Siehst du die rollenden Welten dort oben
im luftigen Äther?
Sicher durch eignes Gewicht hält sich der
schwebende Ball;
Niemals schmettern sie wild
mit grausem Gekrach aneinander,
Stets harmonischen Flugs schwingt sich die
goldene Bahn.
So auch du! In der gleich gemessenen Kräfte
Bewegung
Folge mutig dem Weg, den sie sich selber
erspähn.
Nie gedeiht, was nicht frei aus eigenem Busen
emporsprießt,
Nicht der verlangende Sinn reines Gefühls sich
erwählt.

*

So nun schreite, mein Kind,
mit fröhlichem Mut in das Leben,
Stark zu jeglicher Tat, offen, für jeden Genuß.
Tuche nicht ängstlich die Bahn,
sie hierhin zu lenken und dorthin;
lieblicher krümmt sich des Bachs wellenge-
schlängelter Pfad. Aber mit spähendem Fleiß
benutze,
was günstig das Schicksal,
Was der Zufall dir reicht, keine der Blüten
verschmäh'; Denn wer die meisten Gestalten
der vielfach umwohneten Erde,

Die er vergleichend ersah, trägt im bewegenden
Sinn,
Wem sie die glühende Brust
mit der fruchtbarsten Fülle durchwirken,
Der hat des Lebensquell tiefer
und voller geschöpft.

*

Das nur können die Ältern, nur Das allein dir
gewähren, Daß sie mit deutschem Sinn
sorgsam dich nähren und früh; Was sie besaßen
der Kraft, und was sie sich müasam erstrebten,
Haben sie innig und treu dir in die Seele
gehaucht; Geh' nun, selbst es vollendend, und
zeige dem kommenden Enkel,
Daß dich zum Weichling nicht
zeugt' ein entartet Geschlecht.
Aber sind sie dir einst von der liebenden Seite
gewichen, Klage, Lieber, dann nicht, weine
nicht Thronen des Wehs. Siehe, sie welken ja alle, die sprossenden Kinder der Erde, Und ein
neues Geschlecht trägt der verdrängende Raum.
Aber gedenke des Vaters, gedenke der liebenden
Mutter, Blumen streue dem Grab, segnend die
bergende Gruft.

An Wolf schreibt Humboldt von Madrid aus (Dez.
1799): „Ich schreibe Ihnen, lieber Freund, aus dem
Herzen Spaniens, wie Sie sehen, und in wenigen
Tagen verlassen wir diese Stadt, um noch weiter
südlich nach Cadiz zu gehen. Dieser Entschluß, fast
das äußerste Ende des westlichen Europa (leider
kann ich nicht nach Lissabon gehen) zu besuchen,
wird Sie gewundert haben. Allein da ich nicht leicht
hoffen konnte, Spanien wieder so rah als in Paris zu

kommen, da uns der Weg nach Italien versperrt war, und es mir doch wichtig schien, eine südliche Nation wenigstens zu sehen, so unternahmen wir diese Reise, und in der Tat gereut mich der Entschluss nicht. Den vorzüglichsten Genuss gewähren uns die Schätze der Malerei, die dieser Winkel der Erde wirklich — verbirgt; denn alle Beschreibungen davon find in der Tat nur sehr mangelhaft. Sie wissen, was Paris jetzt in dieser Gattung besitzt; aber hier ist aufs mindeste ebenso viel, und überdies die auswärts nicht gekannte, aber vortreffliche Spanische Schule. Dies ist besonders ein großer Genuss für meine Frau; sie besieht Alles genau, schreibt über alle merkwürdigen Gemälde, und die Zahl dieser geht in die Hunderte, etwas auf. ... Ich für mich bekümmere mich sonst um vielerlei, vielleicht um zu viel Dinge. Mein Zweck ist, Menschen und Nationen kennen zu lernen, und dazu muß man freilich manchmal sehr indirekte Wege einschlagen. ... Ich habe von neueren Sprachen seit meiner Abwesenheit aus Deutschland viel zugelernt, für jetzt aber werde ich mich auf die Töchtersprachen der lateinischen und die Geschichte ihrer Entstehung beschränken. Zu diesem Behuf habe ich die provenzalische Mundart in ihren verschiedenen Abweichungen sorgfältig studiert. ... Jetzt leben Sie wohl! Ich gehe, zum Tee einige Gesänge Homer's mit meiner Frau zu lesen. Denn der Homer verlässt uns nicht, und den Abend versammeln wir uns immer zu einem sehr deutschhäuslichen Tee mit einem Freund, der mit uns reist, und unseren drei Kindern, die froh und gesund sind."

Im Frühjahr 1800 kam Humboldt um Vieles reicher mit seiner Familie nach Paris zurück, wo man bis gegen den Winter zu bleiben gedachte, Rahel Levin zieht auch dahin und steht den Humboldts bald näher, bald ferner; manchmal findet sie sie kalt und beklagt sich. Humboldt, der ihre geistige Lebendigkeit immerhin sehr anerkannte, sagte ihr einst: „Ich will nicht mit lauter Verwundeten zu tun haben."

Im Mai 1800 kam Frau von Humboldt mit einer Tochter nieder, welche den Namen Adelheid erhielt. Die Abreise wurde erst auf das Frühjahr 1801 verschoben, doch als man da zur Reise gerüstet war, änderte Humboldt den Plan: Die baskische Sprache war ihm ernstes und liebes Studium geworden, und da ihm Paris manches Hilfsmittel bot, wie ein baskisch-spanisches Wörterbuch u. a. m., so blieb er länger und ging dann nochmals, seine Familie in Paris lassend, in die spanisch- und französisch-baskischen Provinzen, suchte da vor allem D. Pablo Pedro de Astarloa, Pfarrer in Durango, auf, der ihm schon auf der ersten Reise viel Aufschluss über Nation und Sprache derselben gegeben, schrieb Manches aus dessen wichtigen handschriftlichen Schätzen wörtlich ab, eilte dann zu seiner Familie zurück und begab sich im Sommer 1801 mit derselben über Erfurt und Weimar in die Heimat. Von Burgörner aus (am 14. August 1801) schreibt er an Wolf: „Lieber, teurer Freund, ich bin endlich hier, wieder nach so langer Abwesenheit nur vier Meilen von Ihnen entfernt. Meine Freude darüber ist unglaublich; die alten Zeiten, wo wir uns wöchentlich und oft mehr als einmal schrieben, wo ich Ihre Beschäftigungen von Tag zu Tag kannte, wo ich selbst mich unaufhörlich mit dem Studium abgab, das mir immer den meisten Genuss gewährte, stehen mir wieder so lebendig vor der Seele, als wäre es gestern gewesen. Meine Frau und meine Kinder sind natürlich mit mir und die Erstere freut sich, endlich den langen Zauber gelöst zu wissen und an das Ende Ihrer leider nur zu wahren Prophezeiung gekommen zu sein. Jetzt aber, mein innigst geliebter Freund, wächst auch die Sehnsucht, Sie zu umarmen, mit jedem Augenblick, und ich schreibe Ihnen heute recht eigentlich nur, um mich deshalb mit Ihnen zu besprechen." Über ein Jahr wird zu Berlin und Tegel verlebt und während dieser Zeit wurde die jüngste Tochter, Gabriele, geboren, Frau von Humboldt war sehr angegriffen und erholte sich erst in Italien wieder.

Die politischen Verhältnisse Deutschlands und besonders Preußens, waren gar nicht der Art, daß ein Humboldt hätte wünschen können, seine, reichen Gewinn bringende Muße und Selbständigkeit mit einer öffentlichen Stellung zu vertauschen; als aber der bisherige preußische Geschäftsträger in Rom um seine Rückberufung gebeten und Humboldt dem Könige zum Ministerresidenten in Rom vorgeschlagen wurde, nahm er die Stelle sogleich an. Konnte er nun doch seinen längst gehegten Lieblingswunsch verwirklichen und nach dem an Altertumsschätzen so reichen Rom ziehen. An Schiller schrieb er eben damals, daß nichts ihn von seinem hohem Berufe abbringen werde, und daß ihm für alle Zeit das Höchste in der Welt die Ideen bleiben werden; eine bestimmte Geschäftstätigkeit hätte aber auch ihr Gutes, weil man sonst doch manche Zeit verliere. In Halle besuchte er noch Wolf, in Weimar Goethe und Schiller und zog dann mit den Seinen und Dr. Riemer, den er zur Erziehung seiner Kinder mitgenommen, über die Alpen nach dem reichen Süden. Am 25. November trafen die Reisenden in Rom ein und stiegen in der Villa di Malta ab, wo sie längst erwartet waren. „Diese Villa und ehemalige Sommerwohnung der Malteserritter, einst auch von der Herzogin Amalie von Weimar und Helder bewohnt, jetzt das Eigentum König Ludwigs von Baiern, liegt am Vorsprunge des Pincischen Hügels. Ein hoher Turm, Klosterähnliche Einrichtungen, viele Treppen durch wunderliche Ein- und Ausbauten, ein ganzer Häuserclub, um kleine liebliche Gärten gruppiert und mit den herrlichsten Aussichten nach allen Seiten beglückt, das ist der Sitz, der schon so viele Künstler und Kunstfreunde, Menschen aller Nationen beherbergte und jetzt die Familie Humboldt empfing. Auf dem Flügel, den sie bezogen, genoss man des Blickes nach Südosten; die weite Aussicht über die Campagna und auf die Höhen von Albano lag vor ihnen und gewährte schon im ersten Augenblick die unverwüstlichsten Eindrücke."

In Rom war man bald, einheimisch: Frau von Humboldt erholte sich in kurzem von der schweren Krankheit und machte dann mit ihrem Gatten und den älteren Kindern Wanderungen durch das ewige Rom. Was gab es da nicht Alles für den kunstsinnigen Altertumsforscher! Welche Welt war ihm aufgeschlossen! In seinem Aufsätze: „Über Goethe's zweiten römischen Aufenthalt"") erklingen alle Töne der Wonne und Sehnsucht des eigenen Busens: „Wie durch eine besondere Gunst des Geschickes, der wir uns dankbar erfreuen können, steht Rom für uns da zugleich als Vollendetes und Unendliches der Einbildungskraft und der Idee, das sich aber in lebendigem Dasein erhalten hat, mit leiblichen Augen geschaut werden kann. ... Die Wirkung Roms beruht nicht auf dem Reichtum, den es in sich fasst, es gilt durch sich selbst. Es gewährt die sinnlich geistige Überzeugung, daß dort das Große war, ist und sein wird. ... Rom hat, was in diesem Verstande von keiner anderen Stadt gesagt werden kann, das Eigentümliche, daß es in seinem wahren Gehalt nur mit vollkommen gesammeltem Gemüt, wie ein großes Kunstwerk, nur indem man das Beste in seinem Inneren in Bewegung setzt, empfunden und gefasst werden kann. Es weckt aber auch die Stimmung, die es fördert, und die besten und edelsten Kräfte gehen dort in reger und freudiger Tätigkeit auf."

An Wolf schreibt er (1803): „Ich lese jetzt Wieder sehr viel die Alten und immer die Römer. Denn das Lokalinteresse überwiegt doch alles Andere. Die Totalität der Römergeschichte und des Römerlebens im Kopf, in Rom herumzugehen, ist eigentlich mein Leben. In die Museen und Galerien komme ich selten; um Basreliefs, Münzen und Gemmen bekümmere ich mich wenig oder gar nicht. Ich liebe nicht die in Häuser eingeschlossenen Götter. Aber die Kolosse, deren Wunderköpfe Sie im Barbarenlande gesehen haben, die unter freiem Himmel stehen und auf Rom vom Quirinal hinabsehen, die grüße ich ziemlich alle Tage. Wo für mich der Genuss vollkommen sein soll, muß die Bläue des Himmels auch ihr Recht behaupten, man muß noch einen Teil Latiums mit überschauen und das Latinergebirge den Horizont schließen sehen. Dann wird man unwiderstehlich zu endlosen Betrachtungen über Geschichte und Menschenschicksal hingezogen, dann rundet sich auf einmal um die Hügel herum das ganze Gemälde der Weltgeschichte. Denn auf mich übt Rom immer seine große Gewalt mehr als durch alles Andere dadurch aus, daß es der Mittelpunkt der allen und neuen Welt ist. Denn selbst das Letzte wird ihm Niemand mit Recht streitig machen. Unsere neue Welt ist eigentlich gar keine; sie besteht bloß in einer Sehnsucht nach der vormaligen und einem Ungewissen Tappen nach einer zunächst zu bildenden. In diesem heillosesten aller Zustände suchen Phantasie und Empfindung einen Ruhepunkt und finden ihn wiederum nur hier."

In einer ideenreichen Elegie „Rom", Frau von Wolzogen gewidmet und von Alexander (1806) zum Drucke befördert, legt Wilhelm von Humboldt mit poetischer Begeisterung Gedanken und Empfindungen nieder, welche die große Weltstadt in ihm hervorrief.

Humboldt's Haus ward gleich ein Vereinigungspunkt für Fremde, für Künstler und Gelehrte, für die Besseren. Hier galt nicht Stand, nicht Titel; Geist und Gemüt erhielten zu jeder Zeit Eintritt in die hohen und weiten römischen Räume, in denen deutsches Leben herrschte. Um ganz nach Neigung und Gelegenheit Freunde empfangen zu können, hatte man schon im Mai (1803) eine sehr geräumige Wohnung in Strada Gregoriana auf Trinita del Monte, in der Nähe des Spanischen Platzes, des Mittelpunktes für alle Fremden, bezogen. Jeden Abend erschien die bunteste Gesellschaft zum Tee: Kardinäle, Herzoge, Gelehrte wie Bonstetten, Zoëga, Marini, Vorstand der vatikanischen Bibliothek, Fea, Fernow, d'Agincourt, der gelehrte Schwede Ackerblad, der Archäologe Sickler, Künstler wie Thorwaldsen, Schick, Rauch, Reinhard, Keller, Lund, Camuccini, Canova, Herzoginnen, Schriftstellerinnen wie Frau von Staël, Friederike Brun u. s. f. wogten durch die schön dekorierten Säle, und wenn Humboldt mehr Einzelne fesselte, so war seine geistreiche, liebenswürdige Gattin die Seele des Ganzen. Den deutschen Künstlern ward mehr als gewöhnliche Gastfreundschaft; Humboldt und seine hochherzige Gattin förderten Kunst und Künstler, bestellten bei Letzterem Arbeiten, stellten Geldmittel zu ihrer Verfügung, damit sie ihre Schöpfungen nicht unter dem Werte zu veräußern genötigt seien, sorgten für sie, wenn sie krank waren, und regten sie auf jede Weise an. Besonderer Gunst erfreuten sich Thorwaldsen, der eins seiner schönsten Werke, die „Speranza", für Frau von Humboldt in Marmor ausführte, dann der talentvolle, so früh verstorbene Maler Schick, der von Rom aus (1803) in seine Heimat schrieb: „Das Haus des preußischen Gesandten ist der Sammelplatz aller verdienstvollen Männer von Rom. Unter allen Menschen, die sich dort versammeln, bin ich allein, der keinen Titel hat und von geringem Herkommen ist; doch bin ich durch hundert Proben schon überzeugt, daß ich nicht der am wenigsten Geliebte bin. Diesem Hause verdanke ich es, wenn meine Geistesfähigkeiten sich um einige Grade erweitern." Mehrere seiner Arbeiten, die zu dem Schönsten gehören sollen, was die moderne Malerei hervorgebracht, hat er für Humboldts verfertigt; sie fanden im Humboldt'schen Hause, auf öffentlichen Ausstellungen in Rom einen großen Kreis von Bewunderern, verbreiteten seinen Künstlerruhm und sind nun Zierden des Schlosses Tegel. Der dritte Künstler war der Bildhauer Rauch, der sechs Jahre lang heimisch war in dem fördernden Hause und einige Statuen für dasselbe arbeitete.

Auf den Gelehrten Zoëga hielt Humboldt viel, dieser auch auf ihn; allein er vermisste doch sehr seine deutschen Freunde: „Für mich ginge der Genuss, Sie hier zu begleiten, über jeden Begriff", schreibt er an Wolf, den er oft bittet, nach Rom zu kommen.

Den Spätsommer brachte man während der ersten Jahre auf dem Lande, in Ariccia, zu. Hier traf die Familie im Sommer 1803 ein schwerer Schlag: Humboldt's Liebling, sein ältester Knabe Wilhelm, wurde von einem bösartigen Fieber in Zeit von wenigen Tagen hingerafft, Vater und Mutter waren sehr ergriffen, aber Beide trugen den Verlust mit Seelenstärke. Humboldt teilt Schiller den Todesfall mit und sagt in einem zweiten Briefe: „Der erlittene Verlust steht fest und unbeweglich vor der Phantasie da und nichts kann dafür Ersatz geben. Mir selbst hat in den ersten Augenblicken, liebster Freund, der Schmerz die innere Klarheit, sogar eine gewisse Ruhe nicht geraubt. Aber eine Wehmut und eine Sehnsucht begleitet mich seit jener unglücklichen Epoche, von der ich Ihnen keine Schilderung zu machen im Stande bin. ... Die reine und edle Natur meiner armen, guten Frau hat sich auch in dieser Lage trefflich bewährt. Es ist nichts dumpf und finster Schwermütiges in ihr, wie Sie mit, Recht sagten, teurer Schiller, eine starke Seele, mit der feinsten, zartesten Fühlbarkeit."

Der jüngere Knabe, Theodor, ward von der gleichen Krankheit ergriffen, und da eilte man denn sogleich in die Stadt. Er erholte sich wieder; allein nach Ariccia zog man nun nicht mehr, dagegen oft im Sommer in die Gegend von Albano, welche Humboldt sehr liebte,

Riemer war nach Deutschland zurückgekehrt; andere Lehrer traten an seine Stelle.

Im Anfange des Jahres 1804 gebar Frau von Humboldt wieder ein Mädchen, Luise, das aber bald (auf der Reise) starb. Um sich von ihrem leidenden Zustand zu erholen, unternahm sie im Frühjahr, in Begleitung des deutschen Hausarztes, Dr. Kohlrausch, eine Reise in die Heimat, besuchte Humboldt's Freunde in Weimar und begab sich dann nach Paris, wo man Alexander aus der Neuen Welt zurückerwartete. Im August 1806 lief er mit allen seinen Schätzen in die Garonne ein und eilte dann nach Paris.

In diesem Spätjahr kam Frau von Humboldt in Paris mit einem Knaben, Gustav, nieder, der nach wenigen Jahren 1807 in Rom starb und, wie der erste

Sohn Wilhelm, an der Pyramide des Eestius begraben wurde. Nach Friederike Brun bezeichnen zwei gebrochene antike Säulen den Ort, wo die Kinder ruhen. Humboldt war die Stätte heilig; im späten Alter singt er:

Rom.

Da wo die ernste Pyramide winket,
Bon stillen Frühlingsgräbern rund umgeben,
Liegt auch entschlummert ein geliebtes Leben,
Wie junge Rose, kaum in Knospe, sinket.

Die ew'ge Stadt in Götterklarheit blinket,
Doch meiner Brust Verlangen sie umschweben
Nur, well nach jener Stelle hin sie streben,
Die mir die zweite Totenheimat dünket.

Auch ihrem Geiste würd' ich dort begegnen,
Nie ihre Blicke stumm die Teuren segnen,
Die lange sie mit Mutterschmerz beweinet,

Und nun holdselig froh mit sich vereinet,
Ablegen gern des Erdenlebens Bürde,
Geliebtem Staub mich mischend, da ich würde.

Das Jahr 1805 war ein überaus reiches für die Humboldt'sche Familie. Im Anfang des Jahres kehrte Frau von Humboldt nach Rom zurück und zwar neu gestärkt. Im Frühjahr kam auch der langst ersehnte Bruder Alexander — die Sehnsucht und Sorge, welche Wilhelm für ihn hegte, hat dieser in einem Gedichte von Albano aus verewigt: „An Alexander von Humboldt"[15] — und brachte in lebendiger Frische

---

15 „W. v. Humboldts gesammelte Werke", Bd. 1.

und Begeisterung die großartigsten Anschauungen der Neuen Welt in die Mitte des klassischen Altertums. Wie mußte der allem Großen, allem Wissen Interesse abgewinnende Bruder dem beredten Erzähler lauschen! Wie mußte dem herrlichen Brüderpaar so glücklich zu Mute sein! Von Rom begab sich Alexander nach Berlin und dann nach Paris, wo er seine Reisen schriftlich abfasste.

Auch andere, in Humboldt's Haus wohlempfangene Menschen kamen dieses Jahr nach Rom: so A. W. Schlegel und Sismondi mit Frau von Staël, Ludwig und Friedlich Tieck, Sophie Bernhardt (Tieck's Schwester und auch Dichterin) u. A. m. Das Jahr vorher waren auch Tiedge und Frau von der Recke in Rom angelangt. Die späteren Jahre führten die Gebrüder Rennenkampf, den gelehrten Philologen Welcker und den geistvollen Franzosen Courier nach Rom und in Humboldt's Haus.

Bei dem Gouvernement und dem römischen Volke stand Humboldt aus leicht begreiflichen Gründen in großer Gunst: „Fand etwa eine große Kirchenfeier oder Heiligsprechung statt, so stellte man ihm für sich und die Freunde seines Hauses Zutrittskarten, selbst die Loge der Kardinäle zur Verfügung. Ein anderes mal hatte ein ausländischer (aber nicht preußischer) Künstler sich dergestalt gegen eine angesehene Person vergangen, daß er aus Rom verwiesen ward und keine Vorstellungen dagegen helfen wollten; Humboldt's Fürsprache aber gelang es, die Maßregel zu hintertreiben. Ja, zu seinen Gunsten gingen die Römer von feststehenden Einrichtungen ab und gewährten freiwillig, was sie den Protestanten sonst nie gestattet haben. Der Begräbnisplatz derselben an der Pyramide des Eestius ist ein offener, Jedem zugängiger Platz und darf in keiner Art umzirkt oder geschlossen werden. Der Familie von Humboldt allein hat das römische Volk einen eingehegten Raum unter den offenstehenden Gräbern zugestanden und ihr mit diesem Platz ein eigenes Geschenk gemacht."

Mit politischen Angelegenheiten hatte Humboldt wenig zu tun, dafür aber Gelegenheit, kleine und große Diplomatie zu durchschauen. Von literarischen Arbeiten aus dieser Zeit sind zu nennen: eine Umarbeitung der Übersetzung „Agamemnon's" von Aeschylus und die Übertragung einiger Pindarischen Oden.

Humboldt's vielseitige Verdienste fanden, verdiente Anerkennung: Wolf rühmte ihn öffentlich als Denjenigen, durch welchen er zu tieferer Begründung seines Faches gelangt sei. Mehrere wissenschaftliche Akademien ernannten ihn zu ihrem Mitgliede und das preußische Kabinett nach stufenweiser Erhöhung im Jahr 1806 zum bevollmächtigten Minister in Rom.

Inzwischen war Frankreichs Macht gewachsen, der Kirchenstaat bedroht und Preußen selbst, nach mühevoll erkauftem Frieden, in einer sehr kritischen Lage. Humboldt verließ im Herbst 1808 Rom und seine Familie und ging in Urlaub nach Deutschland; seinen zwölfjährigen Sohn Theodor nahm er mit. Auf dieser Reise sah er Friedrich Jacobi, Goethe und Fernow; in Erfurt weilte er bei seinem Schwiegervater, dem Herrn von Dachelöden,, und da erhielt er von Königsberg aus, dem damaligen Sitz des Hofes, den Immediatantrag, die Stelle eines Direktors der Sektion für den Kultus und öffentlichen Unterricht im Ministerium des Inneren zu übernehmen, Humboldt leistete Folge, behielt sich aber den eventuellen Rücktritt in die diplomatische Laufbahn vor.

Große politische Ereignisse, wie sehr sie im Moment ein Unglück scheinen, sind oft das mächtigste Förderungsmittel der Nation, wecken schlummernde Kräfte und bringen verborgene ans Tageslicht. Der Kern Preußens fühlte, daß eine Umgestaltung des Staates in politischer, sittlicher und intellektueller Beziehung nottue; Friedlich Wilhelm III. und seine hochherzige Gemahlin zeigten ihre Größe im Unglück; an die Seite Stein's und Scharnhorst's rief man Humboldt, damit er helfe eine neue Nation heranzubilden. Man wollte erstens die Pestalozzis Methode für den Elementarunterricht in Preußen einführen und zweitens eine neue höhere Lehranstalt, zum Ersatz der im Friedensschluss abgetretenen Universität Halle, gründen. Humboldt tat seinen Sohn in eine Pestalozzi'sche-Anstalt, brachte einige Monate in Berlin mit Vorbereitungen zum neuen Amte zu und traf dann im April 1809 zu Königsberg ein; er war auch, wie alle Sektionschefs, zum Geheimen Staatsrate ernannt worden. Der Mann, der aussprach: „Alles wahre Wissen führt zu Gott, und alles natürliche Gefühl führt zu ihm", übernahm nun die Leitung des öffentlichen Unterrichts und unter seiner Vorsteherschaft hatte Nicolovius, aus Hamann's, Stolberg's und Jacobi's Kreisen hervorgegangen, die Leitung des Kultus, Neben diesen beiden Männern wirkten für das Volksschulwesen Süvern und Schmedding, und für die höheren Lehranstalten Ersterer und Uhden, Humboldt's Vorgänger in Rom, Schleiermacher, Fichte, Wolf wurden viel zu Rate gezogen.

Nicht bloß unterrichtet, erzogen sollte werden, die geistige und moralische Kraft geweckt und gestärkt, ohne Beeinträchtigung der gesunden Körperentwickelung. Das Hilfsmittel fand man in der Pestalozzi'schen Methode, Zur Gründung des Normalinstituts in Königsberg und Bildung der Lehrer für die neue Methode wurde Zeller, ein Schüler des ewig gesegneten Schweizers, nach Königsberg berufen: er löste seine Aufgabe „mit Kraft und bewunderungswürdigem Talente". Selbst die Offiziere machten einen Kursus mit. Schwierigkeiten, die sich, wie allem Neuen, in den Weg stellten, half Humboldt mit seiner ganzen Energie und Begeisterung für das Gute heben. Neben dem Elementarunterrichte blühten Gymnasien und Universitäten wieder auf und eine neue ward zu Berlin gegründet. Süvern schrieb an Schütz in Halle: „ Mit den Plänen zu der in Berlin intendierten Universität ist Herr von Humboldt jetzt sehr beschäftigt, und obwohl noch nichts definitiv darüber entschieden ist, so ist doch große Wahrscheinlichkeit, daß, wenn der Staat nur von außen Ruhe behält, die neue Anlage zustande kommen wird." Humboldt legte in einem Bericht (1809) dem Könige die Ausführbarkeit des Plans dar und dieser genehmigte definitiv das Unternehmen. 60.000 Taler wurden, in dem geldarmen Momente, nur allein der neuen Universität zugewiesen. Der König schenkte ihr das mitten in der Stadt gelegene, stattliche Palais des Prinzen Heinrich als Universitätsgebäude.

Neben den Amtsgeschäften lag Humboldt der Korrespondenz mit seiner Familie in Rom, seinem Bruder in Paris, mit Uhden in Berlin, Wolf in Halle ob, trat in neue Verbindungen mit Stägemann, W. Motherby, mit Niebuhr, seinem Nachfolger in Rom, Dieser schreibt (im September 1809): „Humboldt, den Chef der Gelehrsamkeit, habe ich noch nur einmal gesehen. Sein Empfang war äußerst verbindlich; auch erwarte ich in der Tat mancherlei Belehrung von seinem Umgang."[16] Das Verhältnis mit dem Reichsgrafen Dohna wurde erneuert. Dann trat Humboldt in Königsberg auch mit dem Hofe in nähere Verbindung und war ein überaus begabter Gesellschafter.

Der Hof und die Regierungsmitglieder kehrten Mitte Dezember 1809 nach Berlin zurück: Humboldt machte eine Reise nach Thüringen, um Familienangelegenheiten in Ordnung zu bringen — sein Schwiegervater war gestorben. Auf dieser Reise sah Humboldt Goethe wieder, besuchte Halle und lernte den berühmten Naturforscher und Mediziner Reil kennen. Im Januar 1810 traf er wieder in Berlin ein und von da war dann seine nächste und angelegenste Beschäftigung, treffliche Lehrer für die Universität zu finden; erst wurden die bedeutenderen Kräfte des Landes aufgesucht, sodann aber aus allen Teilen Deutschlands tüchtige Männer herbeigezogen. Jede

---

16 „Lebensnachrichten über B. G. Niebuhr" (Hamburg 1838), Bd. 1.

Fakultät konnte Lehrer von großem Ruf aufweisen. Sammlungen jeglicher Art waren, reichlich versehen, vorhanden.

Vor Eröffnung der Universität (Oktober 1810) zog sich Humboldt, aus bis jetzt unbekannt gebliebenen Gründen zurück und äußerte den Wunsch, in die diplomatische Laufbahn zurückzukehren. Es ward seinem Wunsche entsprochen: kurz nachdem Hardenberg an die Spitze des Ministeriums berufen war, erhielt Humboldt durch Kabinettsordre die Ernennung zum außerordentlichen Gesandten und bevollmächtigten Minister am österreichischen Hofe, nebenbei zum Geheimen Staatsminister.

Nicolovius übernahm die Leitung der Sektion und das Ganze schritt vorwärts — die Hauptsache war getan.

Den 3. November 1810 hatte Humboldt die Antrittsaudienz beim österreichischen Kaiser, überreichte diesem sein Beglaubigungsschreiben und betrat neben einem Metternich und Gentz, den Hauptpersonen des Wiener Kabinetts, abermals die diplomatische Laufbahn. Voll Mut und Tatkraft, mit Menschenkenntnis und Gewandtheit, einem tüchtigen Sinn für die Gegenwart und einem tiefen Blick in den Zustand und die Bedürfnisse Deutschlands und Preußens insbesondere wirkte Humboldt, der so ideal gestimmte Denker, der gründliche Gelehrte, nun während neun Jahren als praktischer Staatsmann, Zeitungen, Privatbriefe bedeutender Männer anerkannten und bewunderten seine Teilnahme, seine Tätigkeit, seinen kräftigen Einfluss auf den Kongressen zu Prag und Chatillon, bei den Pariser

Friedensschlüssen, auf dem Kongress zu Wien, dann zu Frankfurt und London, sein Ministerium und seine lebendige Teilnahme an dem inneren Kampfe Preußens bis zum Siege der Reaktion. Böckh nannte ihn in den Worten, die er in der Sitzung der königlichen Akademie der Wissenschaften zu Berlin im Juli 1835 zu Humboldt's Andenken gesprochen, einen Staatsmann von Perikleischer Hoheit.

Im Jahr 1813 ernannte ihn der König, seine Verdienste um den Staat anerkennend, zum Ritter des großen Roten Adlerordens, darauf erhielt er das Eiserne Kreuz zweiter und den russischen St.-Annenorden erster Klasse; hernach das Großkreuz des kaiserlich österreichischen Leopoldsordens. Im Jahr 1815 wurden ihm die Großkreuze des dänischen Danebrogordens, des Verdienstordens der bayrischen Krone und des badischen Hausordens der Treue. Es waren ferner Hardenberg und W. von Humboldt die Einzigen, die der König des Eisernen Kreuzes erster Klasse am weißen Bande würdig erachtete. Humboldt gehörte endlich zu den hervorragenden Männern, die der preußische Staat nach dem zweiten Pariser Frieden, in Anerkennung ausgezeichneter Verdienste, mit großen Dotationen beschenkte. Es wurde ihm 1817 eine Dotation von 5000 Talern jährlicher Einkünfte bestimmt, die er sich selbst wählen konnte. Seine Wahl fiel, auf Schloß und Herrschaft Ottmachau im Fürstentum Neiße, und es trug ihm dieses Besitztum mit der Zeit wohl 8—9000 Taler ein.

Doch auch Humboldt erfuhr in der Folge ein Nichterreichen seines besten Wollens, Misskennung und Undank. Mehrere Männer, denen Preußens Wohl am Herzen lag und die Mut genug hatten, den Ersten des Reichs zu opponieren, wo sie anderer Meinung waren, wurden aus dem Ministerium verabschiedet, unter diesen auch Humboldt (Dezember 1819), der früher schon eine Kränkung erfahren hatte, indem man einen Fremden an eine Stelle rief, die, seinen Kenntnissen, seiner Stellung und der Meinung der Besseren nach, ihm hätte zukommen sollen. Die Pension von 6000 Talern, die er als Staatsminister hätte erhalten sollen, schlug er aus und zog sich sofort in das Privatleben zurück.

Persönliche Erbitterung kannte ein Humboldt nicht; er war mit Allen nach- wie vorher. Als ihm Varnhagen von Ense in späteren Jahren mitteilte, daß er gesonnen sei, Hardenberg's Leben zu schreiben, das Leben des Mannes, der wohl am meisten zu seiner Entlassung aus dem Staatsdienste beigetragen, schrieb er an Varnhagen: „Meine Empfindungen für diesen Mann (Hardenberg) sind in allen Zeiten, auch wo wir voneinander gänzlich abwichen, immer dieselben geblieben, und es freut mich daher, daß er bei Ihnen gewiss zugleich die würdigende und schonende Behandlung erfahren wird, welche er verdient. Man kann mit Wahrheit von ihm sagen, daß, wenn man die Begebenheiten von 1810—16 wie die Entwicklung eines Drama betrachtet, ein Dichter keinen geeigneten Charakter hätte finden können, dieselbe für Preußen herbeizuführen, als den seinigen. Ich habe dies in der Mitte dieser Begebenheiten oft gefühlt, in Momenten, wo er gefährlich zu leiden schien, für den Ausgang gezittert. Dagegen ist es gewiss auch wahr, daß man für sich selbst vielleicht eher auf den Anteil an diesem Drama verzichtet hätte, um in entschiedener Größe und Festigkeit über den Begebenheiten zu stehen."

Kehren wir nun zu seiner Familie zurück, die er im Herbst 1808 in Rom zurückließ: Im. April 1809 ward ihm daselbst ein Sohn geboren, Hermann; der zweite, welcher am Leben blieb, und das jüngste seiner Kinder. Frau von Humboldt, die abwechselnd in Rom und Neapel, lebte, blieb an ersterem Orte immer in Berührung' mit den ersten Künstlern, erlebte auch noch daselbst die Ankunft Cornelius' und Overbeck's. Im Herbst 1810 verließ sie mit den Kindern Rom und kam zu ihrem Gatten nach Wien, wo ihr aber das Klima nicht zusagte, 1812 ging der ältere Sohn Theodor auf die Universität Heidelberg, der jüngere wurde in demselben Jahre am Nervenfieber krank, genas jedoch glücklich, 1813 zeigte sich Frau von Humboldt als begeisterte Patriotin und Preußin, trug die großen Angelegenheiten der Zeit im Herzen und leistete, wie aus ihren Briefen an Rahel hervorgeht, tätigen Beistand, durch ihren Vorgang auch andere Frauen zur Hilfeleistung anregend. Nachdem der Friede geschlossen und ihre angegriffene Gesundheit es erlaubte, ging sie mit ihren Kindern in die Schweiz. Im Juni 1814 begleitete Humboldt die Souveräne auf die britische Insel und dann den. König über Paris nach Neuenburg, wo er seine Familie fand. Diese begab sich sodann nach Berlin, Humboldt des Kongresses wegen, nach Wien. 1813 vermählte sich die zweite Tochter Adelheid mit Oberstleutnant von Hedemann, den Humboldt 1810 kennen gelernt und der sich als Adjutant des Prinzen Wilhelm im Befreiungskampfe rühmlich hervorgetan. Im Mai des folgenden Jahres geht Frau von Humboldt nach Karlsbad und trifft darauf mit ihrem Gemahl in Frankfurt zusammen, Frau von Varnhagen ist entzückt über Humboldt's Stimmung und schreibt an ihren Gatten: „Humboldt hat sich eine ganz neue Haut von wahrhafter Liebenswürdigkeit angezogen. ... Er beherrschte ganz allein, und nötig, und mild das Gespräch, ließ nichts Steifes, nichts Dummes aufkommen, ist in gleichem Ton mit Hausleuten, Gästen Und Kindern, sagte unaufhörlich Komisch-Frappantes, aber nicht wie im Winter und Sommer, aus tiefer Langeweile, und in deren dennoch harten, ärgerlichen Tinten; diese alte Überzeugung der Dinge hat bei ihm eine wieder neue Wendung genommen; er ist von der tiefsten, sorgenlosesten Aufrichtigkeit über alle Gegenstände, und dies gibt seinem Benehmen und Sagen eine wahrhaft mild-heitere Grazie. Mich dünkt, er hat mehr Verstand als je."

Am 11. Januar 1817 ging Humboldt mit den Seinen über Weimar, wo er Goethe besuchte, auf das Gut Burgörner, von da nach Berlin. Bald mußten sie sich abermals trennen: die älteste Tochter Karoline sollte die Seebäder in Neapel brauchen, und so ging denn Frau von Humboldt, der es ohnehin vor der „Nebelinsel" graute, auf welche ihr Gemahl sich begeben mußte, mit ihren Töchtern, von Hedemann begleitet, ins liebe Italien. Die jüngste Tochter, Gabriele, war mit dem Baron Bülow verlobt; dieser begleitete als Legationssekretär seinen Schwiegervater nach London. 1819 kehrte Frau von Humboldt mit schönen Kunstwerken nach Berlin zu ihrem Gatten zurück. Dieser sehnte sich recht nach dem Familienleben und schloß sich mit immer zunehmender Innigkeit an seine Gattin und seine Kinder an. Der älteste Sohn Theodor, der als siebzehnjähriger Jüngling die Studien unterbrochen, unter Preußens Fahnen geeilt und als Freiwilliger in die Garde zu Pferd getreten war, hatte geheiratet und wirtschaftete auf der neuerworbenen schlesischen Herrschaft, Hermann lernte die Forstwissenschaft. Karoline, die sich nie vermählte und viel vom Wesen des Vaters hatte, war viel um ihn; Adelheid und Gabriele lebten ebenfalls den Eltern nahe.

Humboldts bewohnten anfangs zu Berlin das Eckhaus der Behren- und Charlottenstraße, nachher den ersten Stock Nr. 42 am Gendarmenmarkt, Französische Straße. Ihr Hausgenosse war wahrend mehrerer Jahre Nicolovius, der Humboldt in Königsberg so nahe gestanden.

Auch hier, wie früher in Paris, Rom und dann in Wien, wo Humboldt wieder manchen bedeutenden Menschen mehr kennen gelernt, wie Theodor Körner, Varnhagen von Ense, Koreff u, A. m., waren die gastfreundlichen Räume Freunden und Fremden geöffnet. Prinzen, Staatsbeamte, Gelehrte, Künstler, geistreiche Frauen, wie Frau von Varnhagaen, Bettina von Arnim, Charlotte von Kalb, die Gräfin von Schlabrendorf u. s. w. fanden sich in Humboldt's Hause, und seine Gattin war auch hier eine der geistvollsten und lieblichsten Erscheinungen.

Wie Vieles konnte aber Humboldt selbst bieten, er, der die meisten Länder Europas gesehen, mit den bedeutendsten Menschen allenthalben zusammengekommen, er, der Forscher, Gelehrte, Denker, der die Sprache mit hinreißender Gewalt handhabte, dem die schärfste Ironie und Satire und die anmutigste Heiterkeit zu Gebote stand, der allezeit Umstände und Dinge beherrschte, nie von ihnen beherrscht wurde. Er genoss und bereicherte das geistige, künstlerische und gesellige Leben, das er teilweise selbst in Berlin gegründet. Im Juni 1820 hielt er in der Akademie der Wissenschaften den ersten Vortrag, las die Abhandlung: „Über das vergleichende Sprachstudium in Beziehung auf die verschiedenen Epochen der Sprachentwicklung." Der Vortrag wurde zur Geburtstagsfeier des Königs, vom Professor Buttmann wiederholt und Humboldt in demselben Jahre zum Ehrenmitglied der Akademie der Künste ernannt. Im April des folgenden Jahres las er die Abhandlung: „Über die Aufgabe des Geschichtsschreibers", und von da an hielt er fast jedes Jahr einen oder mehrere Vortrage, Die längst vorbereitete Schrift: „Prüfung der Untersuchungen über die Urbewohner Hispaniens vermittels der baskischen Sprache" erschien im gleichen Jahre. Humboldt konzentrierte nun die Kraft, welche solange nach außen gewirkt, auf Kunst und Wissenschaft und benutzte seine Muße hauptsächlich zu Sprachforschungen. Während seiner diplomatischen Laufbahn in Wien blieb ihm wenig freie Zeit, doch erschienen von ihm 1) Einige baskische Sprachproben für das „Königsberger Archiv"; 2) Berichtigungen und Zusätze zum ersten Abschnitt

des 2. Bandes des „Mithridatis" über die cantabri-
sche oder baskische Sprache — mitgeteilt im 4. Teil
des von Vater „unter Mitwirkung zweier großer
Sprachforscher" (F. Adelung und unseres Humboldt)
fortgesetzten „Mithridates"; 3) Ankündigung einer
Schrift über die baskische Sprache und Nation, nebst
Angabe des Gesichtspunktes und Inhalts derselben,
in F. Schlegel's „Deutschem Museum", Wahrend
des Kongresses selbst durchbesserte Humboldt die
kunstreiche Übersetzung griechischer Chorgesänge,
machte für sich allein Übungen in Pestalozzi'scher
Methode und führte ein Tagebuch, worin große
Staatsverhandlungen und kleine Tagesereignisse
aufgenommen wurden (er hat es später verbrannt).
Zu Frankfurt gab er (1816) die langst erwartete
Übersetzung von Aeschylus' „Agamemnon" heraus,
mit einer bedeutsamen Einleitung. Schlegel, Goethe
und Andere erkannten die höchst schwierige Aufgabe als glücklich gelöst.

Im Januar 1822 las Humboldt in der Akademie
seine Abhandlung: „Über das Entstehen der gram-
matischen Formen und deren Einfluss auf die Idee-
entwicklung." Das Jahr vorher hatte für die Familie
ein sehr erfreuliches und ein recht betrübendes Er-
eignis stattgefunden: Anfangs des Jahres war Gabrie-
las Bräutigam von London zurückgekehrt und bald
darauf wurde die Vermählung gefeiert. Schmerzlich
ergriff die ganze Familie der durch den exzentri-
schen Bruder des Oberst von Hedemann (Humboldt's Schwiegersohn) in Westpreußen veranlasste
Aufstand. Humboldt selbst konnte dies in der öffent-

lichen Meinung keinen Eintrag tun; seine Gesinnung war zu wohl bekannt.

1822—24 baute Humboldt das neue Schloß Tegel und richtete es so recht zu einem Musensitze ein. Ein alter Turm wurde, wie im Anfang der Biographie gesagt ist, erhalten, und um diesen erhoben sich die vier Ecken des Gebäudes turmartig; jedes Türmchen wurde mit dem griechischen Namen eines Windes bezeichnet. Das Ganze erhielt einen antiken Charakter. Im Inneren traf man die herrlichsten Schätze der Malerei und Skulptur aus alter und neuer Zeit. Humboldt schrieb 1827 an Gentz: „Hier (in Tegel) habe ich mir eine Wohnung mit Gypsen und Marmor eingerichtet, die Ihnen auch Freude machen würde. Sie haben noch das alte Haus gekannt. Jetzt wandelt man unter lauter schönen Gestalten umher, von denen besonders die in meinem Zimmer nicht an einem Überfluß von Toilette leiden." In den „Briefen an eine Freundin" 1823: „An Tegel hänge ich aus vielen Gründen, unter denen doch aber der hauptsächlichste die Bildsäulen sind, teils Antiken in Marmor, teils Gypse von Antiken, die in den Zimmern stehen und die ich also immer um mich habe. Wenn man Sinn für die Schönheit einer Bildsäule hat, so gehört das zu den reinsten Genüssen, und man entbehrt die Gestalten sehr ungern, an denen sich das Vergnügen, wie unzählige, male man sie sieht, immer erneuert, ja steigert."

Um das Schloß herum wurden die schon von Humboldt's Vater angelegten Anlagen noch verschönert. Ein reizender Park erhob sich, übet das Feld gingen in mehren Richtungen Alleen, in Gärten und Weinbergen standen einzelne Fruchtbäume, der See war von Wald umkränzt, die Inseln desselben mit Bäumen und Büschen eingefasst. „Ich habe eine besondere Liebe zu den Bäumen und lasse nicht gern einen wegnehmen, ja nicht einmal gern verpflanzen." („Briefe an eine Freundin.")

Im Januar 1823 kam Alexander von Humboldt, der seinen Bruder auch wahrend der kriegerischen Ereignisse gesehen, nach Berlin. Er hatte den König von Preußen auf einer Reise nach Italien begleitet und war willens, bald wieder nach Paris, seinem Wohnorte, zu gehen. Wilhelm kam nun auch wieder mit dem Hofe in Verbindung und wurde von da an jährlich einmal vom Könige in Tegel besucht.

Man fing überhaupt an, sich Humboldts Leistungen ins Gedächtnis zurückzurufen, ja, als der Staatskanzler, Fürst Hardenberg, in Genua gestorben, richteten Mehrere den Blick auf Humboldt. General von Witzleben sprach lebhaft für Humboldt, nannte ihn einen Mann von umfassendem Wissen, einem seltenen Scharfblick, gewiegter Geschäftskenntnis u. s. w. Es wurden Gegenvorstellungen gemacht; Rücksichten aufs Ausland, besonders auf Russland und, wie es scheint, eine Art Furcht vor Humboldt's übermächtiger geistiger Größe machten, daß anders gewählt wurde. Humboldt blieb einem anderen 'Gebiete erhalten und förderte auf diesem Unsterbliches zu Tage.

Im Spätjahr 1823 besuchte er Goethe, dem er immer „ die wohltätigste Aufheiterung" gewährte. Am 14. November wird er vom Großherzog zu Hofe geladen, sieht auf dem Rückwege den alten Jenaer

Freund Ilgen. in Schulpforta, verlebt den nächsten Sommer in Ottmachau und Tegel, wo ihn Niebuhr besuchte. Der Verlust zweier lieben Freunde ging Humboldt nahe: F. A. Wolf und der Graf von Schlabrendorf starben im gleichen Monate.

1825 wird Humboldt an die Spitze eines Künstlerausschusses und Direktoriums gewählt, welches, um die Kunst zu fördern, in Rom studierende vaterländische Künstler durch jährliche Beiträge unterstützen sollte. Wie sehr war da ein Humboldt am Platze, der die Kunst immer als ein Mittel zur Ausbildung des ganzen Menschen betrachtete, der erklärte, daß ihm die Rückwirkung der Kunst aufs Publikum höher stehe als die Kunst selbst. Er stattete über die Wirksamkeit des Vereins regelmäßigen Bericht ab.

Im Frühjahr 1826 begab sich Humboldt nach Schlesien auf sein Besitztum-Ottmachau. Den Sommer bringt er in Tegel, seine Gattin im Bad Gastein zu; Ende des Jahres besucht er Goethe. Dieser schreibt an Zelter: „Ich kann vertrauen, daß es mir diese Tage sehr wohl gegangen ist, indem Herr von Humboldt länger, als ich hoffen dürfen, bei uns verweilte und Gelegenheit gab, eine vieljährige Lücke vertraulicher Unterhaltung auf das allerschönste auszufüllen.“

Der in diesem Jahre beginnende griechische Freiheitskampf erregte Humboldt's Interesse; er trat tätig zur Unterstützung der Griechen auf. Im gleichen Jahre wurde er zur Teilnahme an den „Jahrbüchern für wissenschaftliche Kritik“ eingeladen, deren Herausgabe Hegel vorstand. Humboldt, wiewohl nicht in Einklang mit Hegel's Philosophie und leicht herausfindend, daß es bei der Einladung bloß um schmückende Namen zu tun sei, nahm sie doch an und lieferte später auch einige Beiträge.

Hegel trat bald mit der Kritik einer Arbeit Humboldt's auf, worin er dieser gar nicht den Wert einräumte, den ihr der Verfasser gab. Diese Arbeit war eine Abhandlung über eine philosophische Dichtung der Indier: „Über die unter dem Namen Bhagavad-Gita bekannte Episode des Maha Bharata", die Humboldt 1825 und 1826 in der Akademie vortrug und dann drucken ließ.') Humboldt schreibt, jene Kritik betreffend, an Gentz: „Die ganze Rezension ist aber auch gegen mich, wenn gleich versteckt, gerichtet und geht deutlich aus der Überzeugung hervor, daß ich eher Alles, als ein Philosoph sei. Ich glaube indes nicht, daß mich dies gegen sie parteiisch macht. ... Ich kann von mir in allen Rücksichten sagen, daß ich in mir und ohne allen Unmut und ohne alle Absicht, nur mir selbst, wie außer der Welt lebe. Wie man, aufnimmt, was ich jetzt tue, wie man beurteilt, was ich getan habe, berührt mich nur, insofern ich es belehrend finde, oder insofern ich darin, oft selbst zu meiner Belustigung, den Gang der Welt und der Menschen sehe. Meine Sache habe ich, wie Sie am besten wissen, auf etwas Anderes gestellt, und sie ruht auf unerschütterlichen Pfeilern. Darin bin ich heute, wie ich war, als wir hier (Berlin) die Nächte durchwandelten. Ich werde es immer als einen Segen meines inneren Geschicks betrachten, in Dem, wonach ich strebe, nicht herumgetappt zu haben, sondern Einer Richtung gefolgt zu sein. (Wir kennen Humboldt's Grundprinzip: Entwicklung und Vollendung der Individualität.) Selbst Das, was wir unberechnet, der innersten Empfindung folgend, Anderen tun, tun wir zunächst doch uns selbst."

Humboldt fühlte sich sehr von jener indischen Dichtung angezogen; auch er war ein „Vertiefter", aber nicht wie jene indischen Weisen in das bloße Anschauen der Gottheit, er erforschte die sinnlich-geistige Natur des Menschen, die Gesetze der Weltentwickelung und lebte, sobald die Umstände es erforderten, in der Gegenwart, mit dem tüchtigsten Sinne für diese. Abgesehen hiervon zog jenes indische Produkt als Ideendichtung Schiller's Freund an.

1827 schlug Alexander von Humboldt, vom Könige bewogen, seine Wohnung in Berlin auf. Wilhelm schreibt an Gentz 1827: „Alexander ist nun auch hier und hat ganz eigentlich seinen Wohnsitz hier genommen. Er ist tätiger und lebendiger als je und wir reden oft von Ihnen." Humboldt's Schwiegersohn, Freiherr von Bülow, wurde Gesandter in London, Gattin und Kinder blieben einstweilen in Berlin. In diesem Jahre kamen der Freiherr von Stein und A. W. von Schlegel nach Berlin; Letzterer hielt Vorlesungen über die Theorie und die Geschichte der bildenden Künste.

Da Frau von Humboldt abermals das sehr entfernte Bad Gastein gebrauchen sollte und Humboldt sich nicht von ihr trennen wollte, begleitete er sie im Juli über Landshut, München und Salzburg dahin, fand sich von der Gegend sehr angezogen und gebrauchte das Bad, wiewohl es nicht gerade nötig war, zur Stärkung auch selbst. Seiner Gattin bekam das Bad diesmal sehr wohl. Im Oktober waren sie wieder in Tegel; bald darauf hörte Humboldt in einem der Säle des Universitätsgebäudes Vorträge seines Bruders, die großes Aufsehen erregten. Wilhelm schrieb an Gentz: „Alexander ist wirklich eine puissance und, hat durch seine Vorlesungen hier eine neue Art des Ruhmes erworben. Sie sind unübertrefflich."

Im Frühjahr 1828 begleiten Humboldt und seine Gattin Karoline Frau von Bülow zu ihrem Gatten über Paris, das Humboldt sehr verschönert fand und das gerade damals geistig recht angeregt war, nach London. König Georg IV. empfing Humboldt mit viel Auszeichnung — er war ihm schon als Prinz-Regent gewogen gewesen— verlieh ihm das Großkreuz des Guelphenordens und ließ ihn durch den berühmten Maler, Ritter Lawrence, für den Waterloosaal auf dem königlichen Schlosse Windsor malen. Dort hängt das Bild neben den ersten Staatsmännern und Helden der Befreiungszeit, neben Metternich, Hardenberg, Schwarzenberg, Wellington und Blücher.

Dem englischen Gottesdienste wohnte Humboldt mehrmals bei, fand ihn aber weniger erbaulich als den deutschen, das Äußere kam ihm sogar störend vor. Auch einer Quäkerversammlung wohnte er bei. Die Innigkeit und Herzlichkeit sprach ihn an. An dem Wirken der Elisabeth Fry, die er bei den Gefangenen sah, nahm er lebhaftes Interesse. Von London aus begab sich Humboldt mit der Gemahlin und der ältesten Tochter über Paris und Salzburg nach Gastein und dann im Herbst nach Tegel zurück. Das Bad hatte diesmal nicht so glücklich auf Frau von Humboldt gewirkt: Ende November lag sie sehr krank in Berlin. Am 24. März 1829 schrieb Rahel in einem Brief: „Frau von Humboldt war den 22. schon sterbend, schlug die Augen auf, sagte zum Mann: «Es ist ein Mensch fertig!» selbst den Tod erwartend. Vergebens; sie lebt wieder, nimmt Anteil. Alexander erzählte dies. Schönes Wort. Gott sei bei ihr; sie soll viel gebetet haben." Am 31. März schreibt Humboldt (in den „Briefen an eine Freundin"): „Meine Frau ist am 26. d. M, früh gestorben und gestern in Tegel beerdigt worden. Sie hat ein viermonatliches Krankenlager erduldet und viel gelitten, wenn sie auch von heftigen Schmerzen ziemlich befreit blieb. Ihr klarer, heiterer, dem Tode und dem Leben eigentlich gleich zugekehrter Sinn war ihr unverrückt geblieben." — Humboldt ließ seiner Gattin im Parke zu Tegel ein Grabmonument errichten; auf demselben „blickte die Spes, die Thorwaldsen eigens für Frau von Humboldt in Marmor ausgearbeitet, tröstend und beseligend herab". Das schönste, herrlichste Denkmal hatte die treffliche, große Frau sich selbst in der Seele ihres Gatten erbaut. Die um ihn lebten, empfanden, wie viel er verloren, sie sahen dm erst noch so kräftigen Mann plötzlich altern und am liebsten und glücklichsten, wenn auch wehmütig, in der Vergangenheit und in Erinnerungen leben. In den „Briefen an eine Freundin" finden wir eine. Menge von Stellen, die den Leser tief fühlen lassen, wie unendlich lieb ihm die lebende Gattin gewesen, wie unendlich lieb ihm die vorangegangene ist, wie viel überhaupt das edle, großherzige, wahrhaft gebildete

Weib dem Manne sein kann. Der große Humboldt hatte eine vortreffliche Mutter und das Weib seiner Seele war eine große Frau. Viele der größten Ideen, welche die weiteren Teile dieser Schrift, „Humboldt's Weltanschauung", enthalten, entstanden im Sinnen an die Verstorbene. Einige Worte, jenen Briefen entnommen, folgen hier: „Ich bin eine lange Reihe von Jahren an der Seite meiner Frau unendlich glücklich gewesen, größtenteils allein und ganz durch sie, und wenigstens so, daß sie und der Gedanke an sie sich in alles Das mischte, was mich wahrhaft beglückte. Dies ganze Glück hat der Gang der Natur, die Fügung des Himmels mir entzogen, und auf immer und ohne Möglichkeit der Rückkehr mir entzogen. Aber die Erinnerung an die Verstorbene, Das, was sie und das Leben mit ihr in mir gereift hat, kann mir kein Schicksal, ohne mich selbst zu zerstören, entreißen. Es gibt glücklicherweise etwas, das der Mensch festhalten kann, wenn er will, und über das das Schicksal keine Macht hat; kann ich mit dieser Erinnerung ungestört in Abgeschiedenheit und Einsamkeit fortleben, so klage ich nicht und bin nicht unglücklich. Denn man kann großen und tiefen Schmerz haben und sich darum doch nicht unglücklich fühlen, da man diesen Schmerz so mit dem eigensten Wesen verbunden empfindet, daß man ihn nicht trennen möchte von sich, sondern gerade indem man ihn innerlich nährt und hegt, seine wahre Bestimmung erfüllt u. s. w." Kurz nach dem Tode seiner Gattin starb ihm auch ein Freund; Humboldt schreibt ebenfalls an jene Freundin: „Ich habe einen ganz unerwarteten, neuen und sehr bitteren Verlust erlitten. Ein sehr genauer Freund von uns, der alle Abende seit Jahren, wenn wir in der Stadt waren, bei uns zubrachte und auf dem. Lande oft bei uns war, ist nach einer sehr kurzen Krankheit gestorben. Er hatte noch mit mir am Grabe meiner Frau gestanden und gestern (am 30. März) war ich bei seinem Leichenbegängnisse. Sein Verlust betrübt mich sehr, und ich werde ihn schmerzlich, vermissen."

Alexander trat bald darauf seine große Reise nach dem Ural an; unseren vereinsamten Humboldt rief der König im Mai 1829 an die Spitze einer Kommission von Künstlern, die beauftragt waren, alle Kunstsammlungen und Kunstwerke des Königs im neu erbauten Museum aufzustellen. Humboldt schreibt: „Es ist sonderbar, daß ich gerade in dieser Zeit wieder habe müssen in die Geschäfte treten, ohne es ablehnen zu können. Sie sind zwar glücklicherweise wenig bedeutend, nehmen mir aber doch viel Zeit weg, nötigen mich zu Entfernungen von hier und bringen mich mit mehr Menschen in Berührung, als mir gerade jetzt lieb ist. ... .Das Geschäft ist in sich leicht und interessant und die Menschen, mit denen ich in die nächsten Berührungen komme, gehörten schon immer zum Kreise meines Umgangs. Auf diese Weise stört mich dies neue Verhältnis weniger, als es sonst der Fall gewesen sein würde."

Am 31. August wurde das Museum eröffnet; der König war sehr befriedigt, und das Museum ehrte das Andenken der Begründer dadurch, daß es die Marmorbüsten Schinkel's, des Erbauers, und die Wilhelm von Humboldt's in seiner Vorhalle aufstellte. Bald darauf verlieh ihm der König „zum Beweise

seines fortdauernden Wohlwollens Und in Anerkenntnis seiner früheren um den Staat erworbenen
Dienste" den Schwarzen Adlerorden und rief ihn,
wenn auch nicht in das Staatsministerium, doch in
den Staatsrats zurück. Alexander schrieb an Gentz:
„Mein Bruder hat eine Art Restauration gemacht; ich
hoffe, sie soll dauerhaft sein." Das Publikum zeigte
Freude über die Wiedereinsetzung, Auf Anraten des
Arztes ging Humboldt 1829 und 1830 wieder nach
Gastein. Als er das zweite mal nach Tegel zurückgekehrt, schreibt er: „Meine Gesundheit ist gut, weil
sie mich nicht leiden macht, und vorzüglich, weil ich
sie durch die Regelmäßigkeit meines Lebens erhalte
und befördere. Übrigens sieht man mir das Alter viel
mehr an, als anderen Menschen von gleichen Jahren,
und ich bin auch weniger rüstig, als es meinem und
einem weit höheren Alter gemäß ist. Auch abwesend
können Sie das in meiner Handschrift sehen, deren
Ungleichheit und Mangelhaftigkeit gar nicht von den
Augen, sondern allein von der Hand herkommt. Das
ist allerdings Folge der Jahre, aber daß es so früh
und so plötzlich gekommen ist, ist allein Folge des
Todes meiner Frau." („Briefe an eine Freundin."
September 1830.)

In diesem Jahre gab er seinen Briefwechsel mit
Schiller heraus; die Vorerinnerung dazu schrieb er
zu Tegel im Mai. Bald darauf sandte er, von Varnhagen aufgemuntert, diesem seinen Aufsatz: „Über
Goethe's zweiten römischen Aufenthalt", den Goethe und seine Freunde mit viel Freude aufnahmen.
Ersterer schrieb an Zelter: „Mich freut, daß du Herrn
von Humboldt wegen seiner Äußerungen über mei-

nen römischen Aufenthalt etwas freundlich Dankbares gesagt hast; mir haben sie zur Erinnerung und Nachdenken viele Gelegenheit gegeben. Es ist merkwürdig, wie er Alles an- und aufregt, wie er sich in die dortigen Zustände versenkt hat und mich daselbst betrachtet. Ihm von innen heraus entgegenzugehen, fand ich alle Ursache und bin auf mancherlei Betrachtungen über mich selbst zurückgeführt worden."

Die letzten Jahre seines Lebens brachte Humboldt meist in Tegel zu, wo er tagtäglich das Grab seiner Gattin besuchte. Karoline und dann seine Tochter Adelheid mit ihrem Gatten waren die letzten sechs Jahre um ihn. Seine Bekannten sah er nicht mehr oft; Einsamkeit war ihm dringendes Bedürfnis. „Sie können denken, daß ich in Berlin, wo ich so lange lebte, unter vielen Bekannten einige Männer und Frauen der engsten Vertraulichkeit habe. Ich pflegte sie wöchentlich, auch öfters zu sehen. Seit dem unglücklichen Verluste habe ich sie kaum drei oder vier mal gesehen. Sie fühlen und begreifen mich, und eine natürliche Diskretion hält sie ab, mich ohne ausdrückliche Einladung zu besuchen. Ich lade aber Niemand ein, sondern überlasse das meinen Kindern. Ist Jemand bei ihnen so brauche ich nicht länger dabei zu sein, als ich Lust habe."

Physisch nahm er mehr und mehr ab; das Haupt sank immer tiefer auf die Brust herab und auch die Sprache fing an zu versagen. Um sich zu stärken, ging er 1831, 1832 und 1833 in Begleitung seiner Tochter nach Norderney und brauchte die Seebäder, welche ihm immer wohl bekamen. Der Anblick des,

Meeres war ihm recht lieb; er hatte immer noch ein offenes Auge für die ihn umgebende Natur, beobachtete Menschen und Verhältnisse; aber Alles nur, um es zu vergeistigen: wie der Schmetterling von der Blume in den Äther emporsteigt, so stieg Humboldt immer von der Erde in das Reich der Ideen. Fühlte er früher oft das Bedürfnis, diesen ein poetisches Gewand zu verleihen, so nahm das nun mit dem Alter mehr und mehr zu. Humboldt diktierte jeden Abend seinem Sekretär Ferdinand Schulz Sonette in die Feder. Jedem Band seiner „Gesammelten Werke" ist eine Anzahl derselben beigegeben und eine Auswahl erschien 1853; die meisten aber — er hat gegen achtzehnhundert verfaßt — sind noch unbekannt. Drei sind dieser Schrift schon beigegeben und einige folgen noch, weil sie schön sind und damit ich auch ein Scherflein zur Erfüllung eines Wunsches von Humboldt beigetragen: „daß er Denen, die nach seinem Laut verlangen, in des Liedes Klang wiederkehre". Die Wahl ist schwer.

Erfüllte Bestimmung.

Dem ziemt der Preis, daß wahrhaft er gelebet,
Der, hätt' er wenig auch in Tat erstrebet,
Als Lücke, in der Menschheit wird empfunden,
Wenn er den Lebensfaden abgewunden.

Denn an der Menschheit reichem Teppich webet
Nur wer aus innrer Kraft sich frei erhebet,
Und wir in ihren Blütenkranz gebunden,
Nur was er könnt' in eigner Brust erkunden.

Der lebt dann fort im menschlichen Gemüte,
Wie jedem Lenz der Erde sich entwindet
Auf seinem Grabe neu verjüngte Blüte;

So, wenn im Dunkel auch sein Name schwindet,
Das Feuer, das ihn heilig einst durchglühte,
In später Zeit noch lichte Funken zündet.

*

Hilfe von oben.

Wenn Blick der Gottheit mild den Menschen
grüßet,
Sie in die Brust ihm sicheres Vertrauen,
Auf das er kann bei schwerem Werke bauen,
Wie Tropfen heiterer Begeistrung gießet.

Wenn dieser Sonnenblick nicht freundlich
schießet
In kalten Erdenlebens dämmernd Grauen,
Kann Glanz nicht die Gedanken frisch umtauen,
Und nüchtern hin ihr träges Strömen fließet.

Doch diese Gabe reiner Göttermilde
Herab kein Flehen und kein Sehnen bringet,
Wenn nicht der Geist sich ihr
entgegenschwinget.

So, wandernd durch die dunkeln Erdgefilde,
Bedarf der Mensch des Muts schon,
der ihm fehlet,
Eh' seine Kräfte Hauch der Gottheit stählet.

*

Aus Nacht zum Licht.

Es gibt im Busen ein geheimes Sehnen,
Das nur die tiefsten der Gemüter kennen,
Das keine Sprache je vermag zu nennen,

98

Bei dem man fühlt das Herz sich schmerzlich
dehnen.

Doch ist's kein eitel eingebildet Wähnen,
Denn Plötzlich sich von ihm Gedanken trennen,
Die durch die Nacht, wie Sterne,
funkelnd brennen
Und, hier entstammt, sich an den Ew'gen leh-
nen.

Das ist des Geistes Sein, das unverstanden
Gefangen gehet in der Menschheit Banden,
Das, wie die Frucht vom Mutterschoß bedecket,

Sich in dem engen Kerker regt und recket,
Und sich befreit, gelangt ans Licht erst fühlet,
Wenn alles Irdische die Erde kühlet.

*

Schule der Leiden.
I.

Wie Schmerzen man den Wolken wohl
vergleichet.
Die auch des Himmels heitres Blau verdecken,
Zur Erde bald die schwarzen Busen strecken
Und bald entfliehn,
wenn frisch der Nordwind streichet;

So Schmerz auch gibt's,
der wanket nicht, noch weichet,
Den immer neue Tränen rinnend wecken,
Der gleicht den nächt'gen, düstern Nebelflec-
ken,
Wenn Sternenglanz für ew'ge Zeit erbleichet.

Wer in dem tiefgeprüften Busen kennet,
Wie dieser Schmerz am Leben zehrend brennet,
Der willig ein sich in den bittern spinnet.

Denn wenn man leidend ihn hat durchgerungen
Und hält mit beiden Armen ihn umschlungen,
Die Seele Frieden wehmutvoll gewinnet.

II.

Wenn meine Schritte Tag und Nacht
durchstreifen
Des Buchenwalds bald ebne und gerade,
Bald durchs Gebüsch verschlungne, krumme
Pfade,
Im Geist mir vielerlei Gedanken reifen.

Der Mensch, was ihn umgibt,
muß rasch ergreifen,
Sonst ihm entrollt es an der Zeiten Rade;
Wohin die wechselnde Natur ihn lade,
Muß folgsam Eindruck er auf Eindruck häufen.

Ob Luft mir oder Schmerz die Brust bewege,
Acht' ich so hoch nicht im erprüften Herzen.
Wenn die Gedanken sind erfindsam rege,

So werden heilsam auch des Lebens Schmerzen,
Mir ist nicht immer mildes Loos beschieden,
Doch nimmer wankt mein stiller Seelenfrieden.

III.

Mit Starke wird gestählt der Sinn durch
Schmerzen,
Geführet in des Busens stille Schranken
Zu tief bewegten, hebenden Gedanken,
Die Schwingen werden dem gepressten Herzen,

Wo Wolken nicht den heitern Himmel
schwärzen,
Des Lebens Hebel alle niedersanken,
Kein treulos Glück droht ungewiss zu wanken.
Da gaukelt froh der Sinn in leichten Scherzen.

Doch Kraft und Tiefe auch dem Licht sich
gatten,
Bedürfend nicht der scharfumschriebnen
Schatten;
Was tiefer wirkt, hängt an der Seele Farbe.

Wo Freiheit schafft, muß Glück hellachend
blühen;
Wo Still' und Demut eng die Kreise ziehen,
Da hebt und stärkt der Schmerz und lässt nicht
Narbe.

*

Stimmung im Schmerz.

Ich fasse schwer nicht auf des Lebens
Schmerzen,
Weiß sie mit kräft'gem Mute zu bezähmen,
Gestatte nicht, daß sie den Schlaf mir nehmen,
Noch meiner Seele heitern Himmel schwärzen.

Doch auch zu gehen mit leichtsinn'gen Scherzen
Durchs Leben tändelnd, würde ich mich
schämen;
In Leid und Mühe still mich zu bequemen,

Gewinn' ich ab dem oft geprüften Herzen.
Drum wenn auch bittern Gram der Busen fühlet
Doch oft mir Lächeln um die Lippen spielet;
Und wenn ich Abends mich aufs Kissen lege,

So schließ' ich unbesorgt die Augenlider,
Und nur des Menschenschicksals Gang erwäge,
Daß stets auf Leid folgt Ruh' und Stille wieder.

*

Reiz der Heimat.

Kastiliens Schnee mit duft'ger Mandelblüte
Ersetzen will, mir deine zarte Güte;
Allein die Sehnsucht nicht der Brust entweichet,
Wenn man für Schlechtres auch ihr Schönres
reichet.

In kalter Ebne innre Funken sprühte
Die Liebe, die zur Vaterstadt mir glühte;
kein Flurenschmuck für mich dem Hauche
gleichet,
Der frisch vom heimischen Gebirge streichet.

Die Treue fragt nach Schönheit nicht noch
Größe,
Sie hängt an Dem, was einmal sie geliebet,
Und liebt es fort in seiner nackten Blöße,

Wenn seinen Lichtglanz mancher Fleck auch
trübet,
Sie ab vom blühend Prangenden sich wendet
Und bleibt dem scheinbar Dürftigen verpfändet.

*

Frauenliebe.

Nie Blumenstaub auf Lilienblättern lieget
Und seinen Duft weit in die Luft verstreuet,
In Frauen also zart und unentweihet
Ist Neigung, die die Seele leis anflieget.

Sonst sich die Brüst in schöner Ruhe wieget,
Und Denken sonnenklar an Denken reihet,

Dem Himmelslicht die Schwanenreinheit leihet,
Die jeder Färbung Schattenhauch besieget.

Ist auch die Neigung fein wie Nebelschleier
Gewebt, hält doch sie fest wie Demantketten,
In Weibes Treu' kann man sich sicher betten.

Und was in süßer Liebe Wonneschmerzen
Ist einmal eingewachsen ihrem Herzen,
Bleibt ihr für alle Ewigkeiten teuer.

*

Heimfahrt.

So sind die flücht'gen Jahre denn vergangen,
Wo meine Seele Kummer nie getrübet,
Wo, liebend, wieder inniglich geliebet,
Ich reines Glück aus güt'ger Hand empfangen?

Jetzt glüht nicht Freude mehr auf meinen
Wangen,
Das Menschenschicksal hat sein Recht geübet,
Es nimmt zurück die Gaben, die es giebet,
Und löst die Arme, die sich treu umschlangen.

Des Schiffes Segel ist schon aufgezogen,
Das mich zur Küste gegenüber träget,
Vom Wind umspielt,
sein Wimpel flatternd wehet.

Wenn auch die Fahrt durch mächt'ge
Wellen gehet,
Wenn nur dieselbe Hand mein Los dort
wäget,
Die hier mir Seligkeiten zugewogen.

*

Manches Sonett ist dem Andenken der geliebten
Gattin geweiht.

Die letzten Jahre seines reichen Lebens waren aber ganz besonders ernsten, wichtigen Sprachstudien und der Abfassung des Gefundenen gewidmet. Es lag ihm sehr daran, sein Werk „Über die Kawisprache auf der Insel Java" zu vollenden. Alexander von Humboldt sagt im Vorwort zu diesem großen, nachgelassenen Sprachwerke des Bruders: „er sei tiefer in den Bau einer größeren Menge von Sprachen eingedrungen, als wohl noch je. von einem Geiste erfasst worden sei." Wilhelm von Humboldt, von Natur mit einem seltenen Sprachtalente begabt, ging vom Studium der klassischen Sprachen aus, eignete sich die neuen, schon frühe erlernten, an Ort und Stelle bis zur Vollkommenheit an, folgte den Forschungen der Engländer, Franzosen und Spanier über das Festland hinaus, ging immer tiefer auf die asiatischen und, nach seines Bruders Rückkehr aus der Neuen Welt, auf die amerikanischen Sprachen ein. Nachdem Friedrich Schlegel auf das Sanskrit aufmerksam gemacht, studierte es auch Humboldt ohne Lehrer und schrieb an Riemer, den ehemaligen Lehrer seiner Kinder, schon im Juni 1821: „Oft fällt mir der Wunsch ein, daß Sie mit diesen (griechisch-etymologischen) Arbeiten und Studien das Sanskrit verbinden möchten. Ich treibe es seit Anfang dieses Jahres und habe, soviel es allein, ohne Lehrer möglich ist, einige Fortschritte darin gemacht. Es drängt sich doch bei jedem Schritt die Überzeugung auf, daß diese Sprache die Wurzel des Griechischen, Lateinischen und Deutschen ist u. s. w." Das Sanskrit führte Humboldt zu weitem Forschungen. Er erkannte, „daß Polynesien oder die Malaiischen

Inseln das einzig denkbare Mittelglied zwischen der Alten (europäisch-asiatischen) und der Neuen (amerikanischen) Welt seien; daß von hier aus allein die wichtige Frage über das Dasein ursprünglicher Verbindung beider Festlande erledigt werden und welch' großen Dienst hier die vergleichende Sprachforschung leisten kann".

Es erschienen von Humboldt eine Menge linguistischer Schriften; sein Hauptwerk, das, welches seinen Ruhm vor allen begründete, ist das schon erwähnte: „Über die Kawisprache auf der Insel Java."

Einige seiner linguistischen Arbeiten blieben ungedruckt. Schlesier bewundert an Humboldt, dem Sprachforscher, folgende Eigenschaften: Gründlichkeit; Größe des Blicks und der Behandlung, das Gepräge der Wahrhaftigkeit, die Einfachheit und Lauterkeit; die Eigenschaft, jede Behauptung auf die behutsamste Weise zu begrenzen; die lichtvolle Durchschauung des Gegenstandes und formelle Vollendung; die methodische Strenge; die Bescheidenheit, mit der er von seiner Fähigkeit und seinen Leistungen spricht, und die Bereitwilligkeit, fremdes Wirken anzuerkennen und zu rühmen.

Forschend und sinnend, nach innen und außen Fäden für die Unsterblichkeit webend, voll unendlicher Güte und Milde gegen die ihm näher stehenden Menschen und gegen die ganze Menschheit, ging Humboldt wie ein Weiser des Altertums und als ein echter Christ dem Ende des irdischen Daseins entgegen. Manchen Genossen sah er vorangehen: Niebuhr und Stein (1831), Goethe und Gentz (1832), Hegel

(1831) und Schleiermacher (1834), Im Februar 1835 schrieb er an Nicolovius nach Berlin: „Ich bin kein Leidender, sondern führe vielmehr mit meinen Kindern und einsam zwischen Arbeiten und Träumen, in Erinnerung der Vergangenheit und heiterem Denken an die Zukunft, ein stillglückliches Leben."

Am 23. Februar 1835, dem Geburtstage seiner Gattin, begab er sich, bei schlechtem Wetter, zu seiner liebsten Stelle, zum Monumente, und zog sich da eine Erkältung zu. Der Physische Zustand war bald etwas besser, bald schlimmer, den einen Tag fassten die Seinen Hoffnung, welche ihnen der andere wieder nahm. Bis zum 1. April war der Kranke immer bei völligem Bewusstsein, sprach besonders mit Hedemann viel über den Zustand des Menschen nach dem Tode und bezeichnete ihm und dem Bruder die Stelle, wo er begraben sein wollte. In der Nacht stellten sich Phantasien ein und des Morgens darauf versammelte er seine anwesenden Kinder: Karoline, die Generalin von Hedemann, Frau von Bülow und Hermann, ferner den Bruder und den Schwiegersohn um sein Lager, nahm von Jedem Abschied, sagte Jedem auf das liebevollste etwas besonders Bezugvolles und beschwichtigte ihren Schmerz durch die ungetrübte Klarheit seines Geistes und die Heiterkeit seines Wesens. „Weinet nicht, gedenket meiner immer in Heiterkeit und nur so" sagte er wiederholt. „Ich habe viel Glückliches und Freudiges erlebt." Er ließ sich, wie schon öfters im Laufe des Tages, die Zeichnung seiner Gattin geben und sagte: „Wenn man sich gleich wiedersieht, so ist sie gewiss die Erste, die ich finde, und ich will sie von euch grüßen." Wiewohl der Arzt Hoffnung machte, sagte Humboldt doch, „daß es zu Ende ginge". Bei allen Leiden blieb er unbeschreiblich freundlich und war dankbar für Alles, was man nur irgend für seine Pflege tun konnte. Wenn er im halbwachen Zustande war, so sagte er Stellen aus Gedichten von Schiller, Goethe und Anderen oder griechische Hexameter für sich her. Am 8. April ließ er durch die älteste Tochter, die gerade bei ihm war, die beiden anderen, Adelheid und Gabriele, rufen. „Ruf' sie", sagte er, „damit wir uns noch sehen." Er ließ sich dann von ihnen die Zeichnung ihrer Mutter geben, betrachtete sie lange und sagte mehr zu ihr als zu den Kindern: „Nun Adieu — hängt sie wieder weg!" Das waren seine letzten Worte. Um 6 Uhr hauchte er sanft die große Seele aus, als eben die untergehende Sonne, ihre letzten Strahlen in sein Zimmer sandte.[17]

Am 5. April schrieb Alexander an Varnhagen: „Sie, mein teurer Varnhagen, der Sie den Schmerz nicht fürchten und ihm sinnig in die Tiefe der Gefühle nachspüren, Sie müssen in dieser trauervollen Zeit einige Worte der Liebe, die Ihnen beide Brüder zollen, empfangen ... «Denkt recht oft an mich», sagte er vorgestern, ... «doch ja mit Heiterkeit. Ich war sehr glücklich; auch heute war ein schöner Tag für mich, denn die Liebe ist das Höchste! Bald werde ich bei der Mutter sein, Einsicht haben in eine höhe-

---

17 Dieser Bericht ist, wörtlich den Papieren Alexanders entnommen, die in Schlesiers „Erinnerungen an W. von Humboldt" enthalten sind.

re Weltordnung.» ... Mir bleibt keine Spur von Hoffnung. Ich glaubte nicht, daß meine alten Tage so viel Tränen hätten."

Humboldt's Tod machte in Berlin großen Eindruck. Die „Allgemeine Preußische Staatszeitung", das offizielle Organ der Regierung, kündete den Todesfall mit folgenden Worten an: „Berlin, den 9. April. Gestern Abend um 6 Uhr verschied auf seinem Landsitze zu Tegel, nach einem kurzen und schmerzlosen Krankenlager, im achtundsechzigsten Jahre seines Lebens, der königliche Geheime Staatsminister, Freiherr Karl Wilhelm von Humboldt. Was der hochgefeierte Mann dem Staate war, und zwar vorzugsweise in einem Zeitraum, wo gediegene und erprobte Staatsmänner seines Ranges Gelegenheit hatten, sich in ihrem höchsten Glänze zu zeigen, das beurkundet vor allem seine erfolgreiche Wirksamkeit in den Jahren 1813-15. Aber nicht bloß der Staat, auch die Wissenschaft hat den Verlust des Dahingeschiedenen tief zu beklagen. Ihr und vorzüglich dem Studium des Altertums und der allgemeinen Sprachforschung, welche letztere von jeher seine Lieblingsbeschäftigung war, widmete er in voller Geisteskraft und mit unermüdlicher Tätigkeit bis an sein Ende die Muße, die sein Ausscheiden aus dem Staatsdienste im Jahre 1819 ihm gewährte, und sein schönes Lustschloß in Tegel war stets der Sammelplatz, von Künstlern und Gelehrten sowie der Vereinigungspunkt von antiken und modernen Kunstgegenständen aller Art. Die Heiterkeit, Ruhe und Klarheit seines Geistes, welche unausgesetzt seine Begleiterinnen durch das Leben waren, haben ihn bis zu den letzten Augenblicken desselben nicht verlassen. Er entschlief sanft im Kreise der Seinigen, voll freudiger Hoffnung des Wiedersehens der ihm vorangegangenen Lieben."

Am Palmsonntag 1835 geleiteten Se. königliche Hoheit der Prinz Wilhelm, Bruder des Königs, hohe Militärs und Staatsbeamte, eine große Menge Gelehrte und Künstler, die Dorfgemeinde, der Bruder, die Kinder und Kindeskinder die irdische Hülle des großen Mannes zur letzten Ruhestätte, nach jenem Monument im Schloßgarten zu Tegel, wo Dr. Hoßbach dem Verstorbenen eine ergreifende Gedächtnisrede hielt.

Vorsehung, Weltregierung, Schicksal, Menschenglück und Lebenszweck.

Die Religion wird oft nicht in ihrer wahren Größe gefühlt und von einem niederen Standpunkt aus genommen. Wer Gott selbst nur in Rücksicht auf sich dient, um wieder dafür Schutz, Hilfe und Segen von ihm zu erhalten, um gleichsam von ihm zu fordern, daß er sich um jedes einzelne Lebensschicksal kümmern soll, der macht doch wieder sich zum Mittelpunkt des Alls, Wer aber die Größe und väterliche Güte Gottes so mit bewundernder Anbetung und mit tiefer Dankbarkeit in sein Gemüt aufgenommen hat, daß er Alles von selbst zurückstößt, was nicht mit der reinsten und edelsten Gesinnung übereinstimmt wie der Gedanke, daß, was Pflicht und Tugend von ihm fordern, zugleich der Wille des Höchsten und die Förderung der von ihm gegründeten Weltordnung ist, der hat die wahrhaft religiöse und gewiss tugendhafte Gesinnung.

*

Das ist eine gewisse und tröstliche und im höchsten Grade heilsame Wahrheit, daß durch das Christentum alle Segnungen der Religion eine durchaus allgemeine Wohltätigkeit erlangt haben, daß alle innere und äußere Bevorrechtung aufgehört, und Jeder ohne Unterschied Gott so nahe zu stehen glauben kann, als er sich ihm durch seine eigene Kraft und Demut im Geist und in der Wahrheit zu nähern vermag. Es ist überhaupt in Allem, im Religiösen und Moralischen, der wahrhaft unterscheidende Charakter des Christentums, die Scheidewände, die vorher die Völker wie Gattungen verschiedener Geschöpfe trennten, hinweggeräumt, den Dünkel, als gäbe es eine von der Gottheit bevorrechtete Nation, genommen und ein allgemeines Band der Nächstenpflicht und Nächstenliebe um alle Menschen geschlungen zu haben. Hier ist nun nicht mehr von bildlichen Darstellungen und nicht mehr von Wundern die Rede. Es herrscht hier die geistige Gemeinschaft, welche die einzige ist deren der Mensch wahrhaft bedarf, und zugleich diejenige; der er immer durch Vertrauen und Wandel teilhaftig werden kann. Ich gestehe daher auch, daß ich nicht in die Idee eingehen kann, als wäre oder als könnte nur noch jetzt eine engere Gemeinschaft zwischen Gott und Einzelnen sein als die allgemeine, der schlichten Lehre des Christentums angemessene, in die Jeder durch Reinheit und Frömmigkeit der Gesinnung tritt. Es wäre ein gefährlicher Stolz, sich einer solchen anderen und besonderen teilhaftig zu glauben, und das Menschengeschlecht bedarf dessen nicht. Frömmigkeit und Reinheit der Gesinnung und Pflichtmäßigkeit des Handelns, selbst schon Streben nach beiden, da das vollendete Erreichen Keinem gelingt, sind alles, den Menschen, einzeln und in der Gesammtheit, Notwendige und alles dem höchsten Wesen, wie wir es uns denken müssen, Wohlgefällige.

*

Die Religion selbst ist in der Natur des Menschen eingepflanzt. Die christliche ist durch besondere Anordnung von oben in die Welt gekommen. Es ist doch aber dem Menschengeschlecht in Rücksicht auf sie die Freiheit nicht genommen, vielmehr im höchsten Grade gelassen worden, da gerade Religionsgefühle nur durch das freieste Herausgeben aus dem Inneren Wert haben. So ist sie angenommen und zurückgestoßen worden, bis sie endlich überall gesiegt hat. Allein in die Herzen der Menschen aufgenommen, gestaltet sie sich anders und anders, nach den Eigentümlichkeiten des Geistes und Charakters Derer, die sich zu ihr bekennen. Schon an den Aposteln, also gleich im ersten Anfange sieht man das. Die Lehre gestaltet sich anders in Johannes wie in Petrus. In der Folge entstanden dann auch wirkliche Spaltungen. Es mischten sich Leidenschaften und weltliche Absichten ein. So entstand Entweihung und Missbrauch. Immer aber sieht man in dieser Religionsgeschichte Göttliches neben Irdischem, immer das Eine, Ewige und Unsterbliche, wie eine Sonne Licht und Wärme anziehen, aber bald mehr, bald minder durch den Schleier des Irdischen verhüllt.

*

Die wahre Volksmäßigkeit ist ein hauptsächliches Erfordernis guter und zweckmäßiger Kirchengesänge. Denn die Kirche ist für Alle; es soll sich in ihr kein Kreis vornehmer oder höherer Bildung absondern; der wahrhaft Gebildete soll aber auch durch nichts ihn Verletzendes zurückgestoßen werden. Beides kann erreicht werden, ohne daß Eins dem Anderen Abbruch täte. Denn alles rein und natürlich Menschliche, frei von Künstelei und Gelehrsamkeit in Sachen der Erkenntnis und von Verzärtelung und

Überspannung in Sachen des Gefühls, ist dem Volke und besonders dem Landmann, dem ich hierin viel mehr zutraue als dem Städter, gewiss nicht bloß vollkommen verständlich, sondern auch seiner Empfindung zugänglich, und eben dies tief und echt Menschliche ist auch die Grundlage aller wahren Bildung. In diesen Ausgangspunkten des menschlichen Denkens und Empfindens begegnen sich, wenigstens in Deutschland, alle Klassen der Nation. Ebenso vereinigen sie sich in dem Verständnis einer einfachen, klaren und würdigen Sprache, wie man an Luther's Bibelübersetzung sieht, die sich nie zum Gemeinen herablässt und — die Stellen ausgenommen, wo die Schwierigkeit in dem Sinne und den Sachen liegt — zugleich allgemein verständlich ist. Sich recht nahe an die biblische Sprache zu halten, ist auch für Kirchengesänge der sicherste Weg, auch schwierigeren Ideenreihen in dem Gemüt des Volks Eingang zu verschaffen. Wenn man, wie nicht selten geschieht, von einem Prediger mit Rühmen erwähnt, daß er für die gebildeten Klassen erhebend und belehrend predige, so halte ich das für ein sehr einseitiges Lob, und wenn er es nicht versteht, ebenso erbaulich für das Volk und den gemeinen Mann zu predigen, für einen wahren Tadel. Die Kirche umschließt Alle, und die Religionswahrheiten werden ihrer Natur angemessener, allgemeiner und menschlicher aufgefasst, wenn man sie auf allgemeine Verständlichkeit gründet. Die Scheidewand, welche die gebildeten Stände vom Volke trennt, ist ohnehin schon zu groß, man muß daher mit doppelter Sorgfalt das hauptsächlichste Band erhalten, das sie noch zusammenknüpft.

*

Unsere evangelischen Kirchen werden viel zu sehr als Orte, die zum Predigen bestimmt sind, angesehen, und auf die religiöse Erhebung des Gemüts in Gebet und Nachdenken wird zu wenig gedacht.

*

Der Friede ist zuerst, wie es im Jesajas heißt, das Werk der Gerechtigkeit; er ist unmöglich ohne strenge Pflichterfüllung, unmöglich in Jedem, da strenge Pflichterfüllung das Erste und Nächste ist. Dies aber möchte ich nur den irdischen, menschlichen Frieden nennen. Er muß die Grundlage sein, aber er ist nicht Alles. Er wird gepredigt durch den Propheten, durch das vorausgehende Alte Testament; das Neue gibt erst die Vollendung. „Das allein ist der Friede, den die Welt nicht gibt"; ein unübertrefflicher Ausdruck. Was diesem Frieden angehört, ist von der Welt, dem äußeren Glück und dem äußeren Genuss geschieden, es stammt von einer unsichtbaren Macht her; allein die Gesinnung muß im Gemüte vorhanden sein, daß man sein ganzes inneres Wesen, von der Welt trennt, daß man nicht auf äußeres Glück Anspruch macht, daß man nur die hohe Seelenruhe sucht, die auf dem Leben in Demut und innerem Gehorsam wie in einer klippenlosen stillen Wasserfläche ihre Sicherheit findet. Die bloße Ausübung der Pflicht reicht dazu nicht hin, die Unterordnung des selbstischen Daseins unter das Gesetz und noch weit mehr unter das Anerkenntnis er höchsten, Alles beherrschenden und Alles durchdringenden Liebe muß so vorwaltend fein, daß das ganze Wesen darin aufgelöst ist. Nur bei dieser Gesinnung kann man den von Jesus dargebotenen Frieden sich aneignen. Denn es wäre eine ganz irrige Auslegung der schönen biblischen Stelle, wenn man glauben könnte, der himmlische Friede senke sich so von selbst und ohne alles Zutun auf den Menschen herab. Wohl zwar senkt er sich also nieder, er kann nicht durch Werke verdient, nicht gleichsam wie Erdengüter durch eigenes Tun erworben werden. Er ist eine freie, himmlische, immer nur der Gnade entströmende Gabe, Allein der Mensch. kann sie nicht erfassen ohne jene Gesinnung, er kann des Himmlischen nicht teilhaftig werden, solange er irdisches Glück sucht. Besitzt er aber diese Gesinnung, so ist er wieder jenes Friedens gewiss; denn es ist recht eigentlich von den himmlischen Gaben ein wahres Wort, daß Denen gegeben wird, die da haben. Das Irdische muß schon, soviel es die schwache Kraft vermag, das Himmlische angezogen haben, wenn es ihm wahrhaft zu Teil werden soll. Auf diese Weise hängt der innere Friede immer vom Menschen selbst ab; der Mensch braucht zu seinem Glücke im wahren Verstände nichts als ihn, und er braucht, um ihn zu besitzen, nichts als sich.

*

Die Vorsehung begünstigt gewiss nicht Einzelne, sondern die tiefe Weisheit ihrer Ratschläge dehnt

sich auf die Zurechtweisung und Veredelung Aller
aus.

*

Die Zulassung des Bösen in der Welt, die Straflosig-
keit der Lasterhaften, sowie das Unglück der Guten
in der Welt, sind von jeher Aufgaben gewesen, die
der Mensch bald so, bald anders in der Weltregie-
rung zu lösen versucht hat.

*

Mir ist es immer als das sicherste Mittel, vorgekommen, sich in inniger Demut auf die unerforschli-
che, aber sichere Weisheit der göttlichen Ratschläge
und auf die natürliche Betrachtung zu beschränken,
daß wir in diesem Leben nur einen so kurzen Teil
des menschlichen Daseins übersehen, daß derselbe
gar kein Urteil über das Ganze zulässt.

*

Wenn auch Jeder auf seine Weise sich die göttliche
Teilnahme und Fürsorge denkt, so sind das nur unbedeutende Verschiedenheiten der individuellen
Ansicht. Die Hauptsache bleibt immer, daß eine
Allweisheit und Allgüte die Ordnung der Dinge
regiert, zu der wir gehören, daß unsere kleinsten und
größten Schicksale darin mit verwebt sind, daß daher
Alles, was geschieht, gut und uns, sei es auch
schmerzhaft, wohltätig sein muß, endlich daß sein
Wohlgefallen an uns und, wo nicht aus anderen
gleich weisen Gründen Ausnahmen eintreten, auch
der Segen oder Unsegen, der uns trifft, von der

Pflichtmäßigkeit unserer Handlungen, noch mehr aber von der Reinheit unserer Gesinnung abhängt. In die Ansicht nur könnte ich nie einstimmen, daß die Gottheit sich um Einige weniger kümmert als um Andere; Gott kann, und das liegt in der Sache selbst, sein Wohlgefallen mehr auf Die richten, die dadurch, daß sie ihm anhängen, eine größere Liebe, Innigkeit und Reinheit des Gemüts beweisen, aber eine ungleiche Verteilung seiner leitenden, sorgenden, belohnenden und strafenden Fürsorge lässt sich nicht, weder mit den Begriffen von seiner Allmacht, noch mit denen von seiner Gerechtigkeit in Vereinigung bringen. Im Alten Testamente kommt allerdings von Auserwählten Gottes vielleicht auch in diesem Sinne vor; allein diese Stellen hängen auch zum Teil mit der jüdischen Idee des auserwählten Volkes Gottes zusammen, und dann braucht auch dieser Begriff der Auserwählung nicht gerade jenen ausschließenden Sinn, sondern nur den zu haben, daß die Auserwählten Diejenigen waren, welche sich durch ihre Herzensreinheit und Frömmigkeit am meisten der Liebe Gottes würdig gemacht und sein Wohlgefallen auf sich gezogen hatten. Im Neuen Testament kommen Stellen, aus denen man auf ungleiche Sorge Gottes in den waltenden Fügungen seiner Vorsehung schließen könnte, wohl nicht vor. Wenn es bei einer oder der anderen dies Ansehen haben sollte, so ist sie wohl anders zu erklären. Der tröstende Gedanke aber bleibt fort und fort, daß Gott auch widrige und schmerzliche Schicksale nur aus Liebe sendet, um unsere Gesinnungen zu läutern.

*

Indem die Vorsehung die Schicksale der Menschen bestimmt, ist auch das innere Wesen des Menschen dabei in Einklang gebracht. Es ist eine solche Harmonie hierin, wie in allen Dingen der Natur, daß man sie auch gegenseitig auseinander ohne höhere Fügung erklären und herleiten könnte. Gerade dies aber beweist umso klarer und sicherer diese höhere Fügung, die jener Harmonie das Dasein gegeben.

*

Die Größe der Natur ist schon eine erhebende, heitere, die ich gerade zu den am meisten beglückenden rechnen möchte. Noch mehr aber ist es die Größe des Schöpfers. Wenn man auch zugeben könnte, daß sie als Größe niederdrückend wäre, so würde sie wieder erhebend und beglückend sein durch die unermessliche Güte, die sich zugleich für alle Geschöpfe darin ausspricht. Überhaupt ist es doch nur die physische Macht und Größe, welche als gewissermaßen niederdrückend Furcht einflößen kann. So unendliche physische Macht aber auch diejenige ist, welche sich in der Schöpfung und dem Weltall verherrlicht und darstellt, so ist sie doch noch weit mehr eine moralische. Diese aber, das wahrhaft Erhabene, erweitert immer das Innere, macht freier atmen und erscheint alle mal in Milde, als Trost, Hilfe und Zuflucht. Man kann mit Wahrheit sagen, daß diese schaffende, allmächtige Größe überall sich in gleicher, gleiche Bewunderung auf sich ziehender Stärke sehen lässt.

*

Wenn man diese unendliche, unzählige Menge von Gestirnen betrachtet und bedenkt, so scheint es zwar ein ordentlich schaudernder Gedanke, daß eine so ungeheure Menge im Weltall herumschwimmt. Der Mensch fühlt sich darin gleichsam wie erdrückt. Allein die Ordnung und Harmonie, in denen alle Bewegungen vor sich gehen und alle Zeiten hindurch vor sich gegangen sind, ist ein wohltätiges, tröstendes Zeichen einer höheren Macht, einer geistigen Herrschaft, die wieder beruhigt und die Besorgnis aufhebt.

*

Gott hätte den Menschen nicht das erregbare, leicht bewegliche, dem Gram und dem Schmerz so zugängliche Gemüt gegeben, wenn er nicht zugleich darein, die Kraft hätte legen wollen, diese Gefühle zu beherrschen, diesen Schmerz zu besiegen. Er gibt nichts unmittelbar, er will immer, daß der Mensch durch eigene Kraft seinen Segen erlange, man kann nicht sagen erwerbe oder verdiene; denn das Menschliche kann nicht auf diese Weise an das Göttliche reichen. Alles, auch was Gott gibt, muß noch ebenso durch den Menschen und sein eigenes Tun gehen, als wäre es einzig und allein sein Werk. Es ist mit dem Samenkorn, das im Grund aus dem Herzen geistige Frucht trägt, ebenso als mit demjenigen, welches aus der Erde emporschießt, oder wenigstens auf ganz ähnliche Weise. Die Frucht wird auch nicht ganz, unmittelbar von Gott, ja nicht einmal von der

Natur gegeben; sie muß alle Zustände durchgehen, welche sie nach und nach zur Reife bringen, und wenn der Mensch auch unter dem glücklichsten Himmel und in dem am meisten günstigen Boden derselben gewiss sein will, muß er selbst seine Mühe und den Schweiß seiner Stirn daran wenden. Noch viel mehr aber ist das der Fall bei der Frucht des Geistes und des Herzens; allein die Sicherheit ist da auch unendlich größer. Es kann da kein störendes Naturereignis dazwischentreten, denn wenn ungünstige Stimmungen auftauchen, so kann die Kraft des Gemüts auch gegen sie ankämpfen. Der höhere Segen gehört freilich auch da zum Gelingen. Allein man kann sicher annehmen, daß dieser Segen genau im Verhältnis steht mit der Anstrengung, mit der man selbst im Herzen zum Ziele zu gelangen strebt.

*

Man soll nicht bloß handeln, sondern es auch mit der Zuversicht tun, als hänge der Erfolg lediglich von Einem selbst ab. Auf den ersten Anblick scheint ein Widerspruch darin zu liegen, nach einem Erfolg, als von uns abhängig, zu streben, da man doch das Bewusstsein hat, daß er in einer fremden Hand liegt. Aber die Auflösung findet sich, dünkt mich, wenn man gerade den Eifer und die Inbrunst des Strebens mit dem demutsvollen Gefühl der eigenen irdischen Unzulänglichkeit verbindet. Indem alsdann die Anstrengung und Demut vereint sind, wird der Erfolg gesichert.

*

Die Dinge der Welt sind in ewigem Steigen und Fallen und in unaufhörlichem Wechsel, und dieser Wechsel muß Gottes Wille sein, da er weder der Macht noch der Weisheit die Kraft verliehen hat, ihn aufzuhalten und ihn zum Stillstand zu bringen. Die große Lehre ist auch hier, daß man seine Kräfte in schweren Zeiten doppelt anstrengen muß, um seine Pflicht zu erfüllen und das Rechte zu tun, daß man aber für sein Glück und seine innere Ruhe andere Dinge suchen muß, die ewig unentreißbar sind.

*

Wenn man die Welt weltlich betrachtet, so tritt vor zwei sich aufdrängenden gewaltigen Massen das Individuum ganz in den Schatten zurück, oder wird vielmehr in einen großen Strom fortgerissen. Dieser Eindruck entsteht nämlich, wenn man den Zusammenhang der Weltbegebenheiten und wenn man den Wechsel des sich auf der Erde ewig erneuernden Lebens ins Auge fasst. Was ist der Einzelne in dem Strome der Weltbegebenheiten? Er verschwindet darin nicht bloß wie ein Atom gegen eine unermessliche, Alles mit sich fortreißende Kraft, sondern auch in einem höheren, edleren Sinne. Denn dieser Strom wälzt sich doch nicht, einem blinden Zufall hingegeben, gedankenlos fort, er eilt doch einem Ziele zu, und sein Gang wird von allmächtiger und allweiser Hand geführt. Allein der Einzelne erlebt das Ziel nicht, das erreicht werden soll, er genießt, wie ihn der Zufall, worunter ich nur hier eine in ihren Gründen nicht erforschbare Fügung verstehe, in die Welt wirft, einen größeren oder kleineren Teil des schon in der Tat erreichten Zweckes, wird dem noch zu erreichenden oft hingeopfert und muß das ihm dabei angewiesene Werk oft Plötzlich und in der Mitte der Arbeit verlassen. Er ist also nur Werkzeug und scheint nicht einmal ein wichtiges, da, wenn der Lauf der Natur ihn hinwegrafft, er immer auf der Stelle ersetzt wird, weil es ganz widersinnig zu denken wäre, daß die große Absicht der Gottheit mit den Weltbegebenheiten durch Schicksale schwacher Einzelner auch nur um eine Minute könnte verspätet werden. In den Weltbegebenheiten handelt es sich um ein Ziel, es wird eine Idee verfolgt, man kann sich wenigstens, ja man muß es sich so denken. Im Laufe der körperlichen Natur ist das anders. Man kann da nichts Anderes sagen, als daß Kräfte entstehen und so lange auslaufen, als ihr Vermögen dauert. Solange man bei Einzelnen stehenbleibt, scheint darin ein Mensch gar sehr von anderen verschieden, verschieden an Tätigkeit, Gesundheit und Lebensdauer. Sieht man aber auf' eine Masse von Geschlechtern, so gleicht sich das Alles aus. In jedem Jahrhundert erneuert sich das Menschengeschlecht etwa dreimal, von jedem Lebensalter stirbt in einer gewissen Reihe von Jahren eine gleiche Zahl. Kurz, es ist deutlich zu sehen, daß die nur auf die Masse, auf das ganze Geschlecht, nicht auf den Einzelnen berechnete Einrichtung vorherrscht. Wie man sich auch sagen, und wie fest und tief man empfinden mag, daß darin einzig und ausschließlich allweise und allgütige Leitung waltet, so widerstrebt doch nichts so sehr der Empfindung des Einzelnen, zumal wenn sie eben schmerzlich bewegt ist, als dies gleichsam rücksichtslose Zurückwerfen des fühlenden Individuums auf eine nur wie Naturleben betrachtete Masse. Darum fand man es so empörend, wie einmal kurz nach der Französischen Revolution kalt berechnet wurde, daß die Zahl, aller vor den Gerichtshöfen gefallenen Opfer nur immer einen ganz geringen Teil der Bevölkerung Frankreichs ausmache. Dazu kommt noch, daß in dieser Betrachtung der Mensch sich mit allen übrigen Leben nur den am meisten untergeordneten vermischt. Dies Geschlecht vergeht und erneuert sich nicht anders als die Geschlechter der Tiere, und Pflanzen, die ihn umgeben. Diese Betrachtungen, welche ich die weltlichen nannte, verschlingen also das individuelle Dasein, und da man ihnen innere Wahrheit nicht absprechen kann, so würden sie das Gemüt in öde und hilflose Trauer versenken, wenn nicht die innere Überzeugung tröstlich aufrichtete, daß Gott Beides, den Lauf der Begebenheiten und den der Natur, immer so richtet, daß, die Existenz überirdischer Zukunft mitgerechnet, das Glück und das Dasein des Einzelnen darin nicht nur nicht untergeht, sondern im Gegenteil wächst und gedeiht. Die wahre Beruhigung, der wahre Trost, oder vielmehr das Gefühl, daß man gar keines Trostes bedarf, entstehen erst, wenn man die weltlichen Betrachtungen verlässt und zur Beschauung der Natur und der Welt von der Seite des Schöpfers übergeht. Der Schöpfer konnte den Menschen nur zu seinem individuellen Glück ins Leben setzen, er konnte ihn weder dem blinden Wechsel eines nach allgemeinen Gesetzen fortschreitenden Lebensorganismus hingeben, noch einem idealischen Zwecke eines lange vor ihm entstandenen und weit über ihn hinaus fortdauernden Ganzen opfern, dessen Grenzen und Gestalt er niemals zu überschauen im Stande ist Jeder einzelne zum Eintritt ins Leben Geschaffene sollte glücklich sein, glücklich nämlich in dem tieferen und geistigeren Sinne, wo das Glück ein inneres Glück, gegründet auf Pflichterfüllung und Liebe ist. In diesem Sinne regiert und liebt die Gottheit ihn und würdigt ihn ihrer Obhut. In ihm, in dem Einzelnen liegt der Zweck und die ganze Wichtigkeit des Lebens, und mit diesem Zwecke wird der Lauf der Natur und der Begebenheiten in Einklang gebracht. Nirgends ist die Vatersorge Gottes für jedes einzelne Glück so schön, so wahrhaft beruhigend ausgedrückt als im Christentum und im Neuen Testament. Es enthält die einfachsten, aber auch rührendsten und das Herz am tiefsten ergreifenden Äußerungen darüber.

*

Ich hege die Überzeugung, daß eine ruhige Fassung des Menschen ein würdiges und mehr als das, ein wirklich Pflichtmäßiges Aufnehmer der Beschlüsse der Vorsehung ist. Ich begreife, daß man einer Stimmung dieser Art nicht immer Herr sein kann; aber man kann danach streben und das recht ernstliche Streben ist das halbe Erreichen!

*

Ohne Kampf und Entbehrung ist kein Menschenleben, auch das glücklichste nicht, denn gerade das wahre Glück baut sich Jeder nur dadurch, daß er sich durch seine Gefühle unabhängig vom Schicksale macht.

*

Das Glück vergeht und lässt in der Seele kaum eine flache Spur zurück und ist oft gar kein Glück zu nennen, da man dauernd dadurch nicht gewinnt. Das Unglück vergeht auch (und das ist ein großer rost), lässt aber tiefe Spuren zurück, und wenn man es wohl zu benutzen weiß, heilsame, und es ist oft ein sehr hohes Glück, da es läutert und stärkt. Dann ist es eine eigene Sache im Leben, daß, wenn man gar nicht an Glück oder Unglück denkt, sondern nur an strenge, sich nicht schonende Pflichterfüllung, das Glück sich von selbst, auch bei entbehrender, mühevoller Lebensweise einstellt.

*

Kein Mensch ist so wenig bedürftig als ich, und darauf beruht ein großer Teil meines Glücks, denn jedes Bedürfnis ist, wie es befriedigt wird, nur eigentlich Stillung eines Schmerzes, und Alles, was darauf verwendet wird, geht dem reinen, ruhigen, stillen Genuss ab.

*

Es kommt nicht auf die äußere Ursache an, von welcher der Schmerz oder die Widerwärtigkeit entsteht, und der Himmel hat Schmerz und Widerwärtigkeit so weise verteilt, daß der äußerlich noch so vorzüglich Begünstigte darum keinen Augenblick hindurch freier ist von Anlässen und Ursachen inneren

127

Schmerzes. Außer der Resignation, Das zu tragen, was unabänderlich ist, bleibt doch auch der Genuss Dessen, was im inneren Leben unentreißbar bleibt: das Andenken an Alles, was uns teuer ist, der Umgang mit einigen Personen, denen wir geneigt sind, das Bewusstsein eines immer reinen Gemüts ein bewegtes Leben hindurch, die Genugtuung an einem sich selbst geschaffenen Dasein, Eine gewisse Stärke bedarf der Mensch in allen, auch den glücklichsten Verhältnissen des Lebens; vielleicht kommen sogar Unfälle, um dieselbe zu prüfen und zu üben, und wenn man nur den Vorsatz fasst, sie anzuwenden, so kehrt bald, auch selbst dadurch Heiterkeit in die Seele zurück, die sich alle mal freut, pflichtmäßige Stärke geübt zu haben.

*

Glück und Unglück verliert von seinem Wert, wenn es den Kreis der inneren Empfindung verlässt. Sowie die Wirklichkeit in der Tat immer armselig und beschränkt ist, so vermindert sich auch der Reiz jedes angenehmen Gefühls, wenn man es in Worte kleidet. Im Herzen, wo es entstanden ist, muß es bleiben und wachsen, und wenn es vergänglich ist, wieder vergehen und sterben. Mit dem Unglück ist es nicht anders. Der im eigenen Busen erhaltene Schmerz enthält etwas Süßes, von dem man sich nicht gern mehr trennen mag, wenn ihn die eigene Brust bewahrt.

*

Wenn das Glück (man verstehe nun darunter Schmerzlosigkeit oder positiven Genuss) mit einem reicheren und schöneren Dasein in Kollision kommt, sodass man von dem einen oder anderen nachlassen muß, so leugne ich nicht, daß ich es immer für besser halte, an Äußerem zu verlieren.

*

Mir kömmt es immer vor, daß die Art, wie man die Ereignisse des Lebens nimmt, ebenso wichtigen Anteil an unserem Glück und Unglück hätten als diese Ereignisse selbst. Den eigentlich frohen, heiteren Genuss kann man sich allerdings nicht geben; er ist eine Gabe des Himmels. Aber man kann viel dazu tun, das Unangenehme, dessen für Jeden das Leben immer viel herbeiführt, ruhiger aufzunehmen, mutiger zu tragen, besonnener abzuwehren oder zu vermindern. Man kann wenigstens vermelden, sich unnötige und ungegründete Besorgnis und Unruhe zu erregen. Wenn man das Eine und das Andere tut, sucht man sich darum nicht gleichsam frei von der Unabhängigkeit der höheren Mächte zu machen; man genießt ja dadurch noch lange kein Glück, man bewahrt sich nur vor zu unangenehmen Empfindungen. Man handelt aber gewiss im Sinne und nach dem Willen des Himmels, wenn man mit so viel Selbständigkeit, als die individuellen Kräfte zulassen, dem Geschick begegnet und sich seinen Einflüssen von innen heraus weniger zugänglich macht.

*

Allerdings gehört das vollkommene Gelingen unserer Unternehmungen der ursprünglichen Kraft wohl größtenteils an, die der Mensch nicht in seiner Gewalt hat. Es hängt wohl noch mehr von einem nicht zu erklärenden höheren Segen ab, der Einzelne begleitet und wohl auf der Lauterkeit ihrer Gesinnungen beruhen mag. Der Mensch vermag diesen Segen, wenn er ihm wirklich entsteht, nicht herbeizuzaubern; er scheint mit dem Menschen auf unsichtbare, geheimnisvolle Weise zusammenzuhängen. Aber die Begriffe von Glück und Unglück sind selbst bei Denen, die richtige Ideen zu haben pflegen, so unbestimmt und so irrig, daß ich von früh an immer gestrebt habe, mir darüber ganz klar zu werden, und wie ich dahin gelangt bin, habe ich gefühlt, daß man des Glücks, bis auf einen gewissen Grad wenigstens, immer sicher ist, sowie man sich von den äußeren Umständen unabhängig macht, sowie man lernt, Freude aus allem Erfreulichen in Menschen und Dingen zu ziehen, aber in Menschen und Dingen nichts eigentlich zu bedürfen.

*

Es ist die natürliche Folge aller inneren Tätigkeit und jeder recht lebendigen Regsamkeit der Einbildungskraft und des Gefühls, daß dadurch die wirklichen Ereignisse des Lebens mehr in Schatten treten, und das zu große Gewicht dieser, ihr zu helles Licht zu vermindern, ist immer heilsam, das Unglück schadet und drückt dann weniger, und das Glück fesselt nicht an seinen Genuss und macht den Gedanken erträglich, daß es immer leicht beweglich, vielleicht nicht immer bleiben wird.

*

Die Gegenwart ist eine große Göttin und selten schnöde gegen Den, der sie mit einem gewissen heiteren Mute behandelt.

*

Man muß das Gute auch am Rande des Abgrunds nicht aufgeben.

*

So Vieles im Leben, im Glück und im Unglück sogar, ist ja nichts als Täuschung, und so kann man auch dieser stillere Momente verdanken. Ich bin zwar von Besorgnissen für mich sehr frei, nicht gerade, weil ich mich weniger Unfällen ausgesetzt glaubte, oder weil ich mich vor nichts Menschlichem fürchte, sondern schon früh das Gefühl in mir genährt habe, daß man immer vorbereitet sein muß, jedes, wie das Schicksal es gibt, durchzumachen. Man kann sich aber doch nicht entschlagen, das Leben wie ein Gewässer zu betrachten, durch das man sein Schiff mehr oder minder glücklich durchbringt, und da ist es ein natürliches Gefühl, lieber den kürzeren als den längeren Raum vor sich zu haben. Diese Ansicht des Lebens, als eines Ganzen, als einer zu durchmessenden Arbeit, hat mir immer ein mächtiges Mittel geschienen, dem Tode mit Gleichmut entgegenzugehen. Betrachtet man dagegen das Leben nur stückweise, strebt man nur einen fröhlichen Tag dem anderen beizugesellen, als könne das nun so in alle Ewigkeit fortgehen, so gibt es allerdings nichts Trostloseres, als an der Grenze zu stehen, wo der Faden auf einmal abgebrochen wird.

*

Ergebung und Genügsamkeit sind es vor allem, die sicher durch das Leben führen. Wer nicht Festigkeit genug hat, zu entbehren und selbst zu leiden, kann sich nie vor schmerzlichen Empfindungen sicherstellen, ja er muß sich sogar selbst, wenigstens die zu rege Empfindung Dessen, was ihn ungünstig trifft, zuschreiben.

*

Gegen Menschen und gegen Schicksale ist es nicht bloß die edelste und sich selbst am meisten ehrende, sondern auch die am meisten auf dauernde Ruhe und Heiterkeit berechnete Gemütsstimmung, nicht gegen sie zu streiten, sondern, sich, wo und wie es nur immer das Verhältnis erlaubt, zu fügen, was sie geben als Geschenk anzusehen, aber nicht mehr zu verlangen, und am wenigsten missmutig über Das zu werden, was sie verweigern.

*

Daß die Zeit hingehe und geistig erfüllt werde, ist das Große und Wichtige im Menschenleben. Durchdringt man sich recht von dieser Idee, so wird man gegen Glück und Unglück, gegen Freude und Schmerz sehr gleichgültig. Was sind Glück und Unglück Freude und Schmerz anders, als ein Hinfliegen der Zeit, von der, nichts übrigbleibt, als was sich davon geistig gesammelt hat? Die Zeit ist das Wichtige im Menschenleben; denn was ist die Freude nach dem Verfliegen der Zeit? Und das Tröstliche, denn der Schmerz ist ebenso nichts nach ihrem

Verfließen; sie ist das Gleis, in dem wir der letzten Zeit entgegenwallen, die dann zum Unbegreiflichen führt. Mit diesem Fortschreiten verbindet sich eine reifende Kraft, und sie reift mehr und wohltätiger, wenn man auf sie achtet, ihr gehorcht, sie nicht verschwendet, sie als das größte Endliche ansieht, in der alles Endliche sich wieder auflöst.

*

Die bloße Wirklichkeit wäre unendlich arm ohne den Reiz der Einbildung, die freilich so gut eitle Schrecken als leere Hoffnungen in ihrem Schoße tragt, aber doch viel häufiger, wenn sie auch Täuschungen mit sich führt, ihnen schmeichelnd liebliche als zurückschreckende Farben leiht. Meist ist auch das in unsere Hände gegeben und hängt von der Seelenstimmung ab, auf die man auf vielfache Weise bei sich selbst einwirken kann. Ganz geht das aber freilich nicht. In jedem irgend tiefer bewegten Gemüt ist eine Hauptempfindung, von welcher die übrigen ganz oder mehr oder weniger abhängen. Ist es mit dieser leicht und freudig, so wird es auch der Ton der ganzen Seele. Mischt sich dagegen in diese düstere Besorgnis, oder nicht in Erfüllung gegangene Erwartung, so wird dadurch auch die ganze Seele umdüstert und verfinstert.

*

Es ist allerdings wahr, daß ich nichts zu meinem Glücke bedarf als mich. Aber das kann ich, wie streng ich mich untersuche, nicht tadeln; es ist vielmehr in mir die Frucht eines langen und darauf gerichteten Lebens gewesen. Ich lebe nämlich in Gefühlen, Studien, Ideen; diese sind es eigentlich, die machen, daß ich nichts Fremdes bedarf, und sie sind auf unvergängliche Dinge gerichtet, sie lassen mich nicht sinken, wenn mir Erwartungen fehlschlagen, wie ich es oft, wenn mir Unglücksfälle zustießen, erlebt habe. Nur wenn man in diesem Sinne nichts bedarf, kann man möglich frei von Egoismus sein; denn da man für sich nichts fordert, kann man Anderen hilfreicher sein. Man genießt auch dann jede Freude mehr, gerade, weil sie kein Bedürfnis ist, sondern eine reine, schöne Zugabe zum Dasein. Alles, was dem Bedürfnis ähnlich ist, hat die Eigentümlichkeit, daß man es viel weniger genießt, wenn man es hat, als es schmerzt, wenn man es entbehrt. Darum aber fühle ich (ich habe es ja mehr als einmal erfahren) den Verlust geliebter Personen wohl eher tiefer als Andere, wenn auch mit mehr Fassung und Ruhe. Nur die Wehmut setze ich nicht dem Glücke entgegen, sondern teile das Glück in wehmütiges und heiteres und setze jenes nicht gegen dieses zurück.

*

Der schnellere oder langsamere Rücklauf des Bluts übt allerdings Einfluss auf das Gemüt und darf bei Beurteilung Anderer nicht aus der Acht gelassen weiden. Indes ist es eine schöne Eigenschaft im Menschen und ein ihm von dem Schöpfer ausschließlich vor den übrigen Erdengeschöpfen eingeräumter Vorzug, daß er immer fühlt, daß er durch den Gedanken und durch den Entschluss jeden körperlichen Einfluss, wie stark er sein möge, hemmen und beherrschen kann. Es sagt dem Menschen eine innere Stimme, daß er frei und unabhängig ist, sie rechnet ihm das Gute und das Böse an, und aus der Beurteilung seiner selbst, die immer stärker und strenger sein muß als die Anderer, muß man jene ganz körperlichen Einflüsse völlig hinwegraffen. Es sind zwei verschiedene Gebiete, das der Abhängig-keit und, das der Freiheit, und durch den bloßen Verstand lässt sich der Streit beider nicht lösen. In der Welt der Erscheinungen sind alle Dinge derge-stalt verkettet daß man, wenn man alle Umstände bis auf die kleinsten und entferntesten immer genau wüßte, beweisen könnte, daß der Mensch in jedem Augenblick gezwungen war, so zu handeln, wie er gehandelt hat. Dabei hat er aber doch immer das Gefühl, daß er, wollte er in das hemmende Rad grei-fen und sich von dieser ihn umstrickenden Verket-tung losmachen, es vermöchte. In diesem Gefühl seiner Freiheit liegt seine Menschenwürde. Es ist aber auch Das, wodurch er gleichsam aus einer ande-ren Welt in diese eintritt. Denn im Irdischen allein kann nichts frei und im Überirdischen nichts gebun-den sein. Der Widerstreit ist nur dadurch zu lösen, daß es eine Herrschaft des ganzen Gebiets der Frei-heit über das ganze Gebiet der Abhängigkeit gibt, die. wir nur im Einzelnen nicht begreifen können, die aber die Verkettung der Dinge vom Uranfange so leitet, daß sie den freien Beschlüssen des Willens entsprechen muß.

*

Der körperliche Zustand hängt oft auch sehr viel von der Seele ab. Man suche sich vor allem zu erheitern und von allen Seiten zu beruhigen. Es ist dies freilich leichter zu sagen, als zu tun; aber viel vermag es doch, wenn man sich nur Alles, was Einem besorglich scheint, recht klar macht und vollständig auseinandersetzt und Alles in sich zurückruft, worin man mit dem Geschicke zufrieden sein oder es vielleicht sogar dankbar preisen kann. Gelingt es dem Geist, die Krankheit oder Kränklichkeit ganz aus sich zu entfernen und bloß in den Körper zu bannen, so ist unendlich viel gewonnen, und so erträgt sich danach körperliches Übel mit Fassung und wirklicher, nicht scheinbarer Ruhe, und erträgt sich nicht bloß, sondern hat sehr oft auch noch etwas die Seele schön und sanft Reinigendes. — Schiller litt sehr, litt dauernd, und wußte, wie auch eingetroffen ist, daß diese beständigen Leiden nach und nach seinen Tod herbeiführen würden. Von ihm aber konnte man wirklich sagen, daß er die Krankheit in den Körper verschlossen hielt. Denn zu welcher Stunde man zu ihm kommen, wie man ihn antreffen mochte, so war sein Geist ruhig und heiter und aufgelegt zu freundschaftlicher Mitteilung und interessantem und selbst tiefem Gespräch. — Wenn sich Schwäche mit Wallung des Bluts, Unruhe oder gar Verängstigung vereinigt und dies Leiden mehrere Jahre dauert, so begreife ich freilich wohl, daß es Überdruss am Leben überhaupt hervorbringen kann; diesem aber sollte man doch mit allen Kräften immer entgegenarbeiten. Ich will nicht einmal darauf zurückgehen, daß dies offenbar sogar gebotene Religionspflicht ist: aber das Leben ist schon, selbst wenn es am längsten währt, gegen die unendliche Zeit, wo man wenigstens keinen Begriff im voraus von der Art des Daseins hat, so kurz, daß man nicht mit seinen Wünschen die Schranken noch näher rücken, sondern sich vielmehr, so gut es irgend gehen will, darin betten muß, und gewiss ist es fast noch wichtiger, wie der Mensch das Schicksal nimmt, als wie es ist. Es ist eine sprichwörtliche Redensart, daß Jeder sich das seinige schafft, und man Pflegt das so zu nehmen, daß er es sich durch Vernunft oder Unvernunft gut oder schlecht bereitet. Man kann es aber auch so verstehen, daß, wie er es aus den Händen der Vorsehung empfängt, er sich so hineinpasst, daß es ihm doch wohl wird, wie viel Mangel es darbieten möge.

*

Wo die heitere Ruhe gestört ist, da erklingt die Harmonie nicht mehr rein und voll. Ich meine nämlich die innere Harmonie, die die notwendige Bedingung des glücklichen Lebens, ja die wahre Grundlage desselben ist. Wo diese Störung durch Kummer, durch Unruhe, durch irgend ein inneres Leiden, welcher Art es sein, möge, entsteht, begreift sich das von selbst. Aber ich möchte sagen, auch wo diese Ruhe durch Kummer und betrübende Ursache, durch Sehnsucht, durch Stärke eines Gefühls ins Schwanken gerät, ist der Seelenzustand, wenn er auch augenblicklich süß sein mag, doch nicht so schön, so erhebend, so der innersten und höheren Bestimmung, nach und nach, und soviel es dem Menschen hier gegeben ist, sich in die Ruhe und Unveränderlichkeit

des Himmels einzuwiegen, angemessen. Alles Hefti-
gere und Leidenschaftliche trägt mehr Irdisches an
sich. Doch bin ich weit entfernt, darum selbst wahre
Leidenschaft, wenn sie wirklich aus der Tiefe des
Gemüts stammt und auf, einen guten Zweck gerichtet ist, gewissermaßen zu verurteilen.

*

Es scheint ein ewiges Verhängnis im Zusammenhang zu walten, worin Niemand dem Schicksal ent-
gehen kann, was ihn für seine höhere Bestimmung
entwickeln soll, worauf es doch eigentlich ankommt.
Es ist nicht denkbar, daß die Vorsehung Das, was
wir Glück und Unglück nennen, einer Berücksichti-
gung würdige. So trostlos das auf den ersten Blick
scheint, so erhebend ist es zugleich, einer höheren
Ausbildung wert gehalten zu werden.

*

Es zeigt sich recht oft, daß die besten, edelsten, auf-
opferndsten Gefühle gerade die sind, die in unglückliche Schicksale führen. Es ist, als würden durch eine
höhere, weise Führung die äußeren Geschicke absichtlich in Zwiespalt mit den inneren Empfindungen
gebracht, damit gerade die letzteren einen höheren
Wert erlangen, in höherer Reinheit glänzen und
Dem, der sie hegt, eben durch Entbehrung und Leiden teurer werden sollten. So wohltätig die Vorsehung waltet, so kommt es ihr nicht immer auf das
Glück der Menschen an. Sie hat immer höhere
Zwecke und wirkt gewiss vorzugsweise auf die innere Empfindung und Gesinnung.

*

Der Gedanke einer verfolgenden Macht würde mir
immer fremd sein. Ich habe mich niemals mit den
Vorstellungen vertragen können, die eines solchen,
allem Guten feindseligen, am Bösen Gefallen fin-
denden Wesens Dasein annehmen. Im Neuen Testamente halte ich die dahin einschlagenden Stellen nur
für bildliche, sich an die Vorstellungen des Juden-
tums anschließende Ausdrücke für das Böse, das der
Mensch, auch wenn er gut ist und sich ganz schuldlos glaubt, doch immer in sich zu bekämpfen hat.

*

Es gibt unleugbar Personen, welchen mehr Widerwärtiges als Glückliches begegnet, und auch die sehr
Glücklichen haben kürzere oder längere Perioden,
wo der Verlauf der Umstände ihnen nicht zusagt und
sie gegen den Strom zu schwimmen genötigt sind.
Dies liegt aber, auch wo es gar nicht eigene Schuld
oder Folge unrichtig berechneter Verfahrungsweise
ist, in der natürlichen Verkettung der Umstände, wo
das allgemein Notwendige oder Unvermeidliche
dem Interesse des Einzelnen zuwider ist. Sehr oft,
und dies ist mir bei weitem wahrscheinlicher, kann
es auch Fügung der mit weiser und immer wohltätiger Strenge heilsam züchtigenden und prüfenden
Vorsehung sein; denn die Züchtigung überirdischer
und übermenschlicher Weisheit setzt nicht gerade
immer eine Schuld voraus. Es kann in den Wegen
und Pfaden der über alle menschliche Vernunft hin-
ausreichenden Einsicht liegen auch ohne Verschul-

den, zur bloßen heilsamen Zurückführung auch den ganz Schuldlosen zu züchtigen. Auch ist der Beste, wenn er nur die Selbstprüfung mit gehöriger Strenge anstellt, nicht von Flecken rein, und es können in seinen bewusstlosen Empfindungen solche liegen, die ihn zur Schuld führen würden, wo aber der Schuld durch die heilsam angebrachte Züchtigung vorgebeugt wird. Der Mensch selbst ist zu kurzsichtig und sein Blick zu trübe, dies einzusehen; allein de in der Höhe waltende Macht durchschaut es und weiß es zu lenken und zum Besten zu kehren. Alles Dies Pflege ich mir zu sagen, oft ohne äußere Veranlassung, allein auch besonders da, wo, wie's auch mir geschieht, das Schicksal den Wünschen entgegenwirkt und eine Periode der Widerwärtigkeit oder des. wahren Unglücks eintritt. Ich werde dann vorsichtiger als sonst im Handeln, und ohne mich im geringsten beugen oder betrüben zu lassen, suche ich durchzusteuern, so gut es gehen will. Wenn ich sage, ohne mich zu betrüben, so meine ich damit nicht, daß mich die einzelnen Unfälle nicht betrüben sollten (was unvermeidlich ist), sondern nur, daß ich ihr Eintreten überhaupt, die Wendung vom Glück zum Gegenteil nicht als etwas Feindseliges, sondern als etwas Natürliches, mit dem Weltgang und der menschlichen Natur eng Verbundenes und oft sogar Heilbringendes nehme. Nach dieser in mir festgewordenen Ansicht kann ich an eine verfolgende oder gar nur neckende Macht nicht glauben. Ich gestehe, daß ich einen solchen Glauben nicht einmal bei Anderen dulden oder unangefochten lassen könnte. Es ist eine finstere, beengte Vorstellung, die der Güte der Gottheit, der Größe der Natur und der Würde der Menschheit widerspricht. Dagegen hat der Glaube an eine, unter Zulassung und Leitung der höchsten, untergeordnete schützende Macht etwas Schönes, Beruhigendes und den reinsten und geläuterten Religionsideen Angemessenes. Ich möchte ihn daher Niemand rauben, der durch seine Natur angeregt wird, ihn zu haben und zu hegen. Mir ist er jedoch nicht eigen, und er gehört auf alle Fälle zu denjenigen religiösen Vorstellungen, die nicht allgemein geboten sind, sondern bei denen es auf die individuelle Stimmung und Reinigung ankommt.

*

Es gibt ein geheimes und unbemerktes Einwirken des Menschen auf die Dinge, was man ihm nicht schuld geben kann, weil es nicht innerhalb seines Bewusstseins liegt, aber was doch von ihm kommt. Ist nun die Stimmung innerlich eine ungünstige, düstere, von Heiterkeit fern, so bringt sie auch so etwas im Äußeren hervor; wenn man das Leben nicht leicht, oder doch wenigstens ruhig und gleichmütig mit einer gewissen Kälte, als wäre Einem Glück und Unglück ziemlich gleich, aufnimmt, so stellt es sich nicht bloß insofern noch drückender und lastender, daß man es schwerer empfindet, sondern es begegnet Einem, meiner Erfahrung nach, noch mehr Widerwärtiges. Auf große Dinge mag das, wie ich wohl glauben will, keinen Einfluss haben, aber auf die kleineren, die doch auch überwunden sein wollen, scheint es mir nicht abzuleugnen zu sein.

*

Ich liebe die Heiterkeit ungemein. Es ist nicht gerade die laute, die sich wie genießende Fröhlichkeit ankündigt, sondern die stille, die sich so recht und ganz über die innere Seele ergießt. Ich liebe sie in Anderen und mir vorzüglich der größeren Klarheit wegen, die in der Heiterkeit immer die Gedanken haben, und die für mich die erste und unerlässliche Bedingung eines genügenden Daseins im Leben für sich und im Umgänge mit Anderen ist. Die Wehmut führt auch bisweilen eine und oft noch größere Klarheit mit sich. Man steht und empfindet die Dinge in ihrer Nacktheit, wenn das Gemüt so tief in sich bewegt ist, daß der Schleier zerreißt, der sie sonst verhüllt. Aber es ist dies, wie ich es nennen möchte, eine schmerzliche Klarheit, die teuer erkauft werden muß, und sie zeigt die Gegenstände auch nur im Augenblicke und vorübergehend, wie man auch augenblicklich in die Tiefe des Himmels schaut, wenn der Blitz die Wolken zerreißt. Davon ist die leichte Klarheit ruhiger Heiterkeit himmelweit verschieden. Diese zeigt die Dinge teils, als gingen sie fremd vor Einem vorüber, teils als besitze man Stärke genug, sich nicht von ihnen bewegen zu lassen. Auf beide Weisen geht die Masse der Ereignisse wie im Schauspiel vorüber und das ist eigentlich die des Menschen würdigste Art sie anzusehen, ohne lange bei ihnen zu verweilen oder sich gar in sie zu vertiefen, immer eingedenk, daß es ein ganz anderes und würdigeres geistiges Gebiet gibt, in dem der Mensch wirklich sich heimatlich zu fühlen bestimmt ist. Wenn man das Fremde so nimmt und Dasjenige, was Anteil der Freundschaft und Zuneigung nur in der Tat zur Wirklichkeit macht, die sich auf keine Weise mehr als Schauspiel behandeln lässt, nicht mehr bloß die Phantasie und den Gedanken in Anspruch nimmt, sondern warm und lebendig das Herz ergreift, so behandelt man das Leben vielleicht auf die unter allen zweckmäßigste Art.

*

Der Mensch kann immer sehr viel für sein inneres Glück tun und, was er äußeren Ursachen sonst abbetteln müßte, sich selbst geben. Es kommt nur auf die Kraft des Entschlusses und auf einige Gewöhnung zur Selbstüberwindung an.

*

Ich weiß und fühle sehr wohl, daß in einem nicht sorgenfreien, eher sorgenvollen Leben unangenehme, verdrießliche Vorfalle widrige Störungen hervorbringen und der nach Ruhe schmachtenden und der Ruhe so innig bedürfenden Seele schmerzlich entgegentreten — aber es sind diese Stimmungen dennoch den Wolken zu vergleichen, die auch, bald licht und hell, bald dicht, und finster getürmt einherziehn. Es lässt sich auch da nicht immer sehen, woher sie kommen, wohin sie ziehen; aber die Sonne verscheucht sie; Die Sonne für das Gemüt ist der Wille. Allein wenn dies sehr leidet, reicht er nicht aus. Wir bedürfen dann Glauben. Glaube kann uns allein über das kleinliche tägliche Leben und irdische Treiben erheben, der Seele eine Richtung aufs

Höhere geben und auf Gegenstände und Ideen, die allein Wert und Wichtigkeit haben. Es gibt etwas, das gewiss höher zu achten ist als Alles, was man äußerlich und innerlich Glück zu nennen Pflegt. Es ist der Friede der Seele. Er wird nach Verschiedenheit der menschlichen Richtungen auf sehr verschiedenen Wegen gewonnen und erhalten. Der im äußeren Glück und selbst Glanz Lebende bedarf dieses Friedens ebenso sehr als der mit Kummer und Sorgen Beladene. Aber er erlangt ihn schwerer. Denn jener Friede ist ein einfaches Gefühl, das in verwickelten Verhältnissen schwerer gewonnen wird. Es beruht, freilich auf Ruhe und Reinheit des Gewissens, damit allein ist er aber nicht errungen. Man muß sich zufrieden mit seinem Schicksale empfinden, sich mit Ruhe und Wahrheit sagen, daß man das Schicksal nicht anklagt, sondern, wenn es glücklich ist, mit Demut, und wenn es unglücklich ist, mit Ergebung und mit wahrem Vertrauen in Gottes weise Führung empfängt. Da die schwerere, sorgenvollere Lage auch das Verdienst erhöht, sich ohne Klage zu finden und sich in ihr zu erhalten, oder aus ihr herauszuarbeiten, so gelangt man auf diesem Wege zur harmonischen Übereinstimmung mit dem, Geschicke, wie es auch sein möge.

*

Es gibt Tage und Jahre, die glücklich oder unglücklich für die Menschen sind. Das liegt freilich weniger im Schicksal als im Menschen, der sich immer selbst sein Schicksal macht. Es kommt wohl oft von den ersten Eindrücken her, die man beim Beginnen

144

des Jahres bekommt, und die gleich das Vertrauen auf sein Glück schwächen, oder gar Furcht vor Unglück oder wenigstens Besorgnisse erwecken. Bisweilen ist es auch bloß phantastisch. Wenn ich sage, daß Jeder sich selbst sein Schicksal macht, so ist das ein altes Sprichwort, freilich ein heidnisches, das aber auch, christlich genommen, einen richtigen Sinn hat. Es ist nämlich hier von dem inneren Schicksal die Rede, von der Empfindung, mit der man das äußere ausnimmt, und das hat der Mensch in seiner Gewalt. Er kann immer Ergebung, Fassung, Vertrauen auf wohltätige höhere Macht in sich erhalten und, wenn es ihm noch daran fehlt, in sich hervorbringen. Wenn der Mensch nicht darin allein von sich selbst abhinge, so gäbe es keine Freiheit.

*

Es gibt glücklicherweise etwas, das der Mensch festhalten kann, wenn er will, und über das kein Schicksal eine Macht hat. Kann ich mit dieser Erinnerung[18] ungestört in Abgeschiedenheit und Einsamkeit fortleben, so klage ich nicht und bin nicht unglücklich. Denn man kann großen und tiefen Schmerz haben und sich doch darum nicht unglücklich fühlen, da man diesen Schmerz so mit dem eigensten Wesen verbunden empfindet, daß man ihn nicht trennen möchte von sich, sondern gerade, indem man ihn innerlich nährt und hegt, seine wahre Bestimmung erfüllt. Die Vergangenheit und die Erinnerung haben eine unendliche Kraft, und wenn

18 An seine verstorbene Gattin.

auch schmerzliche Sehnsucht daraus quillt, sich ihnen hinzugeben, so liegt darin doch ein unaussprechlich süßer Genuss. Man schießt sich in Gedanken mit dem Gegenstande ab, den man geliebt hat und der nicht mehr ist; man kann sich in Freiheit und Ruhe überall nach außen hinwenden, hilfreich und tätig sein, aber für sich fordert man nichts, da man Alles hat, Alles in sich schließt, was die Brust noch zu fühlen vermag. Wenn man Das verliert, was Einem eigentlich das Prinzip des gedankenreichsten und schönsten Teils seiner selbst gewesen ist, so geht immer für Einen eine neue Epoche des Lebens an. Das bis dahin «Belebte ist geschlossen; man kann es als ein Ganzes überschauen, in seinem Gemüt durch Erinnerung festhalten und mit ihm fortleben, Wünsche aber für die Zukurft hat man nicht mehr, und da man durch diese Erinnerung eine beständige geistige Nähe gewissermaßen genießt, in allen seinen Kräften, sich gehoben empfindet, behält auch das Leben, das ja die Bedingung aller dieser Empfindungen ist, noch seinen Reiz.

*

Die zusammen die Lebensbahn gehen, müssen sich an einem Punkte scheiden; es ist glücklicher, wenn die Zwischenzeit sehr kurz ist, in der sie einander folgen. Allein aller Verlust von Jahren ist kurz gegen die Ewigkeit. In mir geht jetzt nichts Anderes vor, als daß mein Inneres sich ungekünstelt, unabsichtlich, ohne durch Vorsätze oder Maximen geleitet zu sein, bloß sich seinem Gefühl überlassend, mit der Lebens- oder Schicksalsperiode ins Gleichgewicht setze, in die ich unglücklicherweise früher getreten bin, als es der gewöhnliche Gang des Lebens erwarten ließ. An einem solchen Gleichgewichte darf es dem Menschen, meiner Empfindung nach, nie fehlen, das Streben danach sollte ihm wenigstens immer eigen sein. Es ist dies gar keine Klugheitsregel, kein Bemühen sich heftige Empfindungen zu ersparen. Das Setzen ins Gleichgewicht wird oft nur dadurch erreicht, daß man viel Schmerz, physischen und moralischen, in sein Dasein mit aufnimmt, aber es besteht darin die wahre Demütigung unter die Fügung des Geschickes, die ich mir immer als die erste und höchste Pflicht des Menschen betrachte.

*

In gutgearteten Seelen ist ein wahrer Schmerz, was auch seine Ursache sein möge, immer ewig, und wenn man behauptet, daß die Zeit oder andere Umstände ihn minderten, so sind das Worte, die nur für die schwächliche Empfindung Geltung haben, die der gehörigen Kraft, das einmal Empfundene dauernd festzuhalten, ermangelt. Die glücklichsten Begebenheiten ändern darin nichts. Auch können in dem wunderbaren menschlichen Gemüt Schmerz und Empfindung eines in anderer Hinsicht glücklichen Daseins gleichzeitig nebeneinander fortleben. Der Schmerz um verlorene Kinder in glücklich, lange nachher fortgeführten Ehen ist ein lebendiges, sich oft erneuerndes Beispiel davon. Auch muß es so sein. Der Mensch muß beständig sein und das Schicksal wechselnd erscheinen. Denn in sich hat auch das Schicksal seine, wenngleich von uns nicht eingesehene und nicht erkannte Beständigkeit.

*

Die Vorstellung eines Unglücks ist noch immer etwas ganz Anderes als das Unglück selbst, wenn es mit der furchtbaren Gewissheit seiner Gegenwart eintritt. Man muß daher auf nichts so wenig vertrauen und an nichts so unablässig arbeiten, als an seiner Seelenstärke und seiner Selbstbeherrschung, die, beide die einzigen sicheren Grundlagen des irdischen Glücks sind.

*

Was in der Natur der Dinge liegt und das Schicksal herbeiführt, darüber wäre es töricht und unmännlich zugleich, seine Ruhe und sein inneres Gleichgewicht zu verlieren.

*

Die Dinge im Menschenleben wirken in ihrem Charakter auf mich, und die Lust an ihrem rein ausgeprägten Charakter überwiegt meistens in mir ihr unmittelbares Gefühl auf mich und das Verhältnis, in dem sie zu mir stehen. Einigermaßen ist das nun bei allen Menschen der Fall. Das Mehr oder Weniger ist es nur, das hierin unter den Menschen den Unterschied hervorbringt, sonst sind auch, hierin Alle gleich. In mir ist nun gerade ein großes Übergewicht von dieser Seite, und ich bin sehr zufrieden damit. Ich habe offenbar mehr angenehme als unangenehme Empfindungen, ja mehr Glück dadurch. Indem ich die geradezu angenehmen weniger ungeduldig suche und die unangenehmen weniger ekelhaft zurückweise, kommen mir jene ungerufen. Es ist überhaupt eine sehr gewisse Sache im Leben, daß das Glück am meisten ungerufen kommt, je mehr man es gleichsam zurückstößt. Das steht auch schon vielfältig in der Schrift. Es kehrt nur dann in mehr dauernder und edlerer Gestalt zurück.

*

Das reine und besonnene Nachdenken über sich selbst schließt das Innere zusammen und gibt den Frieden, der gewiss immer das Werk Gottes ist, den aber doch, gerade nach Gottes deutlich zu erkennen gegebenem Willen, der Mensch nicht wie eine äußere Gabe von ihm erwarten, sondern durch die eigene Anstrengung seines Willens aus sich selbst schöpfen soll.

*

Es bleibt immer ein sehr wahrer Ausspruch, daß das Glück im Menschen selbst liegt. Das Freudige, was ihm der Himmel verleiht, beglückt nur, wenn es auf die rechte Art aufgenommen wird, und das Bittere und Herbe, das das Schicksal ihn erfahren lässt, steht es in seiner Gewalt sehr zu mildern.

*

Was auch gar keinen Trost zulässt, wie es denn allerdings solche Unglücksfälle gibt, hat Gott noch die Wehmut zu einer Art Vermittlerin zwischen dem Glück und dem Unglück, der Süßigkeit und dem

Schmerz geschaffen. Sie macht den Schmerz zu einem Gefühl, das man nicht verlassen mag, an dem man hängt, dem man sich überlässt mit dem Bewusstsein, daß es nicht zerstörend, sondern läuternd, veredelnd in jeder Art und auf jede Weise erhebend wirkt. Es ist ein Großes, wenn der Mensch die Stimmung gewinnt, gegen Alles, was ihn betrifft, bloß weil es menschlich ist, weil es einmal in irdischen Geschicken liegt, anzukämpfen, aber zugleich so aufzunehmen, wie es sich in der Bestimmung des Menschen, sich immer reifer und mannigfaltiger zu entwickeln, am besten vereint. Je früher man zu dieser Stimmung gelangt, desto glücklicher ist es. Man kann dann erst sagen, daß man das Leben erfahren hat. Und um des Lebens willen ist man doch auf der Welt, und nur was man in seinem Gemüt durch das Leben errungen hat, nimmt man mit hinweg. Es ist ein sehr großes Glück, wenn man all sein Denken und Empfinden an einen Gegenstand setzt. Man ist dann auf immer geborgen, man begehrt nichts mehr vom Geschick, nichts mehr von den Menschen, man ist sogar außer Stande, etwas Anderes von ihnen zu empfangen als die Freude an ihrem Glück. Man fürchtet auch nichts von der Zukunft. Man kann nicht ändern, was nicht zu ändern ist; aber das Eine, das Hängen an Einem Gedanken, Einem Gefühl, wenn es auch durch den grausamsten Schlag, der einen Menschen betreffen kann, nur zu dem Hängen an einer Erinnerung würde, das bleibt immer. Wer das stille Hängen an Einem Gedanken erreicht hat, besitzt Alles, weil er nichts Anderes bedarf und verlangt. Noch beruhigender und beglückender ist natürlich ein solches Hängen an Einem, wenn das Eine nichts Irdisches, sondern das Göttliche selbst ist. Aber auch im Irdischen ist solch ein treues, die ganze Seele einnehmendes Hängen an Einem Gefühl immer von selbst auf Das gerichtet, was im Irdischen selbst nicht irdisch ist. Denn was bloß Irdische ist nicht fähig, die Seele so auf sich zu heften. Der Probierstein der Echtheit des Gefühls ist nur, daß es von aller Unruhe frei, mit keiner Art des Begehrens gemischt sei, daß es nichts verlange, nichts fordere, keine andere Sehnsucht kenne, als in der Art, wie es ist, fortzudauern. Darum ist das Gefühl für Verstorbene ein so süßes, so reines, so der Sehnsucht hingegebenes Gefühl, das bis ins Unendliche fortwährt, ohne sich je zu zerstören, in dessen Wachstum selbst die Seele ohne Unterlass Kraft gewinnt, sich ihr in einer süßen Wehmut zu überlassen. Sobald das Gefühle für das Göttliche sind, sind es unstreitig die reinsten und von aller irdischen Beimischung am meisten geläuterten. Sie haben zugleich das Eigentümliche, daß sie der Erde nicht entfremden und doch allem Drohenden und Schmerzlichen, was die Erde auch oft hat, den Stachel und den Wermut benehmen. Da der Gedanke an die Verstorbenen mit allem Dem zusammenhängt, was sie im Leben umgab, so sind sie, statt vom Leben abzuführen, vielmehr immerfort Verknüpfungsmittel mit demselben; es gibt in jeder Lage noch immer Gegenstände, an welchen man sich die Verstorbenen als teilnehmend und noch mit dem Leben verknüpft denkt. Diese knüpfen auch den Zurückbleibenden noch an das Leben, aber es ist eine Verknüpfung, die dem Leben das Schwere benimmt, da man sich doch nicht mehr ganz als ihr angehörend betrachtet Wenn die liebsten Gedanken alle jenseits des Lebens sind, wenn das Leben keinen hat, der diesen die Waage halten könnte, so kann, was man sonst im Leben zu fürchten Pflegt, einem irgend gegen irdische Schicksale Gewaffneten nicht sonderlich furchtbar erscheinen. Zeit und Ewigkeit verknüpft sich im Gemüte zu einer Ruhe, die nichts mehr stört.

*

Ohne die durch innere Bearbeitung seiner selbst zu erlangende Ruhe bleibt man immer ein Spiel des Schicksals und verliert und gewinnt sein inneres Gleichgewicht, wie die Lage von Einem nur freudvoller oder leidvoller ist.

*

Der Mensch kann das Leben zu Dem machen, was er will, und ihm für sich selbst und Andere so viel Wert geben, als er Kraft hat es zu tun. Freilich versteht sich das von selbst nur in sittlich-geistiger Hinsicht, da der Mensch die äußeren Umstände nicht in seiner Gewalt hat und nur über sein Geistiges und Moralisches, über dieses aber ganz gebieten kann. Darum hat das Leben auch in bedenklichen Lagen, wenn man sich nur dabei in irgend ruhige Besinnung bringen kann, im eigentlichsten Verstand einen unschätzbaren und gar nicht zu berechnenden Wert. Man muß sich, meiner inneren Überzeugung nach, selbst anklagen, wenn es Einem leer an Interesse und an Freuden erscheint.

*

Das Glücklichsein, sich innerlich Glücklichfühlen ist keine Gabe des Schicksals und kommt nicht von außen. Man muß es sich, wenn es dauernd sein soll, immer selbst erkämpfen. Das ist aber auch tröstend, denn man kann es auch immer erkämpfen. Äußerlich immer, oder nur größtenteils glücklich, immer gesund, wohlhabend durch sich, gelingend in seinen Wünschen, kann selbst Gott nicht den Menschen machen; denn er hat die Menschen mir großer Weisheit in die Bedingungen der Welt gesetzt, und die erlauben das nicht immer. Aber innerlich glücklich kann er immer machen, denn dazu hat er uns die Kraft ins Herz gelegt: die Erhebung zu ihm, die Bewunderung seiner, die Liebe zu ihm, das Vertrauen auf ihn, alle die Empfindungen, durch welche sein Friede über uns kommt.

*

Der Kummer, der nach Hilfe und Trost verlangt, ist nicht der höchste und kommt nicht aus dem Tiefsten des Herzens.

*

Was von dem Berufen des Glücks gesagt wird, ist größtenteils Aberglaube, aber doch nicht ganz. Wenn das Rühmen mit etwas Gutem mit einer vermessenen, inneren Zuversicht, oder mit großer und ängstlicher Bangigkeit vor dem Umschlagen verbunden ist, so schlägt es immer leicht um. Man nennt es eine Strafe Gottes, oder man glaubt, daß es ein für alle mal in der sittlichen Weltordnung so eingerichtet sei,

daß das sich Überhebende wieder gedemütigt werden muß, so ist die Sache nicht abzuleugnen. Die
Erfahrung lehrt sie; sie liegt im Glauben aller uns
bekannten Zeitalter und Nationen, viele haben sie in
denkwürdigen Sprichwörtern, auch in Erzählungen,
überlieferten und erdichteten, niedergelegt.

*

Der Genuß entsteht durch die Tätigkeit; beide sind
aber immer verbunden. Es gibt allerdings auch Genuss, der wie eine reine Himmelsgabe uns zuströmt.
Den kann man aber nicht suchen, und es ist bekla-
genswert, wenn sich die Sehnsucht auf einen solchen
heftet. Aber der große Genuss, das große Glück, das
wahrhaft durch keine Macht entreißbare, liegt in der
Vergangenheit und in der gewissen Betrachtung, daß
das Glück zwar ein großes, schätzenswürdiges Gut,
aber daß doch die Bereicherung der Seele durch
Freude und Schmerz, die Erhöhung aller edlen Gefühle der wahre und letzte Zweck, übrigens Alles in
der Welt wechselnd und seiner Natur nach vergänglich ist. Durch diese Ansicht versinkt das Leben in
der Vergangenheit nicht in ein dumpfes Brüten über
vergangene Freuden oder empfundene Leiden, sondern verschlingt sich in die innere Tätigkeit, welche
das Gemüt in der Gegenwart beschäftigt.

*

Ich habe immer geglaubt, daß man zu innerer Frohheit, zu dem Gleichgewichte der Seele kommen
könne, wo Wunsch und Besitz ohne Selbstverleugnung zusammentreffen, wo man nicht zu viel ent-

behrt, indem man sich mit dem Vorhandenen begnügt, und wo man für Manches, das man allerdings vermisst, sich einen inneren, von den Umständen unabhängigen Ersatz verschafft.

*

Die Frohheit ist wie ein Sonnenglanz des Lebens. Er wird Keinem ganz und beständig zu Teil, und das Wort selbst umfasst auch wieder eine Menge von Graden und Abstufungen. Die Summe von allem Dem ist doch, daß der Mensch sich zuletzt immer aus seinem Inneren und Äußeren einen Seelenzustand bildet, der ihm eigentümlich ist und das Gleis wird, in dem sein Leben fortgeleitet. Es liegt darin eine große Wohltat der Vorsehung; denn das innere Streben nach Harmonie und Seelenerhebung gewinnt und behält doch immer die Oberhand.

*

Man ist allerdings in der Welt, um glücklich zu sein; aber der Gutgesinnte findet sein höchstes Glück in der Pflichterfüllung, und der Weise trauert nicht, wenn ihm auch kein anderes wird, als was er sich selbst zu schaffen im Stande ist.

*

Die meisten Leute machen sich nur durch übertriebene Forderungen an das Schicksal unzufrieden. Bei den Klagen, daß sie etwas aufgeben müssen, was sie früher genossen, vergessen sie innerlich dafür dankbar zu sein, daß sie es bis dahin ungestört genossen.

*

Viele Schrecknisse sind es größtenteils nur in der Einbildung. Selbst in vielen und wahren Krankheiten fügt diese bei Leuten, die furchtsam und ängstlich sind, noch Vieles hinzu. Die Unruhe, die gewisse Krankheiten mit sich führen, mindert sich, wenn man ihr moralische Ruhe entgegensetzt. Mit dem positiven Schmerz ist es allerdings anders; aber auch da kann man viel tun. Überhaupt gewinnt man sehr, wenn man die Krankheit nicht wie ein Leiden ansieht, sondern als eine Arbeit, die man durchmachen muß. Denn es ist gewiss, daß der Kranke viel zur Aufrechthaltung seiner Kräfte und zu seiner Heilung beitragen kann.

*

Durch etwas, was der Mensch einmal in seine Ordnung und in die Reihe der gewöhnlichen Naturereignisse aufgenommen hat, lässt er sich, ohne eben zu murren, vom Schicksal und sogar von Menschen Plagen. Nur das Außerordentliche ist ihm, wenn es verletzend ist, unangenehm und widrig. Es gesellt sich auch eine moralische Idee hinzu. Das Außerordentliche ist, oder erscheint vielmehr, als eine Ungerechtigkeit des Himmels.

*

Der Mensch hat sich, wenn er irgendein innerliches Leben gelebt hat, ein geistiges Eigentum von Überzeugungen, Gefühlen, Hoffnungen, Ahnungen gebildet: Dies ist ihm sicher, ja im eigentlichen Verstande unentreißbar. Kann er darin sein Glück, seine Beruhigung, seine stille Heiterkeit finden, so ist ihm diese gesichert und geborgen, wenn seine Stimmung auch wehmütig bleibt. Denn jeder Gegenstand edler Wehmut schließt sich willig an den eben genannten Kreis an. Sobald man überhaupt irgend etwas, was das Gemüt ergreift „in das Gebiet geistiger Tätigkeit hinüberfuhren kann, wird es leiden und mischt sich auf eine sehr versöhnende Weise mit Allem, was uns eigentümlich ist, wovon wir, wenn es auch schmerzt, uns nicht trennen könnten, ja nicht trennen möchten. Ich meine aber unter geistiger Tätigkeit nicht die der Vernunft; diese könnte ein fühlendes Gemüt nur zu starrer Resignation bringen, die immer eine Rühe des Grabes ist und nicht die schöne, lebendige Heiterkeit gewahren kann, von der ich hier rede. Die rein geistige Wirksamkeit hat aber ein viel weiteres Gebiet und verschmilzt mit der Empfindung gerade zu dem Höchsten, dessen der Mensch fähig ist, und diese Verschmelzung enthält das wahre Mittel aller wahrhaft hilfreichen Beruhigung. Der Gedanke verliert in ihr seine Kälte, und die Empfindung wird auf eine Höhe gestellt, auf der sich die verletzende einseitige Beziehung auf das persönliche Selbst und den Augenblick der Gegenwart abstumpft.

*

Man hört sehr oft fragen: was ist Glück? Wenn man unter dem Worte das Glück meint, durch das man im Leben in der letzten tiefsten Empfindung glücklich oder unglücklich ist, nicht bloß darunter einzelne Glücksfälle versteht, so ist es recht schwer, das Glück zu definieren. Denn man kann sehr vielen und

157

großen Kummer haben und sich doch dabei nicht unglücklich fühlen, vielmehr in diesem Kummer eine so erhebende Nahrung des Geistes und des Gemüts finden, daß man diese Empfindung mit keiner anderen vertauschen möchte. Dagegen kann man im Besitz recht vieler Ruhe und Genuss gewähren der Dinge sein, gar keinen Kummer haben und doch eine, mit den Begriffen des Glücks ganz unverträgliche Leere in sich empfinden. Notwendig wird also zum Glück eine gehörige Beschäftigung des Geistes oder des Gefühls erfordert, allerdings verschieden nach jedes Einzelnen Geistes- oder Empfindungsmaß, aber doch so, daß eines Jeden Bedürfnis dadurch erfüllt werde. Die Natur dieser Beschäftigung oder vielmehr dieses inneren Interesse richtet sich aber dann nach der individuellen Bestimmung, die Jeder seinem Leben gibt, oder vielmehr, die er schon in sich gelegt findet, und so liegt Glück oder Unglück in dem Gelingen oder Misslingen des Erreichens dieser Bestimmung. Ich habe immer gesunden, daß weibliche Gemüter in dies Gefühl lieber und williger eingehen als Männer und sich auf diese Weise ein stilles Glück in einer freudenlosen, ja oft kummervollen Lage bilden. Auch für das künftige Dasein ist diese Ansicht folgenreich; denn alles Erlangen eines anderen Zustandes kann sich doch nur auf einen bereits erfüllten gründen. Man kann nur erlangen, wozu man reif geworden ist, und es kann in der geistigen und Charakterentwickelung keinen Sprung geben.

*

Wer sich heiter zu erhalten sucht, der sorgt nicht bloß für sein Glück, sondern er übt wirklich eine Tugend. Denn die Heiterkeit, selbst die wehmütige, macht zu allem Guten aufgelegter und gibt dem Gemüte Kraft, sich selbst mehr aufzuerlegen und mehr für Andere zu leisten. Die Erhaltung der Heiterkeit, ja selbst unter weniger günstigen Umständen, zeugt auch von einem genügsamen, anspruchslosen Gemüt, das nicht selbstsüchtig immer sich vor Augen hat und, was ihm begegnet, für größer und merkwürdiger hält, als was Anderen zustößt. Es ist überhaupt ein schöner, erfreulicher Sinn, der die Einigkeit mit seinem Geschicke, soweit als es möglich ist, erhält, die Freuden heraushebt, die Jedem bleiben, und sie zu sammeln, zu genießen versteht, Es bewährt sich auch hier, daß das moralisch Schönste und Edelste auch das am meisten Glück Bringende ist und am sichersten das Gemüts in ruhiger und besonnener Tätigkeit erhält.

*

Die Klarheit entfernt alles Finstere, Melancholische, Wilde, Verworrene, daraus und aus der Ruhe entspringt der Mangel alles eigentlich Schwermütigen, die Festigkeit in der Betrachtung auch der fürchterlichsten Schläge des Schicksals und die milde Heiterkeit.

*

Man muß die Zukunft abwarten und die Gegenwart genießen oder ertragen.

(An Schiller.) Sie sind der glücklichste Mensch: Sie haben das Höchste ergriffen und besitzen Kraft, es festzuhalten. Es ist Ihre Region geworden, und nicht genug, daß das gewöhnliche Leben Sie darin nicht stört, so führen Sie aus jenem besseren eine Güte, eine Milde, eine Klarheit und Warme in dieses hinüber, die unverkennbar ihre Abkunft verraten.

*

Die große innere Angelegenheit des Menschen, ja man kann sagen die große innere Pflicht ist, sich in allen Wendungen des Schicksals mit seiner äußeren Lage ins Gleichgewicht zu setzen. Glück und Unglück sind doch nicht die Dinge, auf die es im Leben eigentlich ankommt. Auch der Schmerz, und gerade er, hat eine hohe läuternde Kraft, ja eine unaussprechliche Süßigkeit, wenn er sich wie Efeu ums Herz rankt. Er hat, selbst wenn er untergräbt, sein eigen sprießendes Leben. In jedem Menschenschicksale, und wäre es scheinbar das traurigste, liegt ein Keim eigener geistiger Entfaltung und zugleich wieder innerer Befriedigung, wenn das Gemüt nur still und empfänglich genug ist, sich ganz in Das zu versenken, was das Geschick Freudiges und Schmerzliches bringt. Jeder mag sich seinen Lebenszweck stecken, wie es ihm sein Busen gebietet, und ich möchte mit Keinem darüber rechten. Aber der meinige, mein wahres innerstes Lebensprinzip ist immer das gewesen, und wird es ewig bleiben, Alles, was das Leben herbeiführt, alle menschlichen Schicksale, die mich treffen können, immer voll in mich aufzunehmen, sie mich ganz durchwirken zu lassen, sie in Einklang mit Dem zu bringen, was unwandelbar in mir ist und in Jedem sein muß, und so mit dem Gefühle von der Erde zu scheiden, Alles, was sie mir darbot, genossen und gelitten und mein Erdenschicksal erfüllt zu haben. Denn wie man auch hin und her nachdenken mag, so bleibt doch, sobald man den Vergleichungsweise immer kleinlichen Tumult der Privat- und der öffentlichen Begebenheiten verlässt von der ganzen Menschengeschichte nichts übrig, als daß Millionen von Geschlechtern die Phasen des irdischen Daseins, wie die Raupe, die sich verpuppt, nacheinander vollenden. Die Natur um uns tut sichtlich Dasselbe; der Planet, den wir bewohnen, und seine Bahn fuhr gewiss auch dahin. Es ist eine bewundernswürdige und die Betrachtung großartig anziehende Anordnung, daß, indem das Wirken jedes Einzelnen immer vorübergehend und kurzdauernd ist, es nun doch Mittel gibt, die das Wirken fortpflanzen und sogar gewissermaßen verewigen, und daß, indem das Schicksal der Einzelnen lauter abgerissene Fäden bildet, wir wieder sehr lange und in sichtbarem, auch idealischem Zusammenhange durch große Teile der Erdgeschichte gehen, sodass sich daraus ein dem Ganzen des Menschengeschlechts und dem Planeten selbst angehörender Zusammenhang bildet. Der Einzelne scheint nur für diesen Zusammenhang dagewesen zu sein, an dem er aber weiter nicht teilnimmt. Auf das Leben, das er geführt hat, übt dieser Zusammenhang allerdings großen Einfluss aus, indem er die Lage bestimmt, in

161

der jeder Neugeborene in die Welt eintritt. Voll benutzt wird aber dieser Zusammenhang nur von Dem, der ihn im Geist überschaut, und es leuchtet daher doch daraus hervor, daß in der Absicht der Weltordnung dennoch der Gedanke, was er erfasst und hervorbringt, das Wichtigste ist. Der Gedanke ist aber nur im Individuum vorhanden, und so ist der letzte Zweck nur in diesem. Daraus fließt für mich die Überzeugung, daß, wenn der Mensch auch einmal da ist, bloß um das Eigenleben des Staubes, aus dem er gebildet ist, von dem Augenblicke des Werdens bis zum Vergehen zu durchlaufen, dann um auf jede Weise um sich her in Liebe und Pflicht so zu wirken, daß er bereit ist, in jedem Augenblicke diesem Wirken sein Dasein zu opfern, sein letztes Ziel doch nur am Ende das ist: bereichert durch die geübte Kraft, mit Allem aus dem Leben zu scheiden, was ihm das Leben gegeben hat. So stirbt er furchtlos und versöhnt ohne Erdensehnsucht, da ihm die Erde nur Stoff zu einer Bearbeitung darbot, mit ehrfurchtsvoller Scheu, aber auch mit wissbegieriger Spannung auf die Zukunft gerichtet. Mit allem Lieben, was ihm vorangegangen ist, tritt er nun, was das seligste und einzig gewisse Gefühl in dem Augenblick ist, wo Alles Dunkel und Rätsel ist, in gleiches Los. Sie, die er entbehren mußte, deckt die Erde, ihn wird sie decken; sie kann die Erde nicht gefangen halten, auch ihn wird sie nicht fesseln. Was er Teures zurücklässt, kommt ihm bald nach. Die kleinen Spannen irdischer Zeit verlieren in dem Augenblick, wo für ihn alles Zeitliche zusammensinkt, alles Maß. So ist Alles harmonisch in ihm und geht in Ernst und süße Wehmut auf, die überhaupt die Begleiterin alles Menschenschicksals, selbst der Freude ist. Wenn ich das Alles immer sonst empfunden habe, so empfinde ich es jetzt doppelt. (Nach dem Tode seiner Gattin.) Ich bin ruhig und klar in mir, bedarf keines Trostes, eigentlich keines Menschen, kann mich nicht unglücklich nennen, aber ich sehne mich auch nach keiner Freude, die mir nicht aus meinen inneren Gedanken und Beschäftigungen entspringt, und aus den Empfindungen, die mich an das Verlorene und an die Vergangenheit knüpfen, und sehe die Erdendinge wie aus einem fernen Gesichtspunkte an. Denn eine große Wohltat, welche die Teuren, die wir verlieren, an uns noch im Tode, und still in ihrem dunkeln Grabe ruhend, üben, ist, daß sie uns immer mehr und mehr dem Hängen an der Welt und Dem, was ihr angehört, entziehen. Auch im höchsten und zerreißendsten Schmerz ist es ein unrichtiger Ausdruck, daß man mit ihnen stirbt; aber sie ziehen uns, soviel es das Irdische erlaubt, mit sich in ein reineres, freier atmendes Leben empor. Darum heftet sich auch dauernde Dankbarkeit an sie. Denn aller Friede, jede geheime und süße Empfindung, jedes erfreuende und erhebende Vor- und Rückwartsdenken kommt mir noch immer von ihr und wird mir bis zum Grabe von ihr kommen. Die meisten Menschen haben gar keinen Begriff von dem Glücke, das ein Gefühl zu geben vermag, wenn man es zum begleitenden des Lebens macht, wenn es so mit tausend Armen das Dasein umschlingt, sich mit Allem gattet und mischt und überall das Leben erhöht, Jedes würdige und erhebende Gefühl gewinnt erst eigentlich recht durch die Dauer.

**Einsamkeit, Beschauung,
Selbst- und Naturbetrachtung,
Unabhängigkeit von allem Äußeren,
das Leben in Ideen.**

Ein einfach ruhig zufriedenes Stillleben ist eigentlich das Höchste, was der Mensch besitzen kann. Es ist meiner innersten Empfindung nach nicht nur dem nach außen hin mannigfach bewegten Leben vorzuziehen, sondern auch wirklich innerer, aber nur augenblicklich erscheinender Freude wenigstens gleichzusetzen. Die Stille und Ruhe gönnen dem inneren Sein eine tiefere Macht und ein freieres Walten, und es ist immer, meiner aus langer Erfahrung geschöpften Überzeugung nach, besser, wenn das Innere nach außen, als wenn umgekehrt das Äußere nach innen strömt. Es scheint zwar wohl, als könne sich das Innere nur von außen her bereichern und befruchten; allein dies ist ein trügerischer Schein, Was nicht im Menschen ist, kommt auch nicht von außen in ihn hinein; was von außen in ihn hineingeht, ist nichts als ein zufälliger Anhalt, an dem sich das Innere, aber immer aus seiner, nur ihm angehörenden eigentümlichen Fülle entwickelt. Sowie ein tiefer und reicher Gehalt inwendig vorhanden ist, so kommt es niemals soviel auf den äußeren Anlass der Entwicklung an. Jeder, auch der kleinste, ist hinreichend, da hingegen bei mangelndem inneren Gehalt auch der reichlichste äußere Zufluss wenig oder nichts hervorbringen würde.

*

Der Hang, sich eigentlich an Menschengestalten zu ergötzen, in ihnen wie unter Anwesenden zu leben, verträgt sich doch sehr gut mit dem entschiedensten Hange zur Einsamkeit. Sobald man mit Menschen umgehen muß, oder noch mehr, sobald man recht mit ihnen umgeht, befindet man sich selbst zu sehr in Tätigkeit, will sich auch wohl selbst geltend machen und wird von bloß reiner Beschauung abgezogen. Lebt man aber mit dem Hange zur Einsamkeit unter Menschen, was man von Zeit zu Zeit nicht vermeiden kann, so gehen sie mehr wie Figuren der Beschauung vor Einem vorüber, man richtet seine Aufmerksamkeit ganz auf sie und nicht auf sich selbst. Wie man auf sie wirkt, wie man ihnen gefällt, bleibt Einem sehr gleichgültig, wenn man sie nur in ihrer eigentlichen Natur sieht. Kehrt man dann in die wirkliche Einsamkeit zurück, so hat man viele Bilder um sich, und wenn man zu innerer Geistesbeschäftigung geneigt ist und aufgelegt, so entstehen aus den wirklichen Menschen idealische in der Phantasie, denen die wirklichen nur in den äußeren Umrissen zu Grunde, liegen. Alle moralischen Fragen, alle tieferen Betrachtungen über Leben und Zweck des Lebens, über Glück und Vollkommenheit, über Dasein und Zukunft gewinnen ein reicheres Interesse, erlauben mannigfaltigere Anwendungen, wie man sie gleichsam an so vielen Menschengestalten einzeln prüfen kann. Denn in jedem, auch selbst unbedeutenden Menschen, liegt im Grunde ein tieferer und edlerer, wenn der wirklich erscheinende nicht viel taugt, oder noch edlerer, wenn er in sich gut ist, verborgen. Man darf sich nur gewöhnen, die Menschen so zu studieren, und man kommt unvermerkt aus einem anscheinend alltäglichen Leben in eine ungleich höhere oder tiefere Ansicht der Menschheit überhaupt. Es ist ja eigentlich Das, worin das Gepräge jedes größeren Dichters liegt, diese Ansicht überall und, da er nur frei schaffen kann, ganz rein zu geben, oder vielmehr sie mitten aus aneinander gereihten, oft zufällig scheinenden Begebenheiten hervortreten zu lassen. Die Geschichte hat etwas Ähnliches. Das menschliche Wesen tritt auch schon reiner und größer in ihr hervor, als in den tausendfältigen kleinen Umgebungen der Gegenwart. Einen interessanten Charakter mehr im Bilde zu besitzen, ist ein eigentlicher Lebensgewinn, und mit dem Einzelnen verbindet sich nun bisweilen die von Städten, Zeiten, Gegenden.

*

Die Abgeschiedenheit spannt alle Vermögen eines weiblichen, in sich zarten und tiefen Gemüts höher, läutert die Seele und zieht sie ab von den kleinlichen, zerstreuenden Rücksichten, worein Frauen leichter verfallen als Männer. Auch gibt eine Frau, welche die Einsamkeit liebt und in ihr lebt, gleich den Begriff, daß sie keine Freude sucht, als die sie aus der Tiefe ihres eigenen Inneren schöpft, und das ist das Haupterfordernis, um einem selbst tiefen und besser fühlenden Mann zu gefallen und ein bleibendes unwandelbares Interesse einzuflößen.

*

Die wenigsten Menschen verstehen, wie unendlich viel in der Einsamkeit und gerade für eine Frau liegt. Wenn sie verheiratet ist und Kinder hat, ist ihr Familienkreis ihre Einsamkeit; im entgegengesetzten Falle aber ist es eine absolute, in der man wirklich allein lebt und wenig Menschen sieht.

*

Man lernt sehr gut, sich zu isolieren, mitten in Gesellschaft einsam zu sein, wenn man nur ein innerliches Interesse hat, das genug die ganze Seele einnimmt.

*

Meiner Natur ist es, mehr als billig ist, eigen, das Leben wie ein Schauspiel anzusehen, und selbst wenn ich in Lagen war, wo ich ernsthaft selbst mithandeln mußte, hat mich diese Freude am bloßen Zusehen der Entwicklungen der Menschen und Ereignisse nie verlassen. Ich habe darin zugleich eine große Zugabe zu meinem inneren Glücke und eine nicht geringe Hilfe bei jeder Arbeit selbst gefunden. Das Erste ist leicht begreiflich und entsteht auf doppelte Weise, Zuerst hat man die positive Freude am Anblick der wirkenden Kräfte, am Weiterrücken der sich in uns unbekannten Ursachen verflochtenen Dinge und Ereignisse, und dann wird man gleichgültiger gegen den Ausgang, insofern nämlich dieser uns selbst betrifft. Denn der Anteil an Anderen kann dadurch auf keine Weise geschwächt werden. Im Handeln selbst aber gewinnt man dadurch Ruhe, Kälte und Besonnenheit. Besonders bei großen Angelegenheiten gibt diese Ansicht gerade diese Überzeugung, daß sie, wenn sie auch gegen unsere Neigung ausschlagen, einen Gang gehen, der tief in den einmal feststehenden Plänen des Schicksals liegt, und auch nur das Mindeste dieses Planes zu ahnen, ist schon an sich ein über jedes andere gehendes geistiges Vergnügen, Bei eigenen Lebensbegebenheiten ist es, wenigstens bei mir, anders. Es würde mir immer nur Eitelkeit und Selbstsucht scheinen, die ich mir nie erlauben würde, wenn ich, was sich mit mir und meiner Persönlichkeit ereignet, gewissermaßen tiefen Plänen im Weltlauf zuschieben wollte. Es gehört freilich auch zum Ganzen, aber wie ein Atom, es interessiert mich geistig dabei nur, wie ich mich selbst betrage, wie ich die Ereignisse aufnehme, ob mit Festigkeit im Widrigen, mit Bescheidenheit im Günstigen, ob ich tue, was ein Mann seiner Pflicht und seinen Gefühlen schuldig ist Das Übrige mag auf- und abstürmen; ich suche mich darein zu finden, so gut es nun einmal gehen will. Aber auch bei den, von hohem Gesichtspunkte aus betrachtet, unbedeutenden Ereignissen meiner selbst und meiner Familie bleibt doch jenes Vergnügen der Beschauung der ins Spiel kommenden Personen, der Umstände u. s. f., was oft für so vieles auch wirklich Widrige entschädigt. Es versteht sich jedoch von selbst, daß diese Beschauungslust des Lebens nie aus bloßer Neugierde entstehen muß, daß sie nicht sein darf, wie vergnügungssüchtige Leute in die Komödie gehen. Sie muß entstehen aus dem lebhaften Interesse, das man an der Menschheit, nicht bloß an ihrem Glück, denn das Glück ist bei weitem nicht das Höchste, sondern an ihrem inneren Wert, ihrem Wesen und ihrer Natur nimmt, aus dem inneren unermüdlichen Streben, eben diese menschliche Natur tiefer in ihrem Inneren zu erkennen und, soviel es möglich ist, die Räder zu erahnen, welche die Schicksale der Menschen oft unauflöslich scheinend ineinander treiben und sie dann doch wieder so schonend auseinander rollen, daß wahre, nur nicht gleich eingesehene Harmonie daraus hervorgeht. Sowie Alles im Menschen nur auf die Höhe des Gesichtspunktes ankommt, auf den man sich stellt, so ist es auch hier. Ist der Gesichtspunkt der rechte, edel und gut, so kann nichts als wieder Gutes und Edles daraus hervorgehen.

*

Das Träumen in Bildern und Erinnerungen hat etwas ungemein Süßes, und strengt man sich an, ernsthafter und in gewisser Folge zu denken, so nützt es für die Arbeit des folgenden Tages. Ich ziehe dies einsame Sitzen einem Gespräche weit vor.

*

Ein rückwärts gehendes Vertiefen in die Vergangenheit, das zugleich ein Vertiefen in die mannigfachen Falten des eigenen Gemüts und Herzens ist, ist sehr wohltätig und heilsam. Wie gut man sich auch schon erkennen möge, so gewinnt das Bild, je öfter man es wieder zu zeichnen versucht, immer mehr Klarheit, Bestimmtheit und wird auch wohl in einzelnen Zügen noch berichtigt und der Wahrheit näher gebracht.

*

Es hat immer einen unendlichen Nutzen, sich so zu gewöhnen, daß man sich selbst zu einem beständigen Gegenstand seines Nachdenkens macht. Man kann zwar auch und mit gleicher Wahrheit sagen, daß der

Mensch wieder gerade sich gar nicht kennt, oder doch wenigstens nie recht. Beides ist wahr. Er weiß nämlich von Niemanden so viel, er kennt bei Niemanden so den geheimen Zusammenhang des Denkens und Wollens, die Entstehungsart jeder Neigung, jedes Entschlusses, und in dieser Art kennt er nur sich. Aber auf der anderen Seite kann er, wie er es auch wollen möge, nie unparteiisch gegen sich sein; denn Der, den er beurteilt, mit dem beurteilt er auch. Er ist also in Einseitigkeit befangen, und ich habe daher nichts lieber, als wenn Die, mit denen ich lebe, mich auf das allerfreieste und ohne allen Rückhalt beurteilen; man wird dadurch belehrt, man hört etwas, das man sich selbst so nun einmal nicht sagt, und auf irgend eine Weise, wenn es nicht mit Absicht verdreht wird, hat es doch Grund.

*

Die sittliche Würdigung kann nur die die Handlung begleitende Empfindung treffen, und diese kann nur das Gewissen selbst richten. So muß Jeder sich selbst ein Richter sein und ist es auch. Denn wo etwas Missbilligung verdient, sagt dies die innere Stimme lauter und verwundender, als fremder Tadel es je tun könnte. Auf ähnliche Weise ist es auch mit dem Lobe. Wer es empfängt, tut immer wohl, es mehr als eine freiwillige Gabe anzusehen, denn als einen verdienten Lohn. Dies leuchtet auch daraus klar hervor, daß man selten sich selbst auf dieselbe Art loben würde, als man von Anderen gelobt wird. Aber das Lob ist angenehmer zu hören und auch zu erteilen, und so ergießt es sich leichter, wenn man

nicht mit Unrecht Anstand nimmt, Tadel, selbst lei-
sen, geschweige denn bitteren, auszusprechen. Darum ist aber auch nicht immer viel nur das Lob zu
geben, und ich pflege es, wo es mich trifft, wie eine
angenehme Empfindung zu empfangen, die man
nicht so genau prüft, wie richtig sie sei, und mit der
man es nur überhaupt insofern streng zu nehmen hat,
daß man nicht durch sie verdorben wird.

*

Selbst ohne auch religiöse Gedanken an den Anblick
des Himmels zu knüpfen, hat es etwas unbeschreiblich Bewegendes, sich in der Unendlichkeit des Luft-
raums zu verlieren, und benimmt so auf einmal alle
kleinlichen Sorgen und Begehrungen des Lebens und
der Wirklichkeit ihre sonst leicht einengende Wichtigkeit, So sehr auch der Mensch für den Menschen
das Erste und Wichtigste ist, so gibt es gerade nichts
gegenseitig mehr Beschränkendes als die Menschen,
wenn sie, enge zusammengedrängt, nur sich im Auge haben. Man muß erst oft wieder in der Natur ein
höheres und über die Menschheit waltendes Wesen
erkennen und fühlen, ehe man zu den beschränkten
Menschen zurückkehrt. Nur dadurch gelangt man
dahin, die Dinge der Wirklichkeit nicht so wichtig zu
halten, nicht soviel auf Glück und Unglück zu geben,
Entbehrung und Schmerz minder zu achten und nur
auf die innere Stimmung, die Verwandlung des Geistes und Gemüts seine Aufmerksamkeit zu richten
und das äußere Leben bis auf einen gewissen Grad in
sich untergehen zu lassen.

*

Man kann eine Gegend immer, ihrem Charakter nach, nach Art eines Menschen betrachten, und die mannigfaltigen Modifikationen, welche die Verschiedenheit der Luft- und Wolkenbeschaffenheit dem Charakter der nämlichen Gegend gibt, entsprechen dann den verschiedenen Stimmungen des Gemüts und sind, wie sie, ruhig und bewegt, sanft und hart, fröhlich und traurig, ja auch wohl launen- und grillenhaft. Danach machen sie denn auch ihren Eindruck auf Den, der auf sie zu achten versteht, und ich kann wohl sagen, daß ich das Glück habe, diesen Eindruck nur immer so zu erfahren, wie er für die Seele Reiz hat, sie angenehm und lebendig spannt.

*

Wenn man auch lange auf das Grünwerden der Bäume warten muß, so ist es eine süße Erwartung, wie die alles Guten, das unfehlbar ist, weil es aus einer sich immer gleichbleibenden Güte quillt. Alle Freuden an dem Wechsel der Naturerscheinungen haben Das, daß sie zugleich moralisch sind, für das sie dankbar empfindende Herz. Diese Zuverlässigkeit, die in der Natur liegt und sich schon in ihrer Regelmäßigkeit ausspricht, durch die die gewöhnlichsten Begebenheiten, ja selbst der tägliche Sonnenauf- und Niedergang etwas Großes und Wunderbares erhalten; diese Zuverlässigkeit, verbunden mit der Wohltätigkeit alles Dessen, was aus der Natur auf den Menschen herabfließt, erteilt allen Empfindungen, die sich auf sie beziehen, eine erhebend beruhigende Fülle der Sanftheit, In unserem rauen Norden müssen wir freilich den Übergang zum Frühjahr mit bitteren Winterempfindungen erkaufen und das Bessere langsam erwarten. Aber dieser große Wechsel hat doch auch seine Vorzüge. Es schafft mehr und etwas Tieferes in dem Menschen, wenn er nach der Düsterheit, die doch immer den Winter begleitet, in die Milde heiterer Frühlingssonne übergeht.

*

Die wehmütige Empfindung, gerade in dem Aufleben der Natur, ist sehr begreiflich und ist wohl allen Menschen eigen, die tiefer empfinden und genauer auf sich achten. Sie hindert darum das frühe Teilnehmen an der erwachenden Natur gar nicht. Sie sprießt vielmehr aus der Tiefe dieser Empfindungen selbst, denn jede wahrhaft tiefe Empfindung im Menschen wird von selbst wehmütig. Sehr natürlich. Der Mensch fühlt seine Schwäche, sein dem Wechsel und der Vergänglichkeit unterworfenes Dasein; und indem er nun in diesem, ihn scheinbar nur mit Unglück und Widerwärtigkeiten bedrohenden Dasein eine unendliche, ihn rund umgebende Güte erblickt, da die ganze Natur, gerade in diesem ersten Aufkeimen, überzuquellen scheint, um ihn mit Genüssen aller Art zu bereichern, so ist er darüber in seiner innersten Tiefe gerührt, was sich nur in wehmütiger Freude aussprechen kann.

*

Eine andere Art der Wehmut und eine schmerzliche-
re kann auch, nach Beschaffenheit der verschiedenen
Stimmungen, daher entstehen, daß man den Eintritt
einer so großen Menge, wenn auch nicht nach
menschlicher Art lebender Wesen in erneuertes Dasein oder erneuerte Regsamkeit nicht ansehen kann,
ohne zugleich an ihre Rückkehr in Winterschlaf und
Tod zu denken, die ebenso Plötzlich eintreten wird.
Daß alles Leben nur ein der scheinbaren Vernich-
tung Entgegengehen ist, wird Einem nie so klar als
in dem regelmäßigen Wechsel der Jahreszeiten. Die
ganze Pflanzenwelt nun mit so harmlos zuversichtli-
cher Freude ins Leben treten zu sehen, als ahnte sie
gar nicht das winterliche Ersterben, hat ebenso etwas
tief Rührendes wie das Leben eines noch keine Ge-
fahren ahnenden Kindes.

*

Es ist gewiss ein beneidenswürdiger Vorzug der
südlichen Himmelsstriche, sich einer größeren
Gleichheit der Temperatur zu erfreuen. In anderer
Hinsicht ist diese Gleichheit der Natur wieder freu-
denloser und vielleicht gar in geistiger Hinsicht
nachteilig. Die Ankunft des Frühlings ist keine solche reine und mit Ungeduld erwartete Begebenheit,
da ihm der Winter gar nicht so unähnlich ist. Dies
wirkt natürlich auf die Seele, und wenn man annehmen kann, wie ich es wenigstens für sehr wahr halte,
daß jede leidenschaftliche oder doch tiefere Empfindung ihren ursprünglichen Grund in Eindrücken der
äußeren großen Natur, auch ohne daß wir es selbst in
Einzelnen bemerken, hat, so kann Einen es wohl

bedünken, daß die Sehnsucht gar nicht so in der Seele und dem Gemüte südlicher Völker tiefe Wurzel schlagen könne, wie unter uns, wo seit unserer Kindheit jedes Jahr die große und tiefe, aus der dumpf verschließenden Starrheit des Winters nach dem neu sprießenden und grünenden Erwachen der Natur zurückführt. Dies muß dann aber, da nichts in der Seele allein steht, auch auf die ganze Empfindungsart zurückwirken, und so mag es entstehen, daß auch in unseren Dichtern Alles mehr in kontrastierenden Farben mehr mit Schattenmassen, die das Licht bekämpfen, aufgetragen wird, daß Vieles freilich düsterer, finsterer ist, aber auch Alles tiefer, ergreifender und bei jeder noch so kleinen Veranlassung mehr aus dem Licht der äußeren Natur in das Dunkel und in die Einsamkeit des inneren Gemüts zurückführend erscheint. Die Stärke der Empfindung und der Leidenschaft, die dort als Glut stammt, hat hier eine andere Art des Feuers, ein mehr innerlich geheim kochendes und langsam verzehrendes. Diese Empfindung, diese Sehnsucht wird noch dadurch vermehrt, daß wir in diesen wenig Reize darbietenden Himmelsstrichen auf jene immer wie auf ein Paradies Hinblicken, das uns, wenigstens auf längeren und beständigen Wohnsitz, versagt ist. Das bringt in allen, hauptsächlich mit geistigen Dingen beschäftigten Menschen eine zweite große Sehnsucht hervor, die nur Wenigen fremd ist. Denn wer sich hier auch noch so wohl fühlt und auch nie einen anderen Himmelsstrich gesehen hat, kann doch nicht anders als empfinden, daß es schönere gibt und in jeder Art von der Natur reicher begabte. Es kann damit immerhin verbunden sein, daß er doch nicht seinen Aufenthalt mit einer Reise vertauschen würde; er kann in Dingen, die er wieder dort entbehren müßte, eine Entschädigung finden; allein darum ist das Anerkennen, daß ihm das minder Schöne zu Teil geworden ist, immer gleich gewiss, und davon kann eine Sehnsucht, wenigstens auf Augenblicke, nicht getrennt sein. Auch ist sie in allen deutschen und englischen Dichtern und spricht sich gleich aus, wie der Zusammenhang Gelegenheit dazu darbietet. Es hat, wenn man das viel Größere mit dem viel Geringeren vergleichen dürfte, eine Ähnlichkeit mit der Sehnsucht nach einem mehr von sinnlichen Schranken befreiten Dasein, die in jeder höher gestimmten Seele wirklich vorhanden ist, ohne daß man doch darum gerade das Leben augenblicklich zu verlassen wünscht.

*

Ich kann nicht sagen, daß an den Sternen mich so die Betrachtung ihrer Unendlichkeit und des unermesslichen Raumes, den sie einnehmen, in Entzücken setzt; dies verwirrt vielmehr nur den Sinn, und in dieser Ansicht der Zahllosigkeit und der Unendlichkeit des Raumes liegt sogar sehr Vieles, was gewiss nur auf menschlicher, nicht ewig zu dauern bestimmter Ansicht beruht. Noch weniger betrachte ich sie mit Hinsicht auf das Leben jenseits. Aber der bloße Gedanke, daß sie so außer und über allem Irdischen sind; das Gefühl, daß alles Irdische davor so verschwindet, daß der einzelne Mensch gegen diese in den Luftraum zerstreuten Welten so unendlich unbedeutend ist, daß seine Schicksale, sein Genießen und Entbehren, worauf er einen so kleinlichen Wert setzt, wie nichts gegen diese Größe verschwinden; daß dann die Gestirne alle Menschen und alle Zeiten des Erdbodens verknüpfen, daß sie Alles gesehen haben von Anbeginn an, und daß sie Alles sehen werden, darin verliere ich mich immer im stillen Vergnügen beim Anblick des gestirnten Himmels. Gewiss ist es aber auch ein wahrhaft erhabenes Schauspiel, wenn in der Stille der Nacht, bei ganz reinem Himmel, die Gestirne, gleichsam wie ein Weltenchor, herauf- und herabsteigen und gewissermaßen das Dasein in zwei Teile zerfällt. Der eine Teil, wie dem Irdischen angehörend, in völliger Stille der Nacht verstummt, und nur der andere heraufkommend in aller Erhabenheit, Pracht und Herrlichkeit. Dann wird der gestirnte Himmel, aus diesem Gesichtspunkte angesehen, gewiss auch von moralischem Einfluss. Wer, der sich gewöhnt hat, in dergleichen Empfindungen und Ideen zu leben und oft darin zu verweilen, könnte sich leicht auf unmoralischen Wegen verirren? Wie entzückt nicht schon der einfache Glanz dieses wundervollen Schauspiels der Natur!

*

Die Himmelskörper, die uns nur in langen Zwischenräumen von Jahren und dann auf kurze Zeit erscheinen, geben einen noch sinnlicheren Begriff der wahren Unbegreiflichkeit der Größe des Weltganzen. Man fühlt noch anschaulicher, daß es Ursachen geben muß, von deren Natur wir nicht einmal eine Vorstellung haben, welche diese Körper zwingen, so ungeheuer sich entfernende Bahren in solcher Schnelligkeit zu durchlaufen. Auf alle diese Fragen ist keine befriedigende Antwort zu geben, man kann sich aber die Ahnung nicht nehmen, daß der Zustand nach dem Tode Aufschluss darüber geben wird, und so knüpft sich das Interesse an die Lösung dieser Rätsel für uns an etwas Überirdisches an. Der Himmel und der Eindruck, den er auf das Gemüt durch seinen bloßen Anblick macht, ist so verschieden von der Erde in allen Gefühlen und Vorstellungen, daß, wer nur an der Natur des Erdbodens Gefallen findet, die Hälfte und gerade die wichtigste Hälfte der ganzen Naturansicht entbehrt. Ich sage darum nicht, daß sich der Schöpfer größer, wunderbarer, weiser oder gütiger am Firmament offenbart als auf der Oberfläche der Erde. Seine Macht, Weisheit und Güte leuchten aus jedem Wesen ebenso als aus dem größten Weltkörper hervor. Allein der Himmel erweckt unmittelbar im Gemüt reinere, erhabenere, tiefer eindringende und uneigennützigere, weniger sinnliche Gefühle.

*

Das mannigfache Schauspiel am Himmel regt die Seele tiefer und lebendiger an, als jeder irdische Reiz es tun könnte; daß es vom Himmel kommt, zieht wieder zum Himmel hin. Freilich alle mal wehmütig, aber doch groß und im Tiefsten ergreifend ist das allmälige Verglühen der Farben, das Ersterben des Glanzes, der zuletzt, noch ehe er der Dunkelheit Platz macht, von einem falben Grün überzogen wird.

Ich kann mich dabei nie erwehren, an etwas Ernsteres und Wichtigeres zu denken.

*

So einfach die Bewegung des Meeres scheint, so ewig anziehend bleibt es, ihr zuzusehen. Man kann es nicht mit Worten ausdrücken, was Einen gerade daran fesselt, aber die Empfindung ist darum nicht weniger wahr und dauernd. Viel trägt gewiss die Unermesslichkeit der Erscheinung, der Gedanke des Zusammenhanges des einzelnen Meeres, an dessen Küste man steht, mit der ganzen, Weltteile auseinander haltenden Masse bei. Diese malt sich wirklich, kann man sagen, in jeder einzelnen Welle. Das Dunkle, Unergründliche der Tiefe tut auch das Ihrige hinzu, und nicht bloß das der Tiefe, sondern auch das Unerklärliche, Unverständliche dieser wilden und unermesslichen Massen der Luft und des Wassers, deren Bewegungen und Ruhe man weder in ihren Ursachen, noch in ihren Zwecken einsieht, und die doch wieder ewigen Gesetzen gehorchen und nicht die ihnen gezogenen Grenzen überschreiten, denn die bewegtesten Wellen des Meeres laufen in spielenden Halbkreisen schäumend auf dem flachen Lande aus.

*

Sturm und Wellen geben der See erst Seele und Leben. Wie das Meer in seiner erhabenen Einförmigkeit immer die mannigfaltigsten Bilder vor die Seele führt und die verschiedenartigsten Gedanken erweckt, so ist mir erst jetzt bei den anhaltenden heftigen Stürmen recht sichtbar geworden, welche schmeichelnde Freundlichkeit das Meer gerade in seiner Furchtbarkeit hat. Die Welle, die, was sie ergreift, verschlingt, kommt wie spielend an, und selbst den tiefen Abgrund bedeckt lieblicher Schaum, Man hat darum oft das Meer treulos und tückisch genannt; es liegt aber in diesem Zuge nur der Charakter einer großen Naturkraft, die sich, um nach unserer Empfindung zu reden, ihrer Stärke erfreut und sich um Glück und Unglück nichts kümmert, sondern den ewigen Gesetzen folgt, welchen sie durch eine höhere Macht unterworfen ist.

*

Die Bäume haben darin etwas so Schönes und Anziehendes, auch für die Phantasie, daß, da sie ihren Ort nicht verändern können, sie Zeugen aller Veränderungen sind, die in einer Gegend vorgehen, und da einige ein überaus hohes Alter erreichen, so gleichen sie darin geschichtlichen Monumenten und haben doch ein Leben, sind doch wie wir, entstehend und vergehend, nicht starr und leblos, wie Fluren und Flüsse, von denen sonst das im vorigen Gesagte in gleichem Maße gilt. Daß man sie jünger und älter und endlich nach und nach dem Tode zugehend sieht, zieht immer näher und näher an sie an. Nur auf diese Weise verschwistern sich Gedanken und Empfindungen mit den uns in der Natur umgebenden Gegenständen.

*

Wer eine furchtlose Milde in sich trägt und bewahrt, sieht auch die umgebende Natur mit dem Auge seiner Gesinnung an, und das Anderen furchtbar und beengend Erscheinende ist ihm nur groß, feierlich und ernst. Dagegen fordern finstere, verschlossene, harte Gemüter eher Freundlichkeit und Lieblichkeit in bloß beschwichtigender Gestalt um sich, weil, wenn sie auch ihre Sinnesart nicht zu ändern gemeint sind, sie nicht wollen, daß ihnen selbst auf gleiche Weise gewissermaßen feindselig entgegengekommen wird.

*

Es ist ein Vorurteil, wenn man meint, daß das Vergnügen an der Natur gerade eine schöne Gegend erfordere. So unleugbar es ist, daß diese den Reiz unendlich erhöht, so ist der Genuss überhaupt nicht daran gebunden. Es sind die Naturgegenstände selbst, die, ohne auch für sich auf Schönheit Anspruch zu machen, das Gefühl anziehen und die Einbildungskraft beschäftigen. Die Natur gefällt, reißt an sich begeistert, bloß weil sie Natur ist. Man erkennt in ihr eine unendliche Macht, größer und wirksamer als alle menschliche, und doch nicht furchtbar. Denn es ist, als strahlte Einem jeder Naturgegenstand immer etwas Mildes und Wohltätiges entgegen, denn der allgemeine Charakter der Natur ist Güte in der Größe. Wenn man auch wohl von schauderhaften Felsen, schrecklich schönen Gegenden spricht, so ist die Natur niemals furchtbar. Man wird bald mit der wildesten Felsenschlucht vertraut und heimisch in ihr und empfindet, daß sie Dem, der einsiedlerisch zu ihr flüchtet, gern Ruhe und Frieden bringt.

*

Auf dem Grabe meiner Frau und meines Freundes blühen nun schon Frühlingsblumen. So geht die Natur ihren ewigen Gang fort und kümmert sich nicht um den in ihrer Mitte, vergänglichen Menschen. Mag uns das Schmerzhafteste und Zerreißendste begegnen, mag es sogar eine unmittelbare Folge ihrer eigenen, gewöhnlichen Umwandlungen oder ihrer außerordentlichen Revolutionen sein — sie verfolgt ihre Bahn mit eiserner Gleichgültigkeit, mit scheinbarer Gefühllosigkeit. Diese Erscheinung hat, wenn man eben vom Schmerz über ein schon geschehenes Unglück oder von Furcht vor einem, drohenden ergriffen ist, etwas wieder schmerzlich Ergreifendes, die innere Trauer Vermehrendes, etwas, das schaudern und starren macht. Aber sowie der Blick sich weiter wendet, sowie die Seele sich zu allgemeinen Betrachtungen sammelt, sowie also der Mensch zu der Besonnenheit und Ergebung zurückkehrt, die seiner wahrhaft würdig sind, dann ist gerade dieser ewige, wie an ihr Gesetz gefesselte Gang der Natur etwas unendlich Tröstendes und Beruhigendes. Es gibt denn doch auch hier schon etwas Festes, „einen ruhenden Pol in der Flucht der Erscheinungen", wie es einmal in einem Schiller'schen Gedicht sehr schön heißt. Der Mensch gehört zu einer großen nie durch Einzelnes gestörten noch störbaren Ordnung der Dinge, und da diese gewiss zu etwas Höherem und endlich zu einem Endpunkte führt, in dem alle Zweifel sich lösen, alle Schwierigkeiten sich ausgleichen, alle früher oft verwirrt und im Widerspruch klingenden Töne sich in Einen mächtigen Einklang vereinigen, so muß auch er mit eben dieser Ordnung zu dem gleichen Punkte gelangen. Der Charakter, den die Natur an sich trägt, ist auch immer ein so zarter, kein, auch die feinste Empfindung verletzender. Die Heiterkeit, die Freude, der Glanz, den sie über sich verbreitet, die Pracht und Herrlichkeit, in die sie sich kleidet, haben nie etwas Anmaßendes oder Zurückstoßendes. Wer auch noch so tief in Kummer oder Gram versenkt ist, überlässt sich doch gern den Gefühlen, welche die tausendfältigen Blüten des sich verjüngenden Jahres, das fröhliche Zwitschern der Vögel, das prachtvolle Glänzen aller Gegenstände in vollen Strahlen der immer mehr Stärke gewinnenden Sonne erwecken. Der Schmerz nimmt die Farbe der Wehmut an, in welcher eine gewisse Süßigkeit und Heiterkeit selbst ihm gar nicht fremd sind. Sieht man endlich die Natur nicht wirklich als das All, als das die Geister- und Körperwelt vereinigende Ganze an; nimmt man sie nur als den Inbegriff der dem Schöpfer dienenden Materie und, ihrer Kräfte, so gehört nicht der Mensch, sondern nur der Staub seiner irdischen Hülle ihr an. Er selbst, sein höheres und eigentümliches Wesen, tritt aus ihren Schranken heraus und gesellt sich einer höheren Ordnung der Dinge bei.

*

Die Nacht hat etwas unglaublich Süßes. Die heiteren Ideen und Bilder, wenn man solche haben kann, wie ich ehemals oft erfahren, nehmen einen sanfteren, schöneren, in der Tat seelenvollen Ton an; dabei ist es, als ob man sie inniger genösse, da in der Stille nichts, nicht einmal das Licht sie stört. Kummervolle und schwermütige Erinnerungen und Eindrücke sind dagegen auch milder und mehr von der Ruhe durchströmt, die jede Trauer leichter und weniger zerreißend macht. Man kann auch dem Kummer ruhiger nachhängen, und ein tiefes Gemüt sucht doch nicht den Kummer zu entfernen, am wenigsten zu zerstreuen, sondern sucht ihn so mit dem ganzen Wesen in Einklang zu bringen, daß er Begleiter des Lebens bleiben kann. — Bedenkt man auf der anderen Seite wieder, wie freudig und schön das Licht ist, so gerät man in ein dankbares Staunen, welch einen Schatz des Genusses und wahren Glückes die Natur allein in den täglichen Wechsel gelegt hat. Es kommt nur darauf an, ein Gemüt zu haben, ihn zu genießen, und das liegt doch in jedes Menschen eigener Macht. Alle Dinge, die Einen umgeben, schließen für den Geist und die Empfindung Stoff zur Betrachtung, zum Genuss und zur Freude in sich, der ganz verschieden und unabhängig ist von ihrer eigentlichen Bestimmung und von ihrem physischen Nutzen; je mehr man sich ihnen hingibt, desto mehr öffnet sich dieser tiefere Sinn, die Bedeutung, die halb ihnen, die sie veranlassen, halb uns, die wir sie finden, angehört. Man darf nur die Wolken ansehen. An sich sind sie nichts als gestaltloser Nebel, als Dunst, Folgen der Feuchtigkeit und Wärme, und wie beleben sie, von der Erde gesehen, den Himmel mit ihren

Gestalten und Farben, wie bringen sie so eigene Phantasien und Empfindungen in der Seele hervor!

*

Man genießt die Natur auf keine andere Weise so schön, als bei dem langsamen, zwecklosen Gehen. Denn das gehört namentlich zum Begriff selbst des Spazierengehens, daß man keinen ernsthaften Zweck damit verbindet. Seele und Körper müssen in vollkommener und ungehemmter Freiheit bleiben, man muß kaum einen Grund haben, auf eine oder die andere Seite zu gehen. Alsdann befördert die Bewegung die Idee, und man mag etwas Wichtiges denken oder sich bloß in Träumen und Phantasien gehen lassen, so gewinnt es durch die Bewegung des Gehens besseren Fortgang, und man fühlt sich leichter und heiter gestimmt.

*

Die Lage ist immer an einem Orte, nicht bloß wenn man durchkommt, das Erste und Anziehendste, sondern auch zum Bleiben und Leben. Denn zuerst muß man sein Leben doch allein auf sich berechnen. Man kann erst den Anderen etwas sein, wenn man sich erst selbst genügt, und dazu trägt nichts so entscheidend bei als die Natur.

*

Es ist nicht auszusprechen, wie viel der Himmel beiträgt, die Erde zu verschönern. Das ist umso bewundernswürdiger an ihm, da Alles daran so einfach ist, nur Gestirn und Wolken und das unermessliche

Gewölbe, das allein eine Unendlichkeit ist, in welche der Geist sich vertieft und die Einbildungskraft sich verliert. Die Erde leuchtet wirklich nur in dem Glänze, den er über sie ausgießt. Italien ist in der Tat nicht darum um soviel reizender als Deutschland, weil die Erde, das Land soviel schöner, sondern weil der Himmel so ganz ein anderer ist, so tief blauer am Tage und schwärzer in der Nacht und die Gestirne so unendlich viel strahlender. Auf der anderen Seite aber ist es sonderbar, daß der Himmel aber doch eigentlich nur so schön und mild ist, weil er, so fern, das Auge nur wie ein optischer Zauber berührt und jede andere materielle Einwirkung hinwegfällt. Er ist auch sinnlich, wie wir ihn sehen, doch was die Schönheit der Sterne angeht, mehr ein Gegenstand des Geistes und der Phantasie als der eigentlichen Wirklichkeit. Wenn man sich eine Planetenreise als möglich denken könnte, wäre sie, scheint es mir, nur ein Gegenstand der Furcht und des Entsetzens. Wäre man über die Grenzen unseres, nur in der Höhe ganz unlieblichen Dunstkreises hinaus, so geriete man in das Rollen und in den Wirbel dieser gigantischen Weltkörper, die in der Nähe, als Licht- oder Schattenmassen, gleich furchtbar warm. Selbst schon eine Nähe, in der viele Gestirne größer erschienen, wäre nicht wünschenswert. Die größeren Lichter in größerer Zahl würden einförmiger sein und die kleineren und entfernteren überglänzen und unsichtbar machen. Ich kann mir nicht vorstellen, daß mehrere Monde, wie andere Planeten sie haben, unsere Nächte verschönern würden. Ein Anderes ist's mit dem Saturnusringe. Wenn man sich diesen wie eine goldene Doppelbrücke über den Himmel gespannt denkt, so muß es allerdings einen wundervollen Anblick gewähren. Es scheint also aus Allem hervorzugehen, daß der Himmel, dem man sich, das Wort geistig genommen, so nahe wünschen muß, körperlich für unsere Empfindungen schöner in der Entfernung ist.

*

Ich bin von den Menschen durch Fügung des Schicksals insofern unabhängig geworden, daß meine Freuden, mein Glück, mein eigentliches Dasein nur aus der Vergangenheit, aus einer geistigen Gegenwart und aus ganz der Zeit und dem Räume fremden Ideen fließen. Das trage ich in mir, darin lebe ich und dazu brauche ich nichts außer mir.

*

Lieblichen Genuss der Phantasie rechne ich zu den höchsten, die den Menschen gegeben sind, und in vieler Rücksicht ziehe ich ihn der Wirklichkeit vor. In diese kann immer leicht etwas störend eintreten, aber jene nähert sich den Ideen, und das Größte und Schönste, das Menschen zu erkennen im Stande sind, bleiben doch die reinen, nur mit dem inneren Blick erkennbaren Ideen. In ihnen zu leben ist eigentlich der wahre Genuss, das Glück, was man ohne Beimischung irgend einer Trübheit in sich aufnimmt. Nur haben wenig Menschen eigentlich Sinn dafür. Denn es gehört dazu eine Neigung der Beschallung, die in Menschen unmöglich ist, bei denen Sinnlichkeit und innere moralische Empfindung in Verlangen und zum Genuss übergehen. Ich bin von diesem Verlangen mein ganzes Leben hindurch sehr frei gewesen und habe daher mehr durch den Anblick am Inneren und Äußeren genossen und in beiden Rücksichten mehr die Wahrheit der Dinge erkannt, ohne mich Täuschungen hinzugeben.

*

Meinen Gleichmut, meine beständige Ruhe, aus der natürlich auch Milde gegen Menschen und Verhältnisse entspringt, schöpfe ich aus von aller kleinlichen Wirklichkeit entfernten Ideen. Denn wenn sich die Seele in ihrem klaren und bewussten Zustande auch mit etwas Anderem zu beschäftigen durch die Umstände genötigt ist, so bleiben die Ideen doch, wie das Bett, in dem sich ein Fluss bewegt, und teilen der Seele ihre stille Klarheit mit. Die recht frommen Menschen leben eigentlich auch so, und wo in ihnen dieser Zustand von aller Heuchelei und Selbsttäuschung frei ist, wo er in einem echten Hinwandeln in Wahrheit und Demut besteht, da ist der Ruhe wohl kein Zuwachs zu geben, die daraus entspringt. Hat man sich einmal an dies Leben in Ideen gewöhnt, so verlieren Kummer und Unglücksfälle ihren Stachel. Man ist wohl wehmütig und traurig, aber nie ungeduldig, noch ratlos. Ich knüpfe, weil ich einmal diese Gewohnheit gefasst habe, dies Nachdenken immer an gelehrte Beschäftigungen, aber ich suche mich immer und an jedem Punkte darin zu freien Ideen zu erheben, die sich dann an Alles, was nicht wirklich, und an Alles, was in der Wirklichkeit echten und wesenhaften Glanz, Gehalt und Reiz hat, knüpfen. In dieser höheren Region werden die Ideen, die als gelehrte Beschäftigungen nur für Wenige bestimmt scheinen, wieder einfach und knüpfen sich an das allgemein Menschliche an.

*

Man lernt doch Das, dem man sich so ganz, so ausschließend, so in fester Beharrlichkeit widmet, besser kennen, und je länger man dabei verweilt, desto mehr scheint an ihm in der Betrachtung hervorzutreten. Man kann in der Tat nicht sagen, daß die Dinge der Welt Dasjenige, was an ihnen zu sehen ist, offen daliegen haben. Der Eine sieht, was dem Anderen entgeht, und es ist, als wenn der Blick, wenn er durch gehörige Vertiefung geschärft wird, erst selbst den Gegenstand erschlösse. Die einfachsten Sachen können darum Denjenigen, der einmal diesen Hang hat, sehr lange Zeit und nicht auf eine leere, nutzlose Weise beschäftigen. Vorzüglich finde ich immer, geht bei dieser anhaltenden Betrachtung, wenn sie nicht bloß Gedanken, sondern Gegenstände der Welt betrifft, Dasjenige auf, was die Zeit an ihnen gearbeitet hat, die Spur der Vergangenheit in der Gegenwart, ja oft auch die leise Ahnung der Zukunft, welcher die Gegenwart entgegengeht. Darin liegt auch einer der höchsten Reize. Denn Alles, was das Laufen und das ununterbrochene Fließen der Zeit versinnlicht, zieht den Menschen unendlich und unnennbar an. Sehr natürlich, da er selbst das Geschöpf der Zeit ist, da seine Schicksale auf ihr wie auf einem immer wogenden Meere schweben, da er nie weiß, ob er sich der Gegenwart sicher vertrauen darf, und ob nicht eine trügerische Zukunft seiner wartet. Dies tiefere Eindringen in die Gegenstände, das man dem Hange zur Vertiefung dankt, wäre aber noch der mindeste Vorteil; denn es gibt gar wenige Dinge, welche ein solches Eindringen verdienen. Das viel Wichtigere dabei ist der Gewinn, den der Geist in sich, aus diesem sich Sammeln auf Einen Punkt, aus dieser Genügsamkeit mit wenigen Gegenständen, auf die er sich vereinzelt, zieht. Es entspringt notwendig daraus eine größere geistige Innigkeit, eine höhere Wärme, eine Liebe, mit der man Das umfasst, mit dem man sich gleichsam allein in der Welt suhlt. Dadurch wird auf den Charakter selbst gewirkt, oder vielmehr, da nichts Äußeres hinzutritt, sondern dieser Hang aus dem Charakter selbst hervorgeht, so entwickelt sich der Charakter dadurch und bildet sich zu einer höheren Würde und gehaltvolleren Schönheit aus. Denn es gibt Ideen, mit denen er gleichsam zusammengewachsen ist, die er nie aufgeben möchte, die ihn wie beständige Leiter, Freunde, Tröster begleiten, und diese Ideen, die so zu ihm treten, sind gerade immer die eigentümlichen, diejenigen, die ein Anderer oft gar nicht, oft erst nach Jahren, verstehen und begreifen kann, was gar nicht darin liegt, daß sie ihm, wie man es auszudrucken pflegt, zu hoch, zu verwickelt wären, sondern nur darin, daß sie so unzertrennbar mit einem anderen Individuum verbunden sind. In Ideen dieser Gattung würde ich nie von dem Allerkleinsten, ohne vollkommene Änderung meiner früheren Überzeugung, zurückgehen; es kann nichts geben, was für dies Zurückgehen Entschädigung gewährte, und welches Opfer auch einer solchen zu tiefer Überzeugung gewordenen Idee gebracht werden müßte, so kann es nie, gegen sie selbst gehalten, zu groß sein. Die Festigkeit aber, die darin sich ausspricht, ist keine eigensinnige, sie entsteht nicht einmal allein aus Verstandesüberlegung. Denn ob sie gleich an sich freilich, wie die Überzeugung von Demjenigen, was von dieser Festigkeit begleitet ist, aus dem Verstande entspringt, so gesellt sich nun in einem Gemüte, das den Hang besitzt, eine Idee und einen sich mit ihr verbindenden Gegenstand ganz und gewissermaßen ausschließend zu umfassen, dazu Wärme, Empfindung und eigentliche Liebe. Das ganze Leben wird durch diese Stimmung innerlicher, und wo sie recht einheimisch geworden ist, dauert sie, wie ich in verschiedenen Perioden meines Lebens erfahren habe, auch in derselben Innerlichkeit mitten unter großen äußeren Bewegungen fort. Sie macht also Denjenigen, welcher sie besitzt, von allen Äußerlichkeiten unabhängig. Überhaupt wird durch dieselbe das Bedürfnis, sich gerade mit einem äußeren Gegenstande zu verbinden, vermindert. Denn die Liebe, welche die bloße innere Idee erweckt, vertritt schon dessen Stelle. Wo aber etwas Äußeres mit der Idee zusammentrifft, da ist nun auch die Wirkung doppelt stark und dauernd. Die Ideen, welche so durch das Leben begleiten, sind auch natürlich zugleich dann die, welche am besten vorbereiten, das Leben auch entbehren zu können. Denn da das Leben vorzüglich nur durch sie Wert hat, sie aber fest mit den tiefsten Kräften des Gemüts und der Seele vereinigt sind, so kann ich mir wenigstens nicht

denken, wie nicht mit ihnen gerade auch das Eigen-
ste, was man besitzt, mit Einem hinübergehen sollte.
Es ist wohl zu hoffen und mit Vertrauen zu erwarten,
daß sie klarer, Heller und in neuer, vielfacherer Anwendung den Geist umgeben werden.

*

Wenn ich von der Beschäftigung mit Ideen rede, so
verstehe ich darunter gar nicht einzelne, bestimmte
Ideen, sondern die Beschäftigung mit innerem tiefen
Nachdenken selbst. Dieses Nachdenken kann von
Allem ausgehen und sich an Alles heften, nur sein
Ziel, sein Endpunkt, zu dem es alle mal gelangt, ist
immer nur ein und dasselbe, nämlich das menschli-
che Schicksal im Ganzen und seine Lösung in dem
Augenblick, wo alles Irdische zurücktritt und seinen
Wert verliert und nur das rein Geistige übrig bleibt,
Dasjenige, was man nur insofern noch menschlich
ansehen kann, als der Mensch auch zu dem Höchsten
bestimmt ist. Bei Privatereignissen des Lebens, bei
Weltbegebenheiten, die unter unseren Augen vorgehen, bei Erinnerungen an beide aus vergangener Zeit
folgt der Geist immer gern den oft verwickelten
Ursachen nach, erforscht die schon sichtbaren oder
noch zu erwartenden Folgen und verweilt endlich bei
dem Gedanken, wie viel zuletzt auf der wahrhaft
richtigen Wagschale daran noch Wert haben und
welcher dies sein wird. Wenn ich also von Beschäftigungen mit Ideen, Vertiefung in sie, Richten auf
Einen Punkt rede, so meine ich damit nichts Einzelnes, aber das Beschäftigen mit Nachdenken selbst,
das Entkleiden der Dinge von ihrem Schein, das

Prüfen seiner selbst und Anderer und das Sammeln aller Gedanken auf Das, was allein seine Vortrefflichkeit in sich selbst trägt, was auch im vergänglichen Menschen nicht untergehen kann, weil es nicht aus dem Menschen stammt, und was, nach richtigem Maßstabe erwogen, allein verdient, daß der Mensch sich ihm ganz und bedingungslos hingebe.

Gelehrte oder auch nur wissenschaftliche Betrachtungen begreife ich eigentlich darunter nicht. Diese können allerdings den Stoff zu jenem Nachdenken sammeln und zubereiten; sie können dasselbe leiten, berichtigen, läutern, allein der letzte Zweck kann nicht in ihnen liegen. Das wahrhaft heilbringende Nachdenken bedarf nur der eigenen, in sich selbst gesammelten Gemütskräfte; es kann es Jeder erreichen, da die Endfäden des menschlichen Schicksals, an die es Alles anknüpft, doch von jedem Menschen aufgenommen werden müssen, und die Ideen, die dabei in Anregung kommen, in Jedem, dem Gebildeten wie dem Ungebildeten, vorhanden sind, nur in verschiedenen Graden der Klarheit und der Bestimmtheit, da sich diesem Nachdenken zu widmen nicht sowohl tiefe Verstandeskräfte erfordert werden, als nur ein durch Vertreibung aller unrichtigen Begierden, durch Entfernung alles Nichtigen, durch Gleichgültigkeit gegen Genuss und äußeres Glück und durch Selbstbeherrschung starkes und geläutertes Gemüt. Überhaupt aber hat die Beschäftigung der Verstandeskräfte auf den inneren Menschen denselben wohltätigen Einfluss, den die Sonne auf die Natur ausübt. Sie zerstreut die Wolken des Gemüts, erleuchtet und erwärmt und hebt den Geist allmälig zu einer kraftvollen Ruhe.

*

Es gibt zwar vorzüglich in den höher und innerlich Gebildeten, aber mehr oder minder doch in Allen, eine Menge von Gedanken, die nie zu einer Tat werden, nie ins wirkliche Leben treten, sondern still und nur Dem bewusst, der sie hat, im Busen verschlossen bleiben. Es entspringt aber aus ihnen, und oft viel mehr als aus Reden und Taten, Freud und Leid, Glück und Elend. Ihr Hin- und Herfluten im Gemüte, die Bewegung, in die sie versetzen, lässt sich in Vielem jenen farbig flammenden Himmelserscheinungen vergleichen. Für den Ernst des äußeren Lebens sind sie wirklich, sich mit ihm nicht bewegend, luftige Wolkengebilde. Sie verschwinden auch wie diese und lassen in der Seele eine Kühle, eine Leere zurück, die sich dem Grau der Dämmerung und dem Dunkel der Nacht vergleichen lässt. Sind sie aber darum dahin? Kann Das, was das Gemüt so bewegt, so aus seinem innersten Grunde erschüttert hat, ganz wieder untergehen? Dann könnte der ganze Mensch selbst vielleicht auch nur eine vorübergehende Wolkenerscheinung sein. Auf jeden Fall wirkt es, wie Alles, was einmal im Gemüte gewesen ist, auf dieses, auf den Geist und Charakter zurück und lebt in dieser Zurückwirkung fort. Allein das ist doch noch nicht genug. Es müßte doch von bestimmten Seelenbewegungen auch etwas Bestimmtes ausgehen. Diese Gedanken ergreifen mich meistenteils, wenn ich den Himmel am Abend oder vor oder nach einem

Gewitter ansehe. Ich habe aber, wenn ich es gleich nicht erklären und beweisen kann, ein festes Ahnungsgefühl, daß jene Gedankenerscheinungen auf irgend eine Weise wieder aufflammen und einen Einfluss ausüben, der bedeutender ist als gewöhnlich so hochgeachtete Reden und Handlungen. Der Mensch muß sich nur ihrer würdig erhalten, auf der einen Seite nicht trocken und nüchtern, auf der anderen Seite nicht schwärmerisch und wesenlos werden, vor allen Dingen aber selbständig sein, die Kraft besitzen, sich selbst zu beherrschen, und den inneren Gang seiner Gedanken allem äußeren Genuss und Treiben vorziehen.

*

Der Mensch fühlt ein Bedürfnis, die großen Ideen, die in ihn gelegt sind und die er in der Natur ausgeprägt findet, in dem kleinen Kreise seines Daseins nachzubilden, und oft selbst, wenn er ganz anderen, aus dem gewöhnlichen Leben geschöpften Beweggründen zu folgen glaubt, folgt er in der Tat diesem geheimen Zuge. Überhaupt ist die menschliche Natur in ihrem tiefen Grunde viel edler, als sie auf der Oberfläche erscheint. Ja selbst in anderen Stücken. Eitle Menschen sind oft in einigen mehr wert, als sie sich selbst glauben.

*

Was ich unter Ideen meine, wenn ich sage, daß sie allein das Bleibende im Menschen seien und daß sie allein das Leben zu beschäftigen verdienen? — die Frage ist nicht leicht beantwortet; ich will aber ver-

197

suchen, deutlich darüber zu werden. Die Idee ist zuerst den vergänglichen äußeren Dingen und den unmittelbar auf sie bezogenen Empfindungen, Begierden und Leidenschaften entgegengesetzt. Alles, was auf eigennützige Absichten und augenblicklichen Genuss hinausgeht, widerstrebt ihr natürlich und kann niemals in sie übergehen. Aber auch viel höhere und edlere Dinge, wie Wohltätigkeit, Sorge für Die, die Einem nahe stehen, mehrere andere gleich sehr zu billigende Handlungen sind auch nicht dahin zu rechnen und beschäftigen Denjenigen, dessen Leben auf Ideen beruht, nicht anders, als daß er sie tut; sie berühren ihn nicht weiter. Sie können aber auf einer Idee beruhen und tun es im idealisch gebildeten Menschen immer. Diese Idee ist dann die des allgemeinen Wohlwollens, die Empfindung des Mangels desselben wie einer Disharmonie, wie eines Hindernisses, das es unmöglich macht, sich an die Ordnung höherer und vollkommenerer Geister und an den wohltätigen Sinn, der sich in der Natur ausspricht und sie beseelt, anzuschließen. Es können aber auch jene Handlungen aus dem Gefühl der Pflicht entspringen, und die Pflicht, wenn sie bloß aus dem Gefühl der Schuldigkeit fließt, ohne alle und jede Rücksicht auf Befriedigung einer Neigung oder irgend eine selbst göttliche Belohnung, gehört geradezu den erhabensten Ideen. Von diesen muß man hingegen auch absondern, was bloß Kenntnis des Verstandes und des Gedächtnisses ist. Die kann wohl zu Ideen führen, verdient aber nicht selbst diesen Namen, Die Idee geht auf etwas Unendliches hinaus, auf ein letztes Zusammenknüpfen, auf etwas, das die Seele noch bereichern würde, wenn sie sich auch von allem Irdischen losmachte. Alle großen und wesentlichen Wahrheiten sind also von dieser Art. Es gibt aber sehr viel Dinge, die sich nicht ganz mit den Gedanken fassen und ausmessen lassen und darum doch nicht minder wahr sind. Bei vielen von diesen tritt dann die künstlerische Einbildungskraft ein, denn diese besitzt die Gabe, das Sinnliche und Endliche, z. B, die körperliche Schönheit, auch unabhängig vom Gesicht und seinem seelenvollen Ausdrucke, so darzustellen, als wäre es etwas Unendliches. Die Kunst, die Poesie mit eingeschlossen, ist daher ein Mittel, sehr Vieles in Ideen zu verwandeln, was ursprünglich und an sich nicht dazu zu rechnen ist. Selbst die Wahrheit, wenn sie auch hauptsächlich im Gedanken liegt, bedarf einer solchen Zugabe zu ihrer Vollendung. Denn wie wir bisher die Idee nach ihrem Gegenstand betrachtet haben, so kann man sie auch nach der Seelenstimmung schildern, die sie fordert. Wie sie nun, dem Gegenstände nach, ein Letztes der Verknüpfung ist, so fordert sie, um sie zu fassen, ein Ganzes der Seelenstimmungen, folglich ein vereintes Wirken der Seelenkräfte, Gedanke und Gefühl müssen sich innig vereinigen, und da das Gefühl, wenn es auch das Seelenvollste zum Gegenstand hat, immer etwas Stoffartiges an sich trägt, so ist nur die künstlerische Einbildungskraft im Stande, die Vereinigung mit dem Gedanken, dem das Stoffartige widersteht, zu bewirken. Wer also nicht Sinn für Kunst oder nicht wahren und echten für Musik oder Poesie besitzt, der wird überhaupt schwer Ideen fassen und in keiner gerade Das wahrhaft empfinden, was darin Idee ist. Es ist ein solcher Unterschied zwischen den Menschen in ihrer ursprünglich geistigen Anlage gegründet. Die Bildung tut hierzu nichts Sie kann wohl hinzutun, nie aber schaffen, und es gibt hundert künstlerisch und wissenschaftlich gebildete Menschen, die doch in jedem Worte deutlich beweisen, daß ihnen die Naturanlage, mithin Alles fehlt. Der große Wert der Ideen wird vorzüglich an Folgendem erkannt: Der Mensch lässt, wenn er von der Erde geht, Alles zurück, was nicht ganz ausschließlich und unabhängig von aller Erdenbeziehung seiner Seele angehört. Dies aber sind allein die Ideen und dies ist auch ihr echtes Kennzeichen. Was kein Recht hatte, die Seele noch in den Augenblicken zu beschäftigen, wo sie die Notwendigkeit empfindet, allem Irdischen zu entsagen, kann nicht zu diesem Gebiete gezählt werden. Allein diesen Moment, bereichert durch geläuterte Ideen zu erreichen, ist ein schönes, des Geistes und Herzens würdiges! Ziel. In dieser Beziehung und aus diesem Grunde nannte ich die Idee das einzig Bleibende, weil nichts Anderes da haftet, wo die Erde selbst entweicht. Man könnte Freundschaft und Liebe entgegenstellen. Diese sind aber selbst Ideen und beruhen gänzlich auf solchen. Von der Freundschaft ist das an sich klar. Von der Liebe erlasse man mir zu reden. Man hat oft wunderbare Ansichten von der Liebe. Man bildet sich ein, mehr als einmal geliebt zu haben, will dann gefunden haben, daß doch nur das eine mal das rechte gewesen sei, will sich getäuscht haben oder getäuscht sein. Ich rechte mit Niemandes Empfindungen. Aber was ich Liebe nenne, ist ganz etwas Anderes, erscheint im Leben nur einmal, täuscht sich nicht und wird nie getäuscht, beruht aber ganz und vielmehr noch auf Ideen.

*

Die Entfernung von vielen Büchern zwingt mich mehr zum freien, stillen eigenen Nachdenken. Ich lebe ganz und ausschließlich meinen wissenschaftlichen Beschäftigungen, an die sich glücklicherweise auch alle Andenken anschließen, die mir das Leben und die Vergangenheit teuer machen. Denn wenn man die Ideen tief genug verfolgt, so führen sie alle mal zugleich in das Gebiet der tiefsten und rein menschlichen Gefühle. Diese Beschäftigungen fordern nun zugleich freies Nachdenken und angestrengte Arbeit in Büchern. Beides geht nun zwar immer Hand in Hand, allein es ist nicht übel, zuweilen gewaltsam von den Büchern abgezogen zu werden, nicht zur Erholung, deren man von geistiger, schon in sich stärkender Arbeit nicht bedarf, noch als Zerstreuung, sondern um in derselben Arbeit in ganz freiem durch nichts Äußeres geleitetem Nachdenken fortzufahren.

*

Mein Interesse, meine Richtungen werden sich nie ändern. Der Maßstab der Dinge in mir bleibt fest und unerschüttert; das Höchste in der Welt sind und bleiben die — Ideen.

*

(An Schiller.) Sie sind der glücklichste Mensch, Sie haben das Höchste ergriffen und besitzen Kraft, es festzuhalten. Es ist Ihre Region geworden, und nicht genug, daß das gewöhnliche Leben Sie darin nicht stört, so führen Sie aus jenem besseren eine Güte, eine Milde, eine Klarheit und Warme in dieses hinüber, die unverkennbar ihre Abkunft verraten. Sowie Sie in Ideen fester, in der Produktion sicherer geworden sind, hat das zugenommen. Für Sie braucht man das Schicksal nur um Leben zu bitten; die Kraft und die Jugend sind Ihnen von selbst gewiß.

Geistesstreben und Entwickelung, Individualität, Genie, Dichter und Dichtung.

In jedem Menschen, der sich vorzugsweise mit phi-
losophischem Nachdenken beschäftigt, muß es eine
Epoche geben, in welcher die Summe seiner Gedanken Festigkeit und systematischen Zusammenhang
gewinnt, und die es ihm möglich macht, sich, indem
er sicher und fest aufsteht, nach jeder Seite mit
Leichtigkeit hinzubewegen. Es scheint mir ein vorzüglich schwieriges Kunststück der Bildung seiner
selbst und Anderer, diesen Zeitpunkt gehörig zur
Reife zu bringen, und es ist schon immer viel, sich
nur von dem Wege nicht ablenken zu lassen, die
Ernte nicht antizipieren zu wollen und sich nicht
durch zu frühzeitige, kleinliche, zerstückelte Unternehmungen zu zerstreuen, da alle Werke, die dem
eigenen Geiste zu genügen im Stande sind, erst jenseits dieser Grenze liegen können.

*

Es war Schiller's Eigenschaft mehr als jedes anderen
Menschen, sein Streben und Leben als etwas Unendliches zu betrachten, indem es ihm genug war, wenn
jedes seiner einzelnen Werke einen bedeutenden
Moment bezeichnete, ohne daß er je, das erste, immer tauschende Feuer der Arbeit ausgenommen, nur
daran dachte, daß irgend eins das höchste Resultat
Dessen wäre, was er der Kunst gegenüber hervorbringen konnte. Es lag dies unmittelbar in der höheren Ansicht, die Schiller von allem geistigen Wirken
hatte. Jedes erschien ihm immer in seiner ganzen
Unermesslichkeit, alle in ihren vielfachen Verbindungen oder vielmehr in ihrer unzertrennlichen Einheit. Nie hat Jemand die Menschheit höher und nie

immer so ganz in der Flüchtigkeit ihrer ewig wechselnden Erscheinung aufgenommen. Dies rastlose geistige Fortbewegen eignete ihn auch so vorzugsweise der Poesie und in ihr der dramatischen.

*

Aus der ganzen Geschichte der Menschheit lässt sich ein Bild des menschlichen Geistes und Charakters ziehen, das keinem einzelnen Jahrhundert und keiner einzelnen Nation ganz und gar gleicht, zu welcher aber alle mitgewirkt haben, und auf diese richte ich meinen Gesichtspunkt. Dies Bild nämlich müßte nach zwei Dimensionen betrachtet werden, einmal nach der intensiven Größe, welche die Menschheit erreicht, dann nach der intensiven Mannigfaltigkeit, die sie gezeigt hat, und es ist das Einzige, was eigentlich den Menschen, insofern er ein denkendes und frei handelndes Wesen ist, interessiert; es ist das letzte Resultat, zu welchem alles Übrige, was er lernt und treibt, ihn führen soll, und wenn man sich einen Menschen denkt, der bloß seiner Bildung lebt, so muß sich seine intellektuelle Tätigkeit am Ende ganz darauf reduzieren, a priori das Ideal der Menschheit, a posteriori das Bild der, wirklichen Menschheit, beide recht rein und vollständig aufzufinden, miteinander zu vergleichen und aus der Vergleichung praktische Vorschriften und Maximen zu ziehen. Es kann nun Zeiten geben, in welchen zur Erweiterung des Bildes der Menschheit schlechterdings nichts geschieht, in welchen in keiner Art ein menschliches Werk oder eine menschliche Kraft erscheint, die nicht bloße Wiederholung wäre, oder mehr als das

Gepräge einer zufälligen Beschränkung und Einengung an sich trüge, sodass sie in keinem beider Fälle eine neue Seite an dem eigentlichen Charakter der Menschheit verriete. Dagegen sind gewisse Zeiten so fruchtbar an Materialien für die genauere Auszeichnung jenes Bildes gewesen, bald durch allgemein vorbereitete Stimmungen und Charaktere, bald durch einzelne Werke und Menschen.

*

Die Idee, daß für den menschlichen Geist ein gewisses Bild der Menschheit, zu dessen Möglichkeit alle Nationen und Zeitalter mitgearbeitet haben, fortwährend existiert, hat für mich immer ein sehr starkes Interesse gehabt. Es gibt nun ein doppeltes Leben für den Menschen, eins in bloßer und der höchsten Tätigkeit, mit der er strebt, etwas zu erfinden, zu schaffen oder zu sein, was teils ihn selbst überleben, teils schon dadurch, daß es eine Zeit lang durch ihn still mithandelt, auf den Menschlichen Geist überhaupt erweiternd wirkt; ein anderes in bloß ruhiger Freude und heiterem Genuss, wo der Mensch sich begnügt, glücklich und schuldlos zu sein. In beiden ist ein fester Zweck und eine sichere Belohnung. Nur eine Art des Lebens, die dritte noch mögliche, ist fatal und doch (und gerade zeichnet dies auch unser Zeitalter aus) so häufig, diejenige, die. ohne wenigstens überwiegenden Genuss, bloß Arbeit gibt, und wo die Arbeit nur dazu dient, das Bedürfnis zu befriedigen. Daher ja auch im Privat und politischen Leben Alles darauf ankommt, die Gegenstände des Bedürfnisses zu Mindern und die des Genusses und der freien Tätigkeit zu vermehren.

*

Der Mensch kann durch immer reinere Entwicklung seiner Ideen, durch immer angestrengtere Bearbeitung seines Charakters, sich zu einer höheren Stufe der Geistigkeit erheben, oder zu der gleichen auf dem kürzeren Wege stiller Gottseligkeit gelangen.

*

Man kann die Welt nie von genug Seiten ergreifen, und es ist so schlimm, wenn der Mensch in ewigem Einerlei versinkt und immer nur über Dem brütet, was er seit Jahren getan hat.

*

Ich weiß nicht, durch welche Verbindung von Umständen ein großer Durst des Wissens plötzlich, wie von neuem in mir erwacht ist, aber sehr lange habe ich ihn nicht in gleichem Grade gefühlt. Ich überlasse mich dieser Neigung umso mehr, als ich gar keinen Mut habe, solange ich von Ihnen (Schiller) abwesend bin, etwas nur irgend Würdiges hervorzubringen. Und überhaupt sind doch, meine Gesichtspunkte jetzt zu fest, als daß ich fürchten dürfte, in eine vage Gelehrsamkeit auszuschweifen, die ich gewiss am meisten geringschätze. Alles, was ich anfange, ergreife ich doch aus Einem Gesichtspunkte, und niemals unterlasse ich, aus allem Gesammelten die Resultate zu ziehen, die diesen Gesichtspunkt angehen. Dies vorausgesetzt kann ich kaum der Begierde widerstehen, soviel als nur immer und irgend möglich ist, sehen, wissen, prüfen zu wollen. Der Mensch scheint doch einmal da zu sein, Alles, was ihn umgibt, in sein Eigentum, in das Eigentum seines Verstandes zu verwandeln, und das Leben ist kurz. Ich möchte, wenn ich gehen muß, so wenig als möglich hinterlassen, das ich nicht mit mir in Berührung gesetzt hätte. Diese Begierde ist mir immer eigen gewesen und hat mich nur oft leider irregeführt. Im Wissen und im Leben habe ich mich immer selbst durch zu große Verbreitung gestraft. Ich habe nach Allem gegriffen und vergessen, daß Jedes festhält und Manches die Kraft verzehrt. Mit dem Leben bin ich nun zu großer Ruhe gekommen, und mit dem Wissen ist der Kampf, Gottlob! gefahrloser.

*

Es gibt unter allen Studien und Ausbildungen des Menschen noch eine ganz eigene, welche gleichsam den ganzen Menschen zusammenknüpft, ihn nicht nur fähiger, besser, stärker von dieser und jener Seite, sondern überhaupt zum größeren und edleren Menschen macht, wozu zugleich Stärke der intellektuellen, Güte der moralischen und Reizbarkeit und Empfänglichkeit der ästhetischen Fähigkeiten gehört. Diese Ausbildung nimmt nach und nach mehr ab, während sie in sehr hohem Grade unter den Griechen war. Sie nun kann, dünkt mich, nicht besser gefördert werden als durch das Studium großer und gerade in dieser Rücksicht bewunderungswürdiger Menschen, oder um es mit einem Worte zu sagen, durch das Studium der Griechen. Denn ich glaube durch viele Gründe, wovon einer der vorzüglichsten der ist, daß kein anderes Volk zugleich soviel Einfachheit und Natur mit soviel, Kultur verband und keins zugleich soviel ausharrende Energie und Reizbarkeit für jeden Eindruck besaß — ich glaube, sage ich, beweisen zu können, daß nicht bloß vor allen modernen Völkern, sondern auch vor den Römern, die Griechen zu diesem Studium taugen.

*

Immer bleibt es doch wahr, daß eigentlich die innere Kraft des Menschen es allein ist, um die es sich zu leben verlohnt, daß sie nicht nur das Prinzip wie der Zweck aller Tätigkeit, sondern auch der einzige Stoff alles wahren Genusses ist, und daß daher alle Resultate ihr alle mal untergeordnet bleiben müssen. Auf der anderen Seite ist es aber auch ebenso wahr, daß in der Wirklichkeit und fast überall, wo auf den Menschen gewirkt wird, bei der Erziehung, bei der Gesetzgebung, im Umgange fast nur die Resultate beachtet werden, wovon sich viele Gründe aufzahlen ließen, und unleugbar freilich macht auch die Erhaltung der Kraft selbst große Sorgfalt auf die Resultate, als das Mittel dazu, oft notwendig. Desto mehr also muß, dünkt mich, die Theorie Das, was in der Ausübung so leicht das letzte Ziel scheint, wieder an seine Stelle setzen und das wahre letzte Ziel, die innere Kraft des Menschen, in ein Helles Licht zu stellen suchen.

*

Sich fremder Individualität nicht unterzuordnen, ist Eigenschaft jeder größeren Geisteskraft, jedes stärkeren Gemüts, aber die fremde Individualität ganz, als verschieden, zu durchschauen, vollkommen zu würdigen und aus dieser bewundernden Anschauung die Kraft zu schöpfen, die eigene nur noch entschiedener und richtiger ihrem Ziele zuzuwenden, gehört Wenigen an und war in Schiller hervorstechender Charakterzug.

*

Jeder muß seine Eigentümlichkeit aufsuchen und diese reinigen, das Zufällige absondern. Es bleibt dennoch immer Eigentümlichkeit; denn ein Teil des Zufälligen ist an das Individuum unauflöslich gebunden und dies kann und darf man nicht entfernen. Nur dadurch ist eigentlich Charakter möglich und durch Charakter allein Größe.

*

Die Ausbildung des Individuums besteht nicht sowohl in dem vagen Anstreben zu einem absoluten und allgemeinen Ideal, als vielmehr in der möglichst reinen Darstellung und Entwicklung seiner Individualität.

*

Ich lege keinen so hohen Wert auf die Begebenheiten und Umwälzungen der Welt. Sie sind nur mittelbar wichtig; das an sich Wichtige ist die individuelle Gestaltung. Jene Dinge geschehen und sinken, gehen auf und ab, sind, wenn man nur die Kühnheit hat, es sich zu gestehen, bis auf einen gewissen Punkt gleichgültig. Auch nur in ihren entfernteren Folgen kann man sich ihre Wirksamkeit über das Irdische hinausgehend denken. Nimmt man dagegen ein einzelnes Wesen, selbst wenn es nichts Äußeres hervorbringt, in dem sich eine eigentümliche schöne Geistigkeit entwickelt — wie anders, wie unmittelbar, wie unabhängig von irdischen Schranken ist da das Ausströmen des segenvoll belebenden Hauches.

*

Der Mensch kann sich sehr frei halten von Allem, was nicht unmittelbar in sein Privatleben eingreift, und dies ist eine sehr Welse Einrichtung der Vorsehung, weil so - das individuelle Glück unendlich mehr gesichert ist. Gerade auch, je mehr der Mensch sich in seine Individualität einschließt, desto mehr geht aus ihr hervor, was segenvoll auf das Gemüt und das innere Glück Vieler wirkt.

*

Es ist nicht genug, die Ansichten der Menschen zu kennen, man muß auch zu bestimmen verstehen, wie sie sich zu denen verhalten, die man als die unbedingt richtigen hohen und von allen den einzelnen Individualitäten immer anklebenden Einseitigkeiten freien anzusehen hat, und danach die Richtung des Individuums lenken. Auf diesem Wege muß man dahin gelangen, jedem Einzelnen nicht bloß verständlich zu werden, sondern ihn auch auf diejenige Weise zu berühren, welche gerade für seine Empfindungsart die passendste und angemessenste ist. Man braucht aber bei diesem Gange nie seine eigene Natur weder aufzugeben, noch zu verleugnen, auch nicht die fremde unbedingt für die einzig beifallswürdige anzusehen. Da man immer von dem Punkte ausgeht und wieder dahin zurückkommt, wo sich alle Individualitäten ausgleichen und vereinigen, so fallen die schneidenden Kontraste vor selbst weg, und es bleibt nur das miteinander Verträgliche übrig. Es ist wirklich das Wichtigste, was das Leben darbietet, sich nicht in sich zu verschließen, sondern auch ganz verschiedenen Empfindungsweisen so nahe als möglich zu treten. Nur auf diese Art würdigt und beurteilt man die Menschen, auf ihre und nicht auf seine eigene einseitige Weise. Es beruht auf dieser Manier zu sein, daß man Respekt für die abweichende, des Anderen behält und seiner inneren Freiheit niemals Gewalt anzutun versucht. Es gibt außerdem nichts, was zugleich den Geist und das Herz so anziehend beschäftigt, als das genaue Studium der Charaktere in allen ihren kleinsten Einzelheiten. Es schadet sogar wenig, wenn diese Charaktere auch nicht gerade sehr ausgezeichnete oder sehr merkwürdige sind. Es ist immer eine Natur, die einen inneren Zusammenhang zu ergründen darbietet und an die ein Maßstab der Beurteilung angelegt werden kann. Vor allem aber gewährt Einem diese Richtung den Vorzug, die Fähigkeit zu gewinnen, den Menschen, mit denen man in Verbindung steht, innerlich in aller Rücksicht mehr sein zu können.

*

Ich gestehe, daß ich die Ansicht nicht liebe und nicht sonderlich billigen kann, wo man die Sittlichkeit in einzelne Tugenden zerlegt, welche man einzelnen Lastern gegenüberstellt. Es scheint mir eine durchaus verkehrte und falsche. Ich wüßte nicht zu sagen, wer unter den Hoffärtigen, Geizigen, Verschwenderischen, Wollüstigen mir der am meisten Verhasste sei. Es kann es nach Umständen Jeder sein; denn es kommt auf die Art an, wie es Jeder ist. Ich gehe in meiner Beurteilung der Menschen gar nicht darauf, sondern auf die Gesinnung, als den Grund aller Gedanken, Vorsätze und Handlungen und auf die gesamte Geistes- und Gemütsstimmung. Wie diese pflichtmäßig oder pflichtwidrig, edel oder unedel ist, das allein entscheidet bei mir. Haben zwei oder drei. Menschen in demselben Grade eine unedle, selbstsüchtige, gemeine Gemütsart, so ist es mir sehr einerlei, in welchem Laster sich diese äußert, das eine oder andere kann schädlicher, unbequemer sein, aber alle diese Untugenden sind dann gleich schlecht und erbärmlich. Und ebenso ist es mit den Tugenden, Es kann Einer gar keine Unsittlichkeit begehen, manche Tugend üben, und dagegen ein Anderer z. B. durch Stolz oder Heftigkeit oder sonst fehlen, und ich würde doch, wenn der Letztere, was sehr gut möglich ist, eine höhere und edlere Gesinnung hegt, ihn vorziehen. In der Gesinnung aber kommt es auf zwei Punkte an: auf die Idee, nach und aus welcher man gut ist, und auf die Willensstärke, durch die man diese Idee gegen die Freiheit oder Leidenschaftlichkeit der Natur geltend macht. Die erbärmlichen Menschen sind die, welche nichts über sich vermögen, nicht können, was sie wollen, und die, welche selbst, indem sie tugendhaft sind, niedrige Motive haben, Rücksicht auf Glück und Zufriedenheit, Furcht vor Gewissensbissen oder gar vor künft.gen Strafen. Es ist recht gut und nützlich, wenn die Menschen auch nur aus diesen Gründen nicht sündigen, aber wer auf Gesinnung und Seelenzustand sieht, kann daran keinen Gefallen haben. Das Edle ist nur dann vorhanden, wenn das Gute um des Guten willen geschieht, entweder als selbst erkanntes und empfundenes Gesetz aus reiner Pflicht, oder aus dem Gefühl der erhabenen Würde und der ergreifenden Schönheit der Tugend. Nur diese Motive beweisen, daß wirklich die Gesinnung selbst groß und edel ist, und nur sie wirken auch wieder auf die Gesinnung zurück.

*

Jeder Mensch muß in das Große und Ganze wirken; nur was dies Große und Ganze genannt wird, darin liegt, meinem Gefühl nach, so viel Täuschung, Mir heißt, in das Große und Ganze wirken, auf den Charakter der Menschheit wirken, und darauf wirkt Jeder, sobald er auf sich und bloß auf sich wirkt.

Ware es allen Menschen völlig eigen, nur ihre Individualität ausbilden zu wollen, nichts so heilig zu ehren als die Individualität des Anderen; wollte Jeder nie mehr in Andere übertragen, nie mehr aus Anderen nehmen, als von selbst aus ihm in Andere und aus Anderen in ihn übergeht, so wäre die höchste Moral, die konsequenteste Theorie des Naturrechts, der Erziehung und der Gesetzgebung den

Reizen der Menschen einverleibt. Man sei, nur groß und viel, so werden die Menschen es sehen und nützen; man habe nur viel zu geben, so werden die Menschen es genießen, und der Genuss wird der Vater neuer Kraft sein. Wenn unter uns so wenig geschieht, so ist es nicht, weil unsere Lagen und Verhältnisse uns hinderten, zu wirken, sondern weil sie uns hindern, zu werden und zu sein. Ich tadle Die nicht, welche über Eingeschränktheit des Wirkungskreises klagen. Leider haben die meisten Menschen nur Talent, und das bedarf der äußeren Verhältnisse, um sich zu zeigen und nützlich zu werden. Aber der wahrhaft große, d. i. wahrhaft intellektuell und moralisch ausgebildete Mann wirkt schon dadurch allein mehr als alle Anderen, daß ein solcher Mann einmal unter den Menschen ist oder gewesen ist.

*

Es gibt ein unmittelbares und volleres Wirken eines großen Geistes als das durch seine Werke. Diese zeigen nur einen Teil seines Wesens. In die lebendige Erscheinung strömt es rein und vollständig über. Auf eine Art, die sich einzeln nicht nachweisen, nicht erforschen lässt, welcher selbst der Gedanke nicht zu folgen vermag, wird es aufgenommen von den Zeitgenossen und auf die folgenden Geschlechter vererbt. Dies stille und gleichsam magische Wirken großer, geistiger Naturen ist es vorzüglich, was den immer wachsenden Gedanken von Geschlecht zu Geschlecht, von Volk zu Volk immer mächtiger und ausgebreiteter emporsprießen lässt. In Schrift gefasste Werke und Literaturen tragen ihn dann, gleichsam mumienartig verschlossen, über, Klüfte hinweg, welche die lebendige Wirksamkeit nicht zu überspringen vermag. Die Völker aber haben schon immer Hauptschritte zu ihrer Geistesentwicklung vor der Schrift getan, und in diesen dunkelsten, aber wichtigsten Perioden des menschlichen Schaffens und Bildens ist nur die lebendige Einwirkung möglich. Nichts zieht daher die Betrachtung mehr an, als jeder, wenn selbst schwache Versuch, zu erforschen, wie ein merkwürdiger Mann des Jahrhunderts die Bahn alles Denkens, das Gesetz an die Erscheinung zu knüpfen, über das Endliche hinaus nach dem Unendlichen zu streben, in seiner individuellen Weise durchlief.

*

Ein großer Mann ist in jeder Gattung und in jedem Zeitalter eine Erscheinung, von der sich meistenteils gar nicht und immer nur sehr unvollkommen Rechenschaft ablegen lässt. Wer möchte es wohl unternehmen zu erklären, wie Goethe plötzlich da stand, der Fülle und Tiefe des Genies nach, gleich groß in seinen frühesten wie in seinen späteren Werken? Und doch gründete er eine neue Epoche der Poesie unter uns, schuf die Poesie überhaupt zu einer neuen Gestalt und, drückte der Sprache seine Form auf und gab dem Geiste seiner Nation für alle Folge entscheidende Impulse.

*

Das Genie, immer neu und die Regel angebend, tut sein Entstehen erst durch sein Dasein kund, und sein

Grund kann nicht in einem Früheren, schon Bekannten gesucht werden; wie es erscheint, erteilt es sich selbst seine Richtung.

*

Das Genie in jeder Art des Hervorbringens ist die Spannung der ganzen Intellektualität auf den Einen, ihr von der Natur angewiesenen Punkt. Von der Beschaffenheit dieses Ganzen hängen zwei bei jeder intellektuellen Charakterisierung notwendige Bestimmungen ab: das besondere Gepräge des Genies, da es sich in jeder Gattung wieder sehr verschieden gestalten kann, und die Freiheit des Geistes neben und außer demselben zu allgemeinerer Überschauung des intellektuellen Standpunktes. In den Grenzen dieses Typus und dem Verhältnis der zusammenwirkenden Potenzen liegen alle Verschiedenheiten der menschlichen Intellektualität die in jedem Menschen, wie verdunkelt es immer sein mag, vorzugsweise auf Einen Punkt hin bezogen ist.

*

Je eminenter die Geisteskraft ist, desto mehr muß sie auf das Notwendige gerichtet sein; die Ihrige (Schiller's) muß eine so große Selbständigkeit besitzen, daß sie durch die äußere Beobachtung nur im Allgemeinen auf die Wirklichkeit gestimmt wird, nichts aber eigentlich aus ihr annimmt, sondern in sich, nur harmonisch mit de wirklichen Gange innerhalb der Erfahrung, fortwirkt. Denn notwendig muß diese ganze Geisteseigentümlichkeit zuletzt auf einem gegenseitigen Zusammenwirken der Vernunft und der Einbildungskraft, die durch das Übergewicht der ersteren mehr produzierend als reproduzierend wird, beruhen.

*

Daran erkenne ich vorzüglich das Gepräge des Genies, daß es so fruchtbar ist, selbst wieder neue Ideen weckt.

*

Ihr Genie (Schiller's) scheint Ihnen, auch den ungünstigsten Umständen zum Trotz, einmal keinen Dienst zu versagen, eine Betrachtung, die mich oft rührt. Wer ein so reges geistiges Leben hat, scheint der Erde wenig mehr schuldig zu, sein.

*

Bei jeder Produktion des Genies muß die Selbsttätigkeit die Empfänglichkeit überwiegen. Es ist sonst keine Bearbeitung des Stoffes möglich, und daher leite ich es ab, daß der eigentliche weibliche Charakter, so sehr er auch vorzugsweise Genialität besitzt, doch schlechterdings, seiner Natur nach, das echte, produktive Genie ausschließt. Dies notwendige Übergewicht der Selbsttätigkeit ist in den Griechen in einem sehr hohen Grade sichtbar. Allein außer diesem Übergewicht lassen sich mannigfaltige Modifikationen des Verhältnisses der Empfänglichkeit zur Selbsttätigkeit denken und auf diese, glaube ich, müssen die wesentlichsten Verschiedenheiten des Dichter- und des Künstlergenies zurückgeführt werden, wenn man erschöpfend verfahren will.

*

Das selbst schaffende Genie hat nicht die Weile des ruhigen Auffassens.

*

Alles Künstlerische und Dichterische trägt zwar den Charakter des Freiwilligen an sich, darum aber fällt doch auch dem Künstler und Dichter nicht ganz ohne Mühe ihr glückliches Los. Auch sie bedürfen der Arbeit, nur einer Arbeit ganz eigener Natur.

*

Jede große poetische Arbeit fordert eine Stimmung und Sammlung des Gemüts.

*

Der Dichter führt nicht neue Wahrheiten ans Licht, sammelt nicht Tatsachen. Er wirkt in der Art, wie er schafft; der Phantasie aller Zeiten führt er Gestalten vor, die erheben und bilden; er leistet dies in der Formeln die er seine Gegenstände kleidet, in den Charakteren, mit welchen er die Menschheit idealisch bereichert, in seinem eigenen, aus allen seinen Werken widerstrahlenden Bilde.

*

(An Schiller über „Die Macht des Gesanges".) Der Dichter steht mit den Schicksalsgöttinnen im Bündnis, und sie teilen ihre Macht mit ihm. Das geheime Leben und die innere Kraft jedes Wesens, von welcher seine sichtbaren Veränderungen nur unvollkommene und vorübergehende Erscheinungen sind,

und auf deren unmittelbarem und insofern unerkann-
tem Wirken Dasjenige beruht, was wir Schicksal
nennen: diese Kraft ist es, welche die Kunst des
Dichters in Bewegung zu setzen und auf die er zu
wirken versteht. Aus ihr quillt im Menschen die
Schönheit, die sein Gebiet ausmacht und da jene
Kraft zugleich die erste Ursache aller Bewegung,
mithin der einzige Sitz der Freiheit ist, so eignet er
sich nun, gleichsam durch ein Einverständnis mit ihr,
jenes wunderbare Vermögen an, der Phantasie das
Gesetz zu geben, ohne ihre Freiheit zu verletzen.
Die Macht des Dichters ist nicht wild und eigensin-
nig; sie ist eine milde Größe und hebt den Menschen
nur zu den Göttern empor, um ihm eine höhere
Menschlichkeit wiederzugeben.

*

Es gibt doch nichts so Bezauberndes als die Werke
des dichterischen Genies. Nur sie scheinen eigentliche Produktionen, nur sie Werke, die, für sich beste-
hend, auf die Nachwelt gelangen können. Alles Phi-
losophierende scheint man sich eher als auf eine
mechanische Weise (durch Entwickelung, Trennung,
Verbindung) entstanden denken zu können; es
gleicht mehr einer bloßen Übung, einer Vorbereitung
des Kopfs; es ist mit einem Wort nicht so in sich
vollendet, nicht so ein eigenes Individuum wie ein
Kunstwerk.

*

Was man so denkt und prosaisch hinschreibt, ist
doch nur so ein Hin- und Herschwatzen, etwas so

Totes und Kraftloses, vorzüglich etwas so Unbestimmtes und Ungeschlossenes; Vollendung, Leben,
eigene Organisation erhalt es nur in dem Munde des
Dichters.

*

Darin besteht ja das eigentliche Wesen der Einbildungskraft, noch das Unvorstellbare vorstellen, das
Inkompatible zugleich festhalten, das Unmögliche
möglich machen zu wollen. Je mehr sie Gedanken
und Empfindungen produzieren soll, je leichter kann
sie wieder frei scheinen, weil Verstand und Empfindung es sind, die ihr sonst Fesseln anlegen und ihren
Flug hemmen.

*

Man befindet sich auf einem ganz anderen Boden im
Altertum, Es erging zwar den Menschen in jenen
fernen Jahrhunderten auch wie uns jetzt. Aber die
Verhältnisse waren natürlicher, einfacher und wurden, was die Hauptsache ist, frischer aufgenommen,
ergriffen, behandelt und umgestaltet. Auch ist die
Darstellung würdiger, hinreißender und vor allem
poetischer; die Poesie war damals noch wahre Natur,
nicht eine Kunst; sie war noch nicht geschieden von
der Prosa. Dies poetische Feuer, die Klarheit anschaulicher Schilderung verbreitet sich nun für uns
über das ganze Altertum, das wir nur durch diesen
Spiegel kennen. Denn allerdings müssen wir uns
sagen, daß wir wohl Manches anders und schöner
sehen, als es war. Ich will damit nicht geradezu sagen, daß die Art, wie die Dinge erzählt werden, un-

221

richtig sei. Das nicht. Allein das Kolorit ist ein anderes. Wir sehen die Menschen und ihre Taten in anderen Farben. Auch fehlen uns eine Menge kleiner
Details, wir sehen nicht alle, oft nur die hervorste-
chenden, wenn auch mit Fleiß ausgewählten Züge.
So wird Alles überraschender und kolossaler.

*

Was ist Poesie? — Wer recht lebendig empfindet
(denn empfunden muß und kann es eigentlich nur
werden), daß etwas poetisch ist, bedarf nicht der
Erklärung, und wer kein Gefühl dafür hat, dem kann
alle Erklärung durch Worte nicht helfen. Insoweit es
möglich ist, hat es gewiss Schiller getan, der mehr
als irgend Jemand die Gabe besaß, in Worte zu klei-
den, was in seiner eigentümlichen Natur dem Ausdrucke widerstrebt. Beispiele erklären es schon besser. Nehmen wir zwei gleichzeitige Dichter, Gellert
und Klopstock. Beide sind miteinander zu vergleichen, weil sie Beide geistliche Stoffe behandelt haben, weil sie gewiss Beide von edler Frömmigkeit
und gleich reiner Tugendliebe beseelt waren, und
endlich auch weil sie eine große und tiefe Wirkung
auf die Gemüter und die Herzen ihres Zeitalters
hervorgebracht haben. In Klopstock ist aber ein ungleich höherer Schwung, man denkt bei seinen Worten mehr, wird von ihm mehr hingerissen. Gellert's
Verse sind nur gereimte Prosa. Klopstock war
durchaus eine poetische Natur.

*

Zum guten Hersagen von Gedichten gehört unendlich viel. Zuerst freilich nur Dinge, die jede gute Erziehung Jedem geben kann: richtiges Verstehen des Sinnes, eine gute, deutliche, von Provinzialfehlern freie Aussprache; aber dann freilich Dinge, welche nur angeboren werden, ein glückliches, schon in sich seelenvolles Organ, ein feiner musikalischer Sinn für den Fall des Silbenmaßes, ein wahrhaft dichterisches Gefühl und hauptsächlich ein Gemüt, in dem alle menschlichen Empfindungen rein und stark widerklingen. Der Genuss, den ein solches Wiedergeben wahrhaft schöner Gedichte gewährt, ist in der Tat ein unendlicher. Er ist mir oft und im höchsten Grade geworden, und, ich rechne das zu den schönsten Stunden meines Lebens. Aber auch das eigene Auswendiglernen und Auswendigwissen von Gedichten oder von Stellen aus Gedichten verschönert das einsame Leben und erhebt oft in bedeutenden Momenten. Ich trage mich von Jugend an mit Stellen aus dem Homer, aus Goethe und Schiller, die mir in jedem wichtigen Augenblicke wiederkehren und mich auch in dem letzten des Lebens nicht verlassen werden. Denn man kann nichts Besseres tun, als mit einem großen Gedanken hinübergehen.

*

Umgang mit Menschen, Freundschaft und Liebe, Mann und Weib.

Ich habe es immer zum Grundsatze gehabt, daß man in jedem Alter und in jeder Lage sehr zugänglich sein muß, und ich weise auch Unbekannte nie zurück. Man hat gegenseitig Vorteil davon; ein lebender Mensch ist immer ein Punkt, an den sich wieder Anderes anschließt, und wo man nicht berechnen kann, wo und wie es sich wieder zu etwas Erfreulichem gestaltet. Leute aber, die sich mit wissenschaftlichen Gegenständen beschäftigen, haben immer, auch wenn sie im Anfange ihrer Laufbahn sind, ein höheres Interesse als andere, und man geht mit ihnen leicht auch in Dinge ein, die Einem nach seiner eigenen Lebensweise und Bildung fremd sind. Denn am Ende hängt doch, wäre es auch nur in den höchsten und allgemeinsten Punkten, Alles, was mit Ideen ausgemessen werden kann, zusammen, und die Berührung mit Personen verschiedenartiger Ausbildung, wenn diese nur irgend einen bedeutenderen Grad erreicht hat, wirkt vorzugsweise belebend auf den Geist und verhindert die Einseitigkeit, der man sonst selten und selbst dann nicht ertgeht, wenn man auch im Leben sich mit Menschen aller Stände gemischt hat und reich an wechselnden Erfahrungen geworden ist.

*

Personen wiederzusehen, von denen man lange Zeit getrennt gewesen war, ja wo das Verhältnis ganz aufgelöst schien, gewährt immer ein großes und das Dasein belebendes Gefühl. Denn im Grunde sind es doch die Verbindungen mit Menschen, welche dem Leben seinen Wert geben, und je tiefer eingehend sie sind, desto mehr fühlt man, worin doch zuletzt der eigentliche Genuss steckt, die Individualität. Selbst wo man den Menschen nicht unmittelbar nahe tritt, wo man nur von ihnen durch Andere hört, genießt man schon dies mit, wenigstens wenn die Schilderung gerade in ihren wesentlichen, wenn auch scheinbar kleinen Zügen zusammengesetzt wird.

*

Ich kann von Niemanden getäuscht werden, da ich von Keinem auf etwas Anspruch mache, mich Keinem mit Erwartungen nähere, sondern mein inneres Bedürfnis so mit meinem eigenen inneren Vermögen ins Gleichgewicht gesetzt habe, daß sich das erstere nie nach außen zu wenden braucht. Ich kann mit Wahrheit sagen, daß ich nie auf Dank rechne, sondern daß, was ich für Andere tue, wenn es mir nicht gewissermaßen gleichgültig erscheint, aus Ideen und Grundsätzen fließt, die für mich einen von der Wirkung auf den Anderen ganz unabhängigen Wert haben. Ich werde auch nie durch etwas gereizt. Was mein Wesen ausmacht, ist abgeschlossen in sich und unabhängig von allen solchen das Leben so Vieler kleinlich bewegenden Zufälligkeiten. Ich tadle diese darum nicht; sie haben ihre Weise und ich die meinige. Aber die meinige ist die sicherere und beglückendere. Dabei ist mir jede Anerkennung, jede mir geäußerte Gesinnung erfreulich, und ich bin gern dankbar. Ich schätze sie besonders als ein Zeichen Dessen, was in der Seele Derer ist, die sie hegen. Wird nun eine solche anhängliche, treue, verehrende

Gesinnung seit langer und sehr langer Zeit fortgetra-
gen, so steigt natürlich der Wert derselben.

*

In einer Korrespondenz, wo weder von wissenschaftlichen Gegenständen, noch von Geschäften die Rede
ist, berührt man Begriffe, Ideen, Gesinnungen und
Empfindungen und teilt sich offen mit, was in dem
Geschriebenen besser, was weniger zu billigen wäre.
Es versteht sich, daß so etwas immer nur die eigene
Meinung ist, die auch eine irrige sein kann. Man
kann aber nun einmal nur aus der eigenen Meinung
heraus so lange urteilen und schreiben, bis man sie
durch eine bessere berichtigt findet.

*

Recht wenige Menschen haben einen Begriff und
einen Sinn für die Mitteilung von Gedanken, Ideen
und Empfindungen. Wenn es ihnen auch auf keine
Art an Verstand, Geist und Regsamkeit für alle Gefühle fehlt, für welche der Mensch empfänglich zu
sein Pflegt. Es gehört zum Gefallen an solchen Mit-
teilungen noch mehr, nämlich die Neigung, Das, was
man selbst denkt und fühlt, gern außerhalb des eigenen Seins im Anderen zu erblicken. Bei einem Umgange ist es nicht eben immer der Wunsch, etwas in
den Anderen zu verpflanzen, Meinungen in ihm zu
begründen, zu befestigen oder zu zerstören, wenigstens fühle ich keinen solchen Hang und solches
Bemühen in mir. Aber was ich deutlich fühle, ist ein
großes und in der Liebe zu gefassten Meinungen
selbst gegründetes Verlangen, was ich über Gegen-

stande inneren Bewusstseins meine und empfinde, mit den Erfahrungen und der Vorstellungsweise Anderer zu vergleichen, Es kommt Einem nun gewissermaßen in sich gesicherter vor, was man mit dem Vorstellen und dem Denken Anderer zusammenhält, und wenn es keinen anderen Grund gegenseitiger Mitteilung im Menschengeschlecht gäbe, so wäre schon dies gewiss ein hinlänglicher. Es hat auch gewissermaßen das Schreiben darin einen Vorzug vor dem mündlichen Gespräch. Es vereinigt die Vorzüge des letzteren mit denen des einsamen Nachdenkens, die doch gleichfalls unverkenntlich sind. Man hat für Alles, was die Mitteilung der Gedanken und Empfindungen betrifft, den Anderen nicht minder gegenwärtig, als wenn man persönlich beieinander ist, und zu der Sammlung und dem Festhalten der eigenen Gedanken trägt doch unfehlbar das Alleinsein und selbst, daß man den Faden seiner Gedanken ruhig ausspinnen kann, ehe ein Anderer dazwischentritt, bei.

*

Ich halte jede Verschmelzung mit einer der Individualitäten der gebildeten europäischen Nationen für wohltätig. Es bricht die Einseitigkeit, und wo dies auf die rechte Weise geschieht, da gibt man die eigene Eigentümlichkeit nicht auf, sondern glättet nur ihre schroffen Ecken ab, behält aber ihren echten und edlen Charakter nur auf eine noch festere und sich mit allen inneren Gefühlen inniger verschlingende Weise bei.

*

Wenn man auf eine wahre, natürliche, eingreifende Weise überzeugt wird, daß man tiefen und dauernden Eindruck auf ein Gemüt erregt hat, so liegt darin ein doppeltes, die Empfindung süß erhebendes Gefühl, das des Selbstbewusstseins und das des edlen tiefen Gemüts, welches diese Empfindungen zart zu sondern und fest aufzubewahren verstand.

*

Es ist ein so großes und edles Vergnügen, sich von Männern, deren Kopf und Herz gleich tiefe Achtung einflößen, einiger Aufmerksamkeit gewürdigt zu sehen.

*

Ich habe nicht die engherzigen Begriffe über Empfindungspflichten, die wohl sonst im Schwange sind. Wenn man in sich rein ist, kein Gefühl mit dem anderen vermengt, keine Pflicht verletzt, so habe ich für mich (ich will nie für das Gewissen eines Anderen reden) kein Arges, mich jedem Gefühl, das wahr und unentstellt in mir aufsteigt, ohne alle Ängstlichkeit hinzugeben.

*

Freundschaft und Liebe bedürfen des Vertrauens, des tiefsten und eigentlichsten, aber bei großartigen Seelen nie der Vertraulichkeiten.

*

Mitleid ist eine gar widrige Empfindung, und Teilnahme zwar eine sehr schöne, aber nur in einer gewissen Art. Teilnahme wirklich zu erfahren, ihrer gewissermaßen zu bedürfen, könnte ich nicht zu den erwünschten Gefühlen rechnen, Überhaupt ist mir das .Bedürfen ungemein, nämlich für mich, nur für mich und mein Gefühl, zuwider. Von jeher habe ich gestrebt, nichts außer mir selbst zu bedürfen. Es ist vielleicht nicht möglich, je ganz dahin zu gelangen, aber wenn man es erreichte, so wäre man erst dann, auf vollkommen reine und uneigennützige Weise der höchsten Freundschaft und der höchsten Liebe fähig, sowohl sie zu gewähren, als zu genießen, Denn das Bedürfen ist immer etwas Körperlichem im Geistigen ähnlich, und was dem Bedürfnis angehört, geht dem wahren Vergnügen ab. Befriedigung des Bedürfnisses ist nur Abhilfe eines Nebels, also immer etwas Negatives; das wahre Vergnügen aber, körperlich und geistig, muß etwas Positives sein. Wer also z. B. der Freundschaft am wenigsten bedürfte, der empfindet die, welche ihm gewährt wird, am vollkommensten und süßesten; sie ist ihm ein reiner und ungetrübter Genuss, ein Zuwachs, den er zu seinem, schon in sich geschlossenen und beglückenden Sein erhält; er gewährt sie dann auch am beglückendsten für den Anderen; denn es ist in ihm keine Rücksicht auf sich, nur einzig auf den Anderen dabei. Je stärker und sicherer zwei Wesen, jedes in sich gewurzelt, je einiger mit sich und ihrem Geschicke sie sind, desto sicherer ist ihre Vereinigung, desto dauernder, desto genügender für Jeden. Fehlt es dem Einen an dieser Sicherheit, so bleibt dem Anderen für Beide hinreichend übrig. Nur was so die Alltagsbegriffe der Freundschaft und Liebe von gegenseitigem Stützen aufeinander sagen, ist schwach und nur für sehr mittelmäßige Menschen und Empfindungen gemacht; denn leicht stürzen dabei Beide, indem Keinem die Schwachheit des Anderen Gewähr der Sicherheit leistet. Männliche Selbständigkeit halte ich wirklich für die erste Bedingung männlichen Werts. Ein Mann, der sich durch Schwächen verführen, hinreißen lässt, kann gut, in anderen Punkten recht liebenswürdig sein; er ist aber kein Mann, sondern eine Art Mittelding zwischen beiden Geschlechtern. Er sollte daher eigentlich, obgleich dies manchmal sehr umgekehrt ist, nicht ausgezeichneten Beifall bei Frauen finden. Denn die schöne und reine Weiblichkeit sollte nur durch die schönste und reinste Männlichkeit angezogen werden.

*

Die Liebe, heißt es (1. Kor. 13), hört nimmer auf. Dies beweist zur Genüge, daß sie auf Dinge gerichtet sein muß, die selbst ewig und unvergänglich sind, und daß sie dem Herzen auf solche Weise eigen sein muß, daß sie in keinem Zustande des Daseins demselben entrissen werden kann. Die Liebe gehört rein der Gesinnung und dem Gefühl an und ist überall aufopfernd, gehorchend und hingebend. Sie wird daher durch die Schranken der Endlichkeit nicht so gehemmt. Allerdings könnte sie im Menschen nicht wohnen, wenn ihm nicht selbst eine Verwandtschaft mit dem Unendlichen im Innersten seines Wesens zum Grunde läge, denn wenn ihr Odem ihn einmal beseelt, so kann er sich in ihm mehr, als irgend sonst, dem Höheren verwandt fühlen.

*

Ehrfurcht und Liebe, noch mehr, wo Dankbarkeit zu beiden hinzutritt, hängen glücklicherweise nicht von ängstlicher Abwägung des Verdienstes und der Schwächen Derjenigen ab, denen sie gezollt werden. Sie beruhen auf ursprünglichen Banden, wie zwischen elterlicher und kindlicher Liebe, oder auf einem Gesamtgefühl des Wesens, das man hochschätzt und liebt und das immer dasselbe bleibt, wenn auch kleine Mängel, ja oft selbst größere erkannt werden. Die Ehrerbietung, welche das Kind den Vettern und überhaupt Jeder dem innerlich Höheren, dem er nahe kommt, schuldig ist, und die jedem gut gearteten und weich gebildeten Gemüt so leicht darzubringen wird, gründet sich mehr auf ein oft mehr geahntes als deutlich in Handlungen erkanntes Wesen, auf ein Etwas, das vielleicht nicht einmal zur völligen Ausbildung gekommen ist, aber in Mienen, Gebärden und dem Ganzen des Charakters durchscheint. Es ist in der Menschheit, die so leicht fehlt, so schwer durch alle Verwicklungen des Lebens ihre Reinheit bewahrt, gerade Das beruhigend und schön, daß Liebe und sogar Ehrerbietung noch auch Dem werden können, an dem man wohl Schwächen kennt, oder der sich nicht immer vor Fehltritten bewahrt hat. Ist man sich aber dieses Gefühls wahrhaft bewusst, weiß man sich von der Kälte und nüchternen Strenge frei, die, ehe sie Achtung und Liebe zollen will, erst Fehler und Vorzüge wägt, so kann man auch verehrte und geliebte Personen, Beides mit vollkommener Freiheit und ohne sich Vorwürfe zu machen, erwähnen.

*

Freundschaft und Liebe Heilen miteinander das innere Seelenleben, worin zwei Wesen einander entgegenkommen, und indem sie, jedes seine Art zu sein in dem anderen aufzugeben scheinen, dieselbe reiner und klarer zurückempfangen. Der Mensch muß etwas außer sich gewinnen, an das er sich anschließen, auf das er mit allen vereinten Kräften seines Daseins wirken könne. Allein wenn auch diese Neigung allgemein ist, so ist der Hang und die Sehnsucht nach wahrer Freundschaft und Liebe doch nur ein Vorrecht zarter und innerlich gebildeter Seelen, Weniger zarte oder durch die Außenwelt betäubte Gemüter heften sich wechselnd und vorübergehend an und erreichen niemals den wahren Frieden, Einer in dem Anderen. Unter sich aber sind Liebe und Freundschaft doch immer und unter allen Umständen in der Art verschieden, daß die erste immer zugleich eine sinnliche Farbe an sich tragt. Man tut dadurch ihrer Reinheit keinen Eintrag, denn auch die sinnliche Neigung kann die größte Reinheit in sich schließen; diese stammt aus der Seele selbst und verwandelt Alles in ihren unbefleckten Glanz. Bei jungen weiblichen Gemütern die noch gar nicht bis zum Gefühl oder vielmehr bis zum Bewusstsein der Liebe gekommen sind, ist es doch aber eigentlich diese, die das Gewand der Freundschaft annimmt. Die Gefühle sind da noch nicht so bestimmt und klar geschieden, aber die beginnende weibliche Reife spielt doch

Alles, ohne es zu wissen, in die Liebe hinüber. Die Freundschaft selbst von einem Geschlechte zu einer Person desselben wird dann lebendiger, leidenschaftlicher, hingebender, aufopfernder; wenn sie auch in späteren Jahren alles dasselbe der Tat nach leistet, so ist in der früheren doch die Art anders, die Farbe der Empfindung glühender, die Seele heftiger davon ergriffen und gleichsam wärmer und Heller davon durchstrahlt.

*

Ich bin nie der Meinung gewesen, daß es zur Freundschaft gehört, sich mitzuteilen, was Einem Frohes oder Schmerzliches begegnet. Es mag dies auch wohl Freundschaft heißen und sogar sein; aber es gibt wenigstens, Gottlob! eine höhere, auf Reinerem und Höherem beruhende Freundschaft, die dessen nicht bedarf und, weil sie mit etwas Edlerem beschäftigt ist, darauf nicht kommt.

*

Die wahre Liebe, die ihrer höheren Abstammung treu und gewiss ist, erwärmt gleich der Sonne, so weit ihre Strahlen reichen, und erhellt verklärend Alles in ihrem lautem Glanz. Endlich erhebt eine solche Erscheinung die Seele in Hoffnung und Glauben. Begleiten uns schon hier in unserer Endlichkeit und Unvollkommenheit dauernde Treue und Liebe, besitzen wir schon hier unentreißbare Güter, die mit uns hinübergehen, die wir nicht zurücklassen werden, wie sollte uns nicht die Hoffnung beseelen und erheben, daß wir im Überirdischen in höherer Klarheit wiederfinden, was uns schon hier beseligen konnte, als freie Himmelsgabe.

*

Freundschaft erfordert wirkliche, Übereinstimmungen in den Hauptcharakterseiten, und wenn große Verschiedenheiten der Art, die Dinge anzusehen und zu empfinden, vorhanden sind, bleibt es immer ein vergebliches Bemühen, in sehr große Nahe zu treten oder sich darin zu erhalten. Schwerlich gelingt dies wenigstens unter Personen von gleichem Alter; es müßte denn die eine das innere Bedürfnis fühlen, sich der anderen, als der höheren, ganz unterzuordnen. Die Liebe aber empfängt nicht sowohl den Eindruck von dem Gegenstande, als sie den letzteren vielmehr selbst in den Glanz kleidet, der ihr angemessen ist.

*

Wenn man einem durchaus und wahrhaft großen Charakter lange zur Seite steht, geht wie ein Hauch von ihm auf uns über.

*

Das Belehrende, Tröstende, Ermahnende, wenn es erfolgreich ist und Dem in das Gemüt und in die Seele dringt, an welchen es gerichtet ist, liegt nur zum kleinsten Teil in den dargestellten Gründen selbst. Vielmehr schon ruht die Wirkung in dem Ton und dem begleitenden Ausdruck, weil dieser der Persönlichkeit angehört. Denn eigentlich kommt Alles auf diese an, das ganze Gewicht, was ein

Mensch bei einem anderen hat, teilt sich Demjenigen, was er sagt, mit, und Dasselbe im Munde eines Anderen hat nicht die gleiche Wirkung.

*

Wo der Mensch wahrhaft geliebt wird, glaubt er es nie in dem Grade zu sein, in dem er es ist. Die Liebe übersteigt immer den Glauben an sie. Die alltäglichen Worte: Wenn du wüsstest, wie ich dich liebe, haben eine tiefe und unendliche Wahrheit.

*

Ich finde und habe immer gefunden, daß sich ein Buch gerade vorzugsweise zu einem Geschenk eignet. Man liest es oft, man kehrt oft dazu zurück; man naht sich ihm, aber nur in ausgewählten Momenten, braucht es nicht wie eine Tasse, ein Glas, einen Hausrat, so in jedem gleichgültigen Moment des Lebens, und erinnert sich so immer des Freundes im Augenblick eines würdigen Genusses.

*

Jedes gutgesinnte Gemüt, geschweige denn ein zart und edel fühlendes, bewahrt durch das ganze Leben willig gezollte Dankbarkeit für die Pfleger der Kindheit. Schon im Altertum ist das wahr und schön beschrieben. Die Behandlung der Kindheit fordert Geduld, Liebe und Hingebung, und diese Jahre hindurch ihr gewidmet zu sehen, berührt, wie auch übrigens der Mensch sein mag, die weichsten und zartesten Saiten des Busens. Dies Gefühl ist im Ganzen sich immer gleich; der Unterschied beruht vorzüg-

lich auf der Innigkeit der Empfindenden. Der Maßstab der Dankbarkeit ist aber der Grad der Liebe, den
Der, an den sie knüpft, in das Geschäft legte. Viele,
die bei Kindern sind, tun ihre Pflicht, aber das Herz
ist nicht dabei; das merkt das Kind gleich.

*

(An Schiller,) Ich sehne mich unglaublich wieder zu
Ihnen, liebster Freund; es fehlt mir nicht wie Ihnen
an Zerstreuung, aber die brauche ich wenig, ganz
aber an einem solchen Ideenwechsel und einem solchen freundschaftlichen Genuss. Ich würde nirgends,
wo ich auch lebte, für Ihren Umgang einen Ersatz
finden, das fühle ich lebhaft.

*

(An Schiller.) Das Vergnügen, das die Freundschaft
gewährt, gehört überhaupt nicht zu denjenigen, deren
Entbehrung nur allein für den Genuss nicht gleichgültig ist, und das Vergnügen des Ihrigen und Ihres
Umganges! Ich fühle es, daß vielleicht noch mehr,
als billig ist, meine geistige Tätigkeit fremder Er-
weckung, Nahrung, Unterhaltung bedarf. Und Niemand kann gerade gleich vorteilhaft auf mich wirken
als Sie. Das hat mir die Erfahrung bewiesen und
sogar reifes Nachdenken über unsere beiderseitige
Individualität bestätigt.

*

Es gibt nichts Beglückenderes für einen Mann als die
unbedingte Ergebenheit eines weiblichen Gemüts.

*

Es ist gewiss ein seltenes Glück für einen Mann, daß
ihm ein weibliches Gemüt die ersten Empfindungen
der jugendlichen Brust heilig und vertrauensvoll
bewahrt, und ich bin mir bewusst, daß ich dies
Glück, so wie es ist, würdige und schätze. Wenn das
Schicksal so etwas für zwei Menschen aufbewahrt
hat, muß man es nicht hinwelken lassen, sondern
erhalten und in Vereinigung bringen mit allen äußeren und inneren Verhältnissen, da auf diese Harmonie allein alle Zartheit der Gefühle und alle Ruhe der
Seele gegründet sein kann.

*

Frauen sind darin glücklicher und unglücklicher als
Männer, daß ihre meisten Arbeiten von der Art sind,
daß sie während derselben meist an etwas ganz Anderes denken können. Ich würde es ein Glück nennen; denn man kann ein ganz inneres Leben fast den
ganzen Tag fortführen, ohne in seinen Arbeiten oder
in seinem Berufe dabei zu verlieren oder gestört zu
werden. Es ist das auch wohl ein Hauptgrund, warum wenigstens viele Frauen die Männer in Allem
übertreffen, was zur tieferen und ferneren Kenntnis
seiner selbst und Anderer führt. Allein, wenn jene
inneren Gedanken nicht beglückend oder wenn sie
wenigstens das nicht rein und unvermischt sind,
sondern niederschlagend und beunruhigend dabei, so
ist allerdings die Gefahr größer, welche die innere
Ruhe bedroht, da Männer in ihren Geschäften selbst,
auch Wider ihren Willen, Zerstreuung und Ablen-

kung von einem das Innere einnehmenden Gedanken
finden.

*

Darin sind Frauen besonders gut daran, daß die Arbeiten, die sie auf diese Weise machen, wenn auch
nicht immer ganz, doch größtenteils mechanischer
Art sind, den Kopf wenig, die Empfindung gar nicht
in Anspruch nehmen und also den besseren, zarten
und höheren Teil des Menschen viel mehr sich selbst
überlassen, als das bei Männern der Fall ist. Daher
werden Männer so leicht einseitig, trocken und höl-
zern durch ihre Arbeit, Frauen nie, wenn sie auch
durch Umstände und Widerwärtigkeiten bestimmt
werden, einen Erwerb darin zu suchen, wenn in ihrem früheren Leben sie noch so fern von einer solchen Notwendigkeit waren.

*

So Vieles muß in einer Frau anders sein als im Manne. Wenn ein Mann dem Schmerze Herrschaft über
sich einräumt, wenn er ihn ängstlich Meidet, über
den unvermeidlichen klagt, flößt er eher Nichtach-
tung als Mitleid ein. Einer Frau geziemt es sehr wohl
und scheint natürlich in ihr, sich an ein anderes Wesen anzuschließen. Der Mann muß gewiss auch das
Vermögen dazu besitzen, aber wenn es ihm zum
Bedürfnis würde, so wäre es sicher ein Mangel oder,
eine Schwäche zu nennen. Ein Mann muß immer
streben, unabhängig in sich dazustehen.

*

Trost wüßte ich bei einem Anderen, als mir selbst, nie zu finden. Es würde mir ein zweites, noch unangenehmeres Gefühl, als das widrige Schicksal durch sich einflößt, geben, wenn ich nicht selbst Stärke genug besäße, mich selbst zu trösten. Dies mag bei Frauen billig anders sein. Wenn es bei einem Manne anders ist, ist es nicht lobenswert. Ein Mann muß sich selbst genug sein.

*

Die weiblichen Beschäftigungen und selbst die ursprüngliche Bestimmung der Frau führt sie körperlich und geistig mehr auf ein inneres Wirken und Weben. Indes ist selten damit Klarheit der Ansicht und Deutlichkeit des Selbstbewusstseins verbunden. Gerade der nach innen zu wirkende Teil ist oft selbst gewissermaßen verdunkelnd und verwirrend, da die Anschaulichkeit ursprünglich ein Eigentum der äußeren Sinne ist.

*

Ich liebe überall die Arbeitsamkeit, sie ist mir besonders an Frauen sehr schätzenswert. Diejenigen Arbeiten, welche Frauen vorzunehmen Pflegen, haben noch das Einladende und Reizende, daß sie erlauben, dabei viel mehr in Empfindungen und Ideen zu leben. Ich leite daher die wirklich feinere und schönere, oft selbst tiefere Bildung her, welche auch solche Frauen, die keine vorzügliche Erziehung genossen haben, meistenteils vor den Männern voraushaben, welchen sie sonst in Kenntnis nachstehen. Zum Teil freilich rührt aber eben daher auch die bei Frauen häufigere Schwermut und Verletzbarkeit. Wie die Seele mehr, öfterer, tiefer und abgeschiedener in sich gekehrt ist, so berührt alles Äußere sie rauher. Indes ist das ein leicht zu verschmerzender Nachteil.

*

Die Einseitigkeit ist etwas ganz Relatives, und im Manne, der sich nach einer großen Menge von Gegenständen hinwenden soll, kann sie wohl zu fürchten sein, Frauen aber haben, wie man es recht eigentlich nennen kann, das Glück, vielen Dingen ganz fremd bleiben zu können; sie gewinnen meistenteils gerade dadurch, daß sie den Kreis ihres Erkennens und Empfindens zu kleinerem Umfang und größerer Tiefe zusammenziehen, und es ist also bei ihnen in der Art, wie beim Manne, Einseitigkeit nicht schädlich.

*

Ein Mann, und noch mehr einer, der oft in Verhältnissen war, in denen er gegen Gefahr und Ungemach nur bei sich Schutz und Nachsuchen konnte, muß mehr von der Selbständigkeit erwarten und mehr auf sie dringen als die Frau. Er muß sich zutrauen, mehr ertragen, Schmerz und Unglück (von denen kein Mensch frei ist und zu denen Geschäfte und für Andere übernommene Verantwortlichkeit auch empfindlichere Gelegenheiten darbieten, als in einfacheren Lagen vorkommen können) mit mehr Gleichgültigkeit ansehen und sie mehr durch sich selbst bezwingen zu können.

*

Ich kenne Frauen, denen Niemand Geist absprechen
kann, noch absprechen wird; sie besitzen viele und
selbst gelehrte Kenntnisse. Im Gebiete der Wissenschaften ist ihnen wenig fremd; sie haben Alles gelesen, was in die neuere und frühere Zeit fällt, und
selbst die Schriften und Schriftsteller der Vorzeit
sind ihnen bekannt, und ihre Unterhaltung ermüdet,
und ihre Briefe sind kaum zu lesen. Man fragt wohl,
woran das liegt, und die Antwort ist nicht leicht.
Gewiss aber ist die Sprache ein Haupterfordernis,
und sie ist nicht Allen verliehen, und in der Tat mehr
angeboren als angebildet.

*

Es ist wirklich wahr, daß Männer sich nicht genug
im müßigen Denken gehen lassen. Sie tun eher Alles
als denken, auch wenn sie ganz unbeschäftigt sind,
oder sie geben sich, wenn sie gerade zu keinen höheren Beschäftigungen berufen sind, lieber noch ganz
leeren und nichtigen hin. Die Beschäftigungen der
Männer sind leider so, daß sie das gleichzeitige innere Denken ausschließen und doch den Geist gar nicht
auf irgend eine würdige Weise in Anspruch nehmen.
Auf diese Beschäftigungen haben doch Viele die
Albernheit, einen Weich zu setzen und sich etwas
darauf einzubilden. Dies ist offenbar eine der Ursachen, warum in der Regel Frauen interessanter zu
sein Pflegen als die Männer. Denn bei den Arbeiten
der Frauen wird das stille Sein der Seele für sich viel
seltener durch die Arbeit gestört. Beides geht neben-

einander fort, und der Wert der Gedanken und Gefühle wird mehr empfunden. Eine Frau, die dessen sonst fähig ist, hängt beiden mit mehr Liebe nach.

*

Es ist das so rein weiblich, den Ansichten eines Mannes gern zu folgen, für den im Busen liebevolle Ergebenheit wohnt.

*

Bei Männern ist weniger zu bemerken, da sie Kenntnisse sehr oft wieder nur zu äußeren Zwecken anwenden, und man weiter nun nichts gewahr wird, oder danach fragt, wie dieselben auf ihr Inneres gewirkt haben. Aber bei Frauen ist das anders, und da sind mir mehrere vorgekommen, die wirklich recht viele und in gewisser Art sogar gelehrte Kenntnisse hatten, aber in ihrem Geiste und Gemüte, also in ihrem ganzen Inneren darum nicht mehr gebildet, wenigstens nicht mehr bereichert waren, als wenn ihnen das Alles gefehlt hätte. So sehr kommt es darauf an, daß das Innere dem äußeren Objekt, welches es in sich aufnimmt, auch selbständig entgegenwirke.

*

Die Ruhe ist die natürliche Stimmung eines wohlgeregelten, mit sich einigen Herzens. Äußere Ereignisse können sie bedrohen und das ruhigste Gemüt aus den Angeln heben. Ein großes weicht zwar auch da nicht; allein obgleich es Frauen gibt, welche diese Stärke mit der größten und lebendigsten Regsamkeit der Empfindung und der Einbildungskraft verbinden, so kann man das bewundern, aber nicht fordern. In einem Manne aber ist es Pflicht, es lässt sich verlangen, und er verliert gleich bei allen richtig Urteilenden an Achtung, wie hierin in ihm ein Mangel sichtbar wird.

*

Dem Manne wird es viel leichter, den Schein und selbst die Wirklichkeit zu gewinnen, als sei er im Alter mehr und viel mehr geworden. Man schätzt in ihm vielmehr die Eigenschaften, die wirklich dem Alter mehr angehören, und erlässt ihm die Frische und den Reiz der jüngeren Jahre. Er kann immer bleiben und selbst mehr werden, wenn er auch die körperliche .Kraft sehr einbüßt. Bei Frauen ist das nicht ganz der Fall, und die Strenge der Willensherrschaft, die Höhe der freiwilligen Selbstverleugnung, durch die das weibliche Alter sich eine so jugendliche Kraft erhalten kann, haben nur Wenige den Mut, sich anzueignen. Allein auch in Frauen bewahrt das Alter Vieles, was man in ihrer Jugend vergebens suchen würde, und was jeder Mann von Sinn und Gefühl vorzugsweise schätzen wird.

*

Ohne Freiheit und Zartheit zum Genusse gedeiht den Frauen keine Lebensstunde.

*

Zum Empfinden schöner Weiblichkeit gehört eine eigentümliche Liebe, den Stoff mit all seinen Besonderheiten in dem ganzen, unentweihten Hauche seiner Zartheit zu ehren. In dem rechten Empfinden edler Weiblichkeit liegt aber das Erkennen alles Schönen in der Menschheit und der Natur. Ja, das entschleierte Wesen alles seelenvollen Lebens, so wie es auf Erden wahrnehmbar ist, liegt da vor dem Blick, der es zu fassen vermag. Im Manne treten einzelne Seiten stärker hervor, aber das Ganze ist mit Fremdartigem vermischt.

*

Eine Verbindung von Personen beiderlei Geschlechts, welche sich gerade auf die Geschlechtsverschiedenheit gründet, wie vielleicht die Ehe am richtigsten definiert werden könnte, lässt sich auf ebenso mannigfaltige Weise denken, als mannigfaltige Gestalten die Ansicht jener Verschiedenheit und die aus derselben entspringenden Neigungen des Herzens und Zwecke der Vernunft anzunehmen vermögen; und bei jedem Menschen wird sein ganzer moralischer Charakter, vorzüglich die Starke und die Art seiner Empfindungskraft darin sichtbar sein. Ob der Mensch mehr äußere Zwecke verfolgt oder lieber sein inneres Wesen beschäftigt? ob sein Verstand tätiger ist oder sein Gefühl? ob er lebhaft erfasst und schnell verlässt? oder langsam eindringt und treu bewahrt? ob er losere Bande knüpft oder sich enger anschließt? ob er bei der innigsten Verbindung mehr oder minder Selbstärdigkeit behält? und eine Menge von Bestimmungen modifizieren anders und anders sein Verhältnis im ehelichen Leben, Wie dasselbe aber auch immer bestimmt sein mag, so ist die Wirkung davon auf sein Wesen und seine Glückseligkeit unverkennbar, und ob der Versuch, die Wirklichkeit nach seiner inneren Stimmung zu finden oder zu bilden, glücke oder misslinge? davon hängt größtenteils die höhere Vervollkommnung oder die Erschlaffung seines Wesens ab. Vorzüglich stark ist dieser. Einfluss bei den interessantesten Menschen, welche am zartesten und leichtesten auffassen und am tiefsten bewahren. Zu diesen kann man mit Recht im Ganzen mehr das weibliche als das männliche Geschlecht rechnen, und daher hängt der Charakter der Ersteren am meisten von der Art der Familienverhältnisse in einer Nation ab. Von sehr viel äußeren Beschäftigungen gänzlich frei, fast nur mit solchen umgeben, welche das innere Wesen beinahe ungestört sich selbst überlassen; stärker durch Das, was sie zu sein als was sie zu tun vermögen; ausdrucksvoller durch die stille als die geäußerte Empfindung; mit aller Fähigkeit des unmittelbarsten, zeichenlosesten Ausdrucks, bei dem zartem Körperbau, dem beweglicheren Auge, der mehr ergreifenden Stimme, reicher versehen; im Verhältnis gegen Andere mehr bestimmt, zu erwarten und aufzunehmen als entgegenzukommen; schwächer für sich, und doch nicht darum, sondern aus Bewunderung der fremden Größe und Stärke sich inniger anschließend; in der Verbindung unaufhörlich strebend, mit dem vereinten Wesen zu empfangen, das Empfangene in sich zu bilden und gebildet zurückzugeben; zugleich höher von dem Mut beseelt, welchen Sorgfalt der Liebe und Gefühl der Stärke einflößt, die nicht dem Widerstände, aber dem Erliegen im Dulden trotzt — sind die Weiber eigentlich dem Ideale der Menschheit näher als der Mann; und wenn es nicht unwahr ist, daß sie es seltener erreichen als er, so ist es vielleicht nur, weil es überall schwerer ist, den unmittelbar steilen Pfad als den Umweg zu gehen. Wie, sehr aber nun ein Wesen, das so reizbar, so in sich Eins ist, bei dem folglich nichts ohne Wirkung bleibt, und jede Wirkung nicht einen Teil, sondern das Ganze ergreift, durch äußere Missverhältnisse gestört wird, bedarf nicht ferner erinnert zu werden. Dennoch hängt von der Ausbildung des weiblichen Charakters in der Gesellschaft so unendlich viel ab. Wenn es keine unrichtige Vorstellung ist, daß jede Gattung der Trefflichkeit sich — wenn ich so sagen darf — in einer Art der Wesen darstellt, so bewahrt der weibliche Charakter den ganzen Schatz der Sittlichkeit.

„Nach Freiheit strebt der Mann, das Weib nach Sitte.“

*

Die Lebensalter, Tod und Unsterblichkeit.

Ich sehe die Natur gern als eine Macht an, an der man die reinste Freude hat, wenn man ruhig mit allen ihren Entwicklungen fortlebt und die Summe aller als ein Ganzes betrachtet, in dem es nicht gerade darauf ankommt, ob jedes Einzelne erfreulich sei, wenn nur der Kreislauf vollendet wird. Das Leben mit der Natur auf dem Lande hat vorzüglich darin seinen Reiz für mich, daß man die Teile des Jahres vor seinen Augen abrollen sieht. Mit dem Leben ist es nicht anders, und es scheint mir daher immer aufs mindeste eine müßige Frage, welches Alter, ob Jugend oder Reife oder sonst einen Abschnitt man vorziehen möchte. Es ist immer nur eine Selbsttäuschung, wenn man sich einbildet, daß man wahrhaft wünschen könnte, in einem zu bleiben. Der Reiz der Jugend besteht gerade im heiteren und unbefangenen Hineinstreben in das Leben, und er wäre dahin, wenn es Einem je deutlich würde, daß dies Streben nie um eine Stufe weiter führt, etwa wie das Treten der Leute, die in einem Rade eine Last in die Höhe heben. Mit dem Alter ist es nicht anders; es ist im Grunde, wo es schön und kräftig empfunden wird, nichts Anderes als ein Hinaussehen aus dem Leben, ein Steigen des Gefühls, daß man die Dinge verlassen wird, ohne sie zu entbehren, indem man doch zugleich sie liebt und mit Heiterkeit auf sie hinblickt und mit Anteil in Gedanken bei ihnen verweilt.

*

Die Ruhe des Geistes, die Freiheit von Allem, was die Seele unangenehm spannt und aufreizt, die Unabhängigkeit fast von Allem, was man sich nicht selbst durch innerliche Stimmung und Beschäftigung geben kann: diese Dinge sind alle in früheren Jahren schwerer zu erreichen, sind alsdann oft nur dann vorhanden, wenn, was noch viel schlimmer ist, sie aus Kälte und Unempfindlichkeit entstehen. Dennoch sind sie es vorzüglich, welche ein inneres glückliches Leben geben und sichern. Es ist daher nicht ganz richtig, wenn man glaubt oder sagt, daß das Alter abhängiger von anderen Umständen und Zufällen mache. Körperlich und äußerlich ist es freilich wohl der Fall, allein auch nicht soviel, als man glaubt, da wenigstens bei gutgearteten und an Selbstbeherrschung gewöhnten Menschen die Begierden und selbstgeschaffenen Bedürfnisse noch viel mehr im Älter abnehmen als die Kraft, ihnen Befriedigung zu verschaffen. Auf der anderen Seite aber gewinnt eben dadurch die viel wesentlichere und das Glück weit mehr befördernde Unabhängigkeit ungleich mehr. Mangel an Ergebung und Ungeduld sind eigentlich die Dinge, welche alle Übel, welcher Art sie sein mögen, erst recht empfindlich machen und sie wirklich vergrößern. Gerade von diesen beiden Nebeln heilt das Alter vorzüglich, immer eine Gemütsart vorausgesetzt, die keine einmal eingewurzelten unartigen Gewohnheiten hat, die freilich ihr Gift sonst in jedes Alter hinübertragen. Der größte Gewinn aber der aus dieser größeren geistigen Freiheit, aus der Begierden- und Leidenschaftslosigkeit, dem gleichsam wolkenlosen Himmel, den zunehmende Jahre über das Gemüt hinführen, entsteht, ist, daß das Nachdenken reiner, starker, anhaltender, mehr die ganze Seele in Anspruch nehmend, wird, daß sich der intellektuelle Horizont erweitert und das Beschäftigen mit jeder Art von Wissenschaft und jedem Gebiet der Wahrheit immer mehr und mehr, ausschließend das ganze Gemüt ergreift und jedes andere Bedürfnis, jede andere Sehnsucht schweigen macht. Das nachdenkende, betrachtende, forschende Leben ist eigentlich das höchste; allein in gewisser Art lässt es sich doch nur im höheren Alter vollkommen genießen. Früher ist es im Streit mit der Aufforderung und sogar mit der Pflicht zu handeln und erfahrt nicht selten Störungen durch sie. Es wäre aber sehr unrichtig, wenn man in dem Wahne stände, daß ein solches Vergnügen an einem gar nicht mit dem Leben und dessen Weltlichkeit zusammenhängenden Nachdenken eine große Bildung oder viele Kenntnisse voraussetze. Wo diese gerade bei Jemand zufällig vorhanden sind, da kann das Nachdenken vielfältige Gegenstände treffen, es ist da allerdings mehr Mannigfaltigkeit und ein wenigstens scheinbar weiterer Kreis. Allein gerade die dem Menschen notwendigsten, heiligsten und wahrhaft erfreulichsten Wahrheiten liegen auch dem einfachsten, schlichtesten Sinn offen, ja werden von ihm nicht selten richtiger und selbst tiefer aufgefasst als von dem, den großer Umfang von Kenntnissen mehr zerstreut. Diese Wahrheiten haben noch außerdem das Eigene, daß, ob sie gleich keines Grübelns bedürfen, um erkannt zu werden, sie vielmehr sich selbst Eingang in das Gemüt verschaffen, daß immer in ihnen Neues gefunden wird, weil sie in sich wirklich unerschöpflich und unendlich sind. Sie knüpfen sich an jedes Alter an, allein doch am natürlichsten an dasjenige, was den endlichen Aufschlüssen über alle unendliche Rätsel, die eben diese Wahrheiten enthalten, am nächsten steht. So stirbt zwar in höheren Jahren eine gewisse Lebendigkeit mehr ab; aber es ist dies nur eine äußere, oft sogar fälschlich geschätzte. Die viel wohltätigere, schönere, edlere, die sich immer in fruchtbarer Klarheit entfaltet, gehört vielmehr erst eigentlich dem wahren Alter an.

*

Je tiefer man in höhere Jahre tritt, je mehr reizt, wenn man dessen einmal fähig ist, der Ernst der Gedanken. Man kann sogar ohne Übertreibung sagen, daß das das Einzige ist, was uns dann noch reizt. Und dieser Reiz steigt mit der Beschäftigung selbst. Es entspringt Eins aus dem Anderen, es entspinnt sich neu zu Denkendes aus bisher halb Gedachtem oder nur Geahntem. Man wird dadurch, von dieser Seite will ich gar diese Art des einsamen Denkens nicht unbedingt loben, man wird dadurch nicht anziehender für Andere, man grenzt sich vielmehr mehr ab, man weist gewisse Dinge zurück, man hat überhaupt eine Neigung und ein Bedürfnis, sich und seine Ansicht herrschend zu machen, und zieht sich leicht, wenn es auch nicht zu billigen wäre, zurück, wo man sieht, daß sie keinen Eingang findet; man fühlt gewissermaßen, daß man nur noch in einem gewissen Gleise fortgehen kann, und verlangt daher, daß Die, welche Einen noch begleiten wollen, sich demselben fügen. Alles Das mag seine Unbequemlichkeit haben; allein alles Menschliche

253

ist damit verbunden, und jenes beschauliche Leben in sich selbst, das sich seinen Kreis schließt und diesen Kreis nie wieder verlässt, hat und gewährt einen solchen Ersatz, daß man sich doch darum nicht davon trennen würde. Ja, wenn es recht die Weise erreicht, mit der sich ein sonst gutgeartetes und tieferes Gemüt wahrhaft beruhigt, so darf man sich sogar aus Pflicht nicht davon trennen. Denn aus diesem nach eigenen Entschlüssen und eigener Wahl begonnenen Verfolgen von Ideen entsteht immer etwas, das weiter und wichtig wirkt, und ohne die Selbständigkeit des Mannes ist, eine freie Anwendung seiner Tätigkeit nicht zu denken.

*

Dem Jugend- und früheren Mannesalter sagt Alles mehr zu, was auf einen größeren Schauplatz versetzt; im Alter fällt der falsche Glanz von den Dingen, aber sie erscheinen darum nicht ohne Bedeutung, hohl und leer. Man lernt nur das Reinmenschliche in ihnen suchen und schätzen und dies bewährt sich ohne Wandel, solange man Kraft behält, sich mit ihm in Berührung zu setzen.

*

Es ist eine große Weisheitsregel im Leben, im Alter nicht zu gesund und zu frei von Unbequemlichkeiten des Alters und körperlichen Zufällen sein zu wollen. Es ist besser, Das, was nur beschwert, nicht aber zu sehr hindert, mit Geduld zu ertragen, und noch besser, sich über die unangenehme Empfindung, die es erregt, wegzusetzen.

*

Das Alter erscheint mit den Jahren allmälig aber mit einer Krankheit oder einem großen Unglücksfall, den nichts je wieder gut machen kann, plötzlich.

*

Das Alter ist ein natürlicher menschlicher Zustand, dem Gott seine eigenen Gefühle geschenkt hat, die ihre eigenen Freuden in sich tragen.

*

Die Zeit verläuft nicht leer; sie bringt und nimmt und lässt zurück. Man wird durch sie immer reicher, nicht gerade an Genuss, aber an etwas Hohem. Ich meine damit nicht gerade die bloß trockene Erfahrung, nein, es ist eine Erhöhung der Klarheit und der Fülle des Selbstgefühls; man ist mehr Das, was man ist, und ist sich klarer bewusst, wie man es ist und wurde. Und das ist doch der Mittelpunkt für des Menschen jetziges und künftiges Dasein, aber das Höchste und Wichtigste für ihn.

*

Ich bin weit entfernt zu verkennen, daß die Jugend im gewissen und im wahren Sinne eigentlich nicht bloß schöner und anmutiger, sondern auch in sich mehr und etwas Höheres ist als das Alter. Eben weil wenig Einzelnes entwickelt ist, wirkt das Ganze mehr als solches, auch entwickelt das Leben nicht immer alle Anlagen, oft nur wenige, da ist dann die Jugend wirklich mehr. Auch liegt da in beiden Geschlechtern ein großer Unterschied.

*

Ist es recht und erlaubt, den Wert des Lebens wie
den eines anderen Guts zu schätzen? Das Leben ist
dem Menschen von Gott gegeben, um es auf eine
ihm wohlgefällige, pflichtgemäße Weise anzuwenden und im Bewusstsein dieser Anwendung zu genießen. Es ist uns allerdings zum Glück gegeben.
Dem Glück ist aber immer die Bedingung gestellt,
daß man es zuerst, und wenn die mancherlei Tage
Prüfungen mit sich führen, allein in der mit Selbstbeherrschung geübten Pflicht finde. Ich frage mich
daher nie, welchen Weg das Leben noch für mich
hat, ich suche es auszufüllen und überlasse das Andere der Vorsehung. Die Schwächung, welche die
Kräfte durch das Alter erfahren, kenne ich sehr wohl
aus eigener Erfahrung, aber ich möchte darum nicht
zurücknehmen, daß der Zweck des Lebens eigentlich
der ist, zu der höchsten, dem inneren Geistesgehalt
des Individuums, von dem die Rede ist, den Umständen und der Lebensdauer angemessenen Er-
kenntniskraft zu gedeihen. Es gibt allerdings Fälle,
wo das Alter alle Geisteskräfte vernichtet. So war es
mit Campe, der die letzten fünf Jahre seines Lebens
bloß vegetierte, und von dem man kaum sagen konnte, daß er wieder zum Kindesalter zurückgekehrt
war. Über diese Fälle ist nichts zu sagen. Der
Mensch hört in ihnen menschlich auf zu sein, ehe er
physisch stirbt. Sie sind aber glücklicherweise selten.
Die gewöhnlichen Altersschwächen, gehen mehr den
Körper an, und im Geiste bleibt die Kraft des Entschlusses, seine Schnelligkeit und Ausdauer, das

256

Gedächtnis, die Lebendigkeit der Teilnahme an äußeren Begebenheiten. Das in sich gekehrte Denkvermögen und das Gemüt bleiben nicht nur in den meisten Fällen ungeschwächt, sondern sind reiner und minder getrübt durch Verblendung und Leidenschaften. Gerade aber diese Kräfte sind es, die am besten und sichersten zu der oben erwähnten Reife der Erkenntnis führen. Sie wägen in den höheren Jahren, die keine, Ansprüche mehr an Erfolge des Glücks und Veränderung der Lage machen, am richtigsten den wahren Wert der Dinge und Handlungen ab und knüpfen das Ende des irdischen Daseins an die Hoffnung eines höheren an; sie läutern die Seele durch die ruhige und unparteiische Prüfung Dessen, was in ihr im Leben vorgegangen ist. Niemand muß glauben, mit dieser stillen Selbstbeschäftigung schon fertig zu sein. Je mehr und anhaltend man sie vornimmt, desto mehr entwickelt sich neuer Stoff zu derselben. Ich meine damit nicht ein unfruchtbares Brüten über sich selbst, man kann dabei tief mit seinen Gedanken in der Zeit und der Geschichte leben, aber wenn man dies tut, was nicht notwendig ist, meine ich nicht das Ziehen jedes Gedankenstoffes in den Kreis der Irdischkeit, sondern in den höheren, dem der Mensch vorzugsweise in seinen spätesten Jahren angehört. Denn dieser zwiefache Kreis ist dem Menschen sichtbar angewiesen. In dem einen handelt er, ist er beschäftigt, trägt er im Kleinsten und Größten zu den Menschenschicksalen bei, davon aber sieht er niemals das Ende und darin ist nicht er der Zweck. Er ist nur ein Werkzeug, nur ein Glied der Kette, sein Faden bricht oft im entscheidendsten

Moment ab, der des Ganzen läuft fort. In dem anderen Kreise hat der Mensch das Irdische, nicht dem Erfolge, nur der Idee nach, die sich daran knüpft, zum Zweck und geht mit diesem Streben über die Grenzen des Lebens hinaus. Dieses Gebiet ist nur dem Einzelnen, aber jedem Menschen für sich angewiesen. Die Naturen des Menschengeschlechts stören bloß im Irdischen fort. Jeder Mensch dreht sich, wenn er auf sich achtet, immer in diesen beiden Kreisen herum, aber dem Alter ist der höhere und edlere mehr eigen, und nicht ohne Grund befallen den Menschen Altersschwächen; er widmet sich, dadurch gemildert und beruhigt, jenen höchsten Betrachtungen.

*

Herder sagt sehr schön und sehr wahr, daß immer im Menschen tiefer und verborgen liegende Kräfte zum Vorschein kommen, die ohne manches Vorübergehende nicht tätig werden konnten. Dadurch nun, und ich kann mit Wahrheit sagen, dadurch allein hat gegenwärtig das Leben Wert für mich, daß es ganz unberechenbar ist, welche Kräfte noch durch allerlei Ereignisse rege werden können. Die Entwicklung aller Keime aber, die in der individuellen Anlage eines Menschenlebens liegen, halte ich für den wahren Zweck des irdischen Daseins, nicht gerade das Glück. Auf das Glück rechne ich für mich in den letzten Lebensjahren, in denen ich stehe, gar nicht, so dankbar ich es auch empfange, wenn es sich ungerufen darbietet. Man gerät, um in einem Bilde zu reden, im Alter auf die Neige mancher Verhältnisse.

— Man hat aber auch im Alter viel mehr Kraft, selbst wahres Unglück als unvermeidliche Folge unvermeidlicher Verkettung der Umstände zu tragen, und so hat die Vorsehung doch auch dies weise eingerichtet, wie überhaupt bei ruhiger und besonnener Erwägung jeder Einwand, den man etwa gegen den Weltplan erheben könnte, sich von selbst auflöst.

*

Es kann ein unglückliches und freudenloses Alter geben wie eine solche Jugend. Aber die Schicksale gleichgestellt, finde ich das Alter, selbst mit allen Schwächen, die es mir bringt, nicht arm an Freuden: die Farben und die Quellen dieser Freuden sind nur anders. Sie entspringen für mich immer ausschließlicher aus der Einsamkeit und der Beschäftigung mit meinen Ideen und Gefühlen.

*

Das Alter — es sei dies nun eine wohltätige oder lästige Einrichtung der Natur — gehört nun einmal zu den Entwickelungsperioden des Lebens, und es wäre unrecht, wenn der Mensch nicht in feinem geistigen Charakter, seinen Gedanken, Empfindungen und Gesinnungen Dasjenige aufzufinden strebte, was dem physischen Lebensabschnitt entspricht., So was gibt es aber unleugbar und im edlen Sinne des Worts, Mit dem Gemeinplatz, daß man Erfahrungen erhält und Leidenschaften verliert, muß man das Alter nicht abfertigen, diese Ansicht ist aus einem zu niedrigen Standpunkte genommen, und was man in diesem Sinne Erfahrungen und Leidenschaften nennt, hat Beides keinen großen Wert. Um Erfahrungen ist es dem Alter nicht zu tun. Diese zu sammeln fordert ein kräftiges und tätiges Leben. Aber in natürlich und gutgearteten Menschen sind dem Alter Ruhe, Aufhören vom Zufall abhängiger Bestrebungen, Geduld, Freiheit von zu ängstlichen Sorgen eigen, und diese Vorzüge erhöhen und verschönern Alles. Man wirft wohl dem Alter gerade das Gegenteil von allem Diesen vor, aber das ist der seltenere Fall und findet sich nur in Gemütern, von denen zu sprechen sich nicht die Mühe lohnt. Bei den Besseren findet sich entweder ein liebenswürdiger, gutmütiger Frohsinn oder mehr und ernstere Tiefe, die darum doch auch gar nichts Düsteres hat. Aus diesen beiden verschiedenen Richtungen stammt es her, daß ebenso viel alte Leute die Gesellschaft als die Einsamkeit suchen. Das Alter wirkt da der ursprünglichen Verschiedenheit der Charaktere gemäß. Wendet es sich auf die innerliche Betrachtung, so bearbeitet der Mensch den im Leben gesammelten Stoff, zu dem auch allerdings die Erfahrungen gehören, in sich, indem er davon ausscheidet, was sich geistig nicht erhalten kann. Ich meine natürlich nicht, daß dabei ein Resultat oder gar ein Buch herauskommen soll, aber es ist nur überhaupt ein Leben oder auch ein Träumen in Ideen aller Art, ein geistiges Schweben über Vergangenheit und Zukunft oder vielmehr ein sinniges Verknüpfen beider. Ist der Mensch durch Neigung oder Bedürfnis auf äußere Wirksamkeit gerichtet, so passt gerade für das Alter recht die Beschäftigung, die nach Schiller's „Idealen" Sandkorn an Sandkorn reiht.

260

*

Solange man lebt, muß man das Leben erhalten, sich ihm nicht entfremden, sondern darein eingreifen, wie es die Kräfte und die Gelegenheit erlauben.

*

Es wurde nur gesagt, daß Kant noch eine ungeheure Menge unbearbeiteter Ideen im Kopfe habe, die er nicht allein noch alle bearbeiten, sondern auch alle in einer gewissen Reihe bearbeiten wolle, und daß ihn die Wärme für diesen intellektuellen Reichtum zu der Täuschung verleite, die Länge seines noch übrigen Lebens mehr nach der Menge jenes Vorrats, als nach der gewöhnlichen Wahrscheinlichkeit zu berechnen. In der Tat aber muß eine solche Lage eine eigene Disproportion zwischen dem moralischen und physischen Können hervorbringen, und schön wäre es doch, wenn der Geist einen solchen Aufschub der körperlichen Zerstörung bewirken könnte, bis er sich hier in dem Kreise seines Wirkens ein Genüge geleistet hätte, oder wenigstens an ein Ziel gekommen wäre, wo es ihm nun selbst zu eng würde. Des Menschen natürliches Ende wäre doch nur Erfüllung seines Kreises. Er müßte hier nichts mehr zu schöpfen, nichts mehr, zu tun finden, wodurch er noch Fortschritte machen könnte. Dann könnte und müßte er gehen; eher ist man doch immer noch unreif.

*

Der Mensch, der keinen Tag des folgenden sicher ist, nimmt Maßregeln für ein Jahr und hält das mit einem gewissen Ernst für notwendig. Es ist sehr in meiner Art und selbst in meinen Grundsitzen, in meinen Lebensplänen, Arbeiten, sonstigen Beschäftigungen auf die Unterbrechung gar nicht zu achten, welche die Möglichkeit des Todes machen kann, oder gewissermaßen Berechnungen der wahrscheinlichen Lebensdauer in meine Pläne aufzunehmen. Ich würde ohne Bedenken das Weitläufigste anfangen. Man vollendet so viel, als das Schicksal vergönnt; das ist manchmal unerwartet und überraschend viel, sei es, daß längere Zeit vergönnt wird, oder daß die Umstände die Arbeit schneller fördern. Wird man aber früher abgerufen, nun so ist der Faden abgeschnitten, aber man tritt dann in einen Zustand, von dem man allerdings nichts weiß, aber von dem man wohl Das mit Gewissheit behaupten kann, daß es keinem Bedauern Raum geben wird, hier etwas unvollendet gelassen zu haben.

*

Ich habe mir oft gesagt, daß es sehr gut wäre, wenn man seinen Tod drei, vier Jahre voraus wüsste. Solange man das Leben als eine unbestimmte Größe ansieht, kann man nicht anders, selbst im höchsten Alter, als es wie ein fortgehendes zu behandeln, sehr Vieles zu tun, was nur auf das Leben selbst, nicht auf seine höheren Zwecke Bezug hat, oft zu wechseln, wie der Strom, der dem Meere zugeht, immer fort zu fließen und natürlich da oft, sehr oft, sich etwas zu verlaufen. Ganz anders aber wäre es, wenn man das Leben als eine geschlossene Größe betrachtete. Alles Unnütze würde weggeschnitten, die Spannung wäre größer, weil sie kürzer wäre; die Welle strömte in sich zurück und man wüsste, was man gewesen wäre und werden könnte.

*

Ich scheue das Alter nicht, und den Tod habe ich, durch eine sonderbare innere Stimmung, vielleicht von meiner Jugend an, nicht bloß als eine so rein menschliche Begebenheit angesehen, daß sie Einen, der über Menschenschicksale zu denken gewohnt ist, unmöglich betrüben kann, sondern eher als etwas Erfreuliches, Jetzt ist Meine Rechnung mit der Welt längst abgeschlossen. Ich verlange vom langen Leben weiter nichts, ich habe keine weit aussehenden Pläne, nehme jeden Genuss dankbar aus der Hand des Geschickes, würde es aber sehr töricht finden, daran zu hängen, daß das noch lange so fortdaure. Meine Gedanken und Empfindungen sind zu sehr mein, als daß ich sie nicht mit hinübernehmen sollte. Niemand kann den Schleier wegziehen, den die Vorsehung gewiss mit tiefer Weisheit über das Jenseits gezogen hat. Aber gewiss kann die Seele nur gewinnen an innerer Freiheit, an Klarheit aller Einsicht in das Tiefe und Höchste, an Wärme und Reinheit des Gefühls, an Reichtum und Schönheit der umgebenden Welt. Ein einziger Blick in die unermessliche Ferne des Sternhimmels bringt mir das mit einer inneren Stärkung, von der nur Derjenige einen Begriff hat, dem sie zu Teil geworden ist, vor das Gefühl, und so erscheint mir das Ende des Lebens, solange es von Krankheit und Schmerz frei ist, die ja aber auch Kindheit und Jugend treffen, vielleicht der schönste und heiterste Teil.

Bis jetzt denke ich mir den Tod als eine freundliche Erscheinung, eine, die mir in jedem Augenblicke willkommen wäre, weil, wie zufrieden und glücklich ich lebe, dies Leben doch immer beschränkt und rätselhaft ist, und das Zerreißen des irdischen Schleiers dann auf einmal Erweiterung und Lösung mit sich führen muß. Ich könnte darum Stunden lang mich Nachts in den gestirnten Himmel vertiefen, weil mir diese Unendlichkeit ferner stammender Welten wie ein Band zwischen diesem und dem künftigen Dasein erscheint. Ich hoffe, diese Freudigkeit der Todeserwartung soll mir bleiben; ich würde mich dessen, da sie tief in meiner Natur (die nie am Materiellen, immer nur an Gedanken, Ideen und reiner Anschauung gehangen hat) gegründet ist, sogar gewiss halten, wenn nicht der Mensch, wie stark er sich wähne, sehr vom augenblicklichen Zustande seiner körperlichen Gesundheit und selbst seiner Einbildungskraft abhinge. Ich wähne mich aber nicht einmal stark, sondern fordere nur unbedingt von mir, es zu sein. Ich würde daher, bliebe ich wie jetzt gestimmt, den Tod ohne Schrecken herannahen sehen, und mein Bemühen würde nur sein, mit Besonnenheit den Übergang in einen anderen Zustand, solange es möglich ist, schrittweise zu verfolgen. Darum würde ich auch für mich einen langsamen Tod nicht für ein Unglück erachten, obgleich ein schneller sowohl für den Sterbenden selbst als für die Zurückbleibenden Vorzüge hat. Erwünscht wäre mir eine Vorandeutung.

*

Die Vorbereitung zum Tode muß das ganze Leben
sein, so wie das Leben selbst, und wirklich von seinem ersten Schritt an, eine Annäherung zum Tode
ist.

*

Der Übergang aus der Erstarrtheit und der Dumpf-
heit des Winters in die heitere Lauigkeit des Frühlings macht einen tiefen und anregenden Eindruck
auf das Gemüt. Verbunden mit dem Herbste, durch
den die Natur in die Gebundenheit des Winters übergeht, schließt sich der Wechsel und die Folge dieser
drei Jahreszeiten an die großen Ideen an, die dem
Menschen immer die nächsten sind, das Erstarren im
Tode und das Auferstehen zu neuem Leben. Was
man um sich sieht und empfindet, und was Einer in
der inneren Tiefe seines Gemüts denkt, stellt unter
ganz verschiedenen Formen immer diesen Wechsel
und diese Übergange vor. Am lebendigsten aber tut
es die Natur im Wechsel der Jahreszeiten, in allem
Begraben des Samens in die ihn mütterlich verdek-
kende Erde und dem wiederhervorkeimen aus derselben und vielen anderen Erscheinungen, die man
symbolisch und allegorisch also deuten und darauf
hinziehen kann. Es ist der große Gedanke der Natur
selbst, die nur dadurch besteht, daß sie sich ewig
wieder erneuert. Wäre man immer recht durchdrungen von dieser Idee, so würde man sehr oft seinen
Handlungen, Empfindungen und Gedanken eine
andere Richtung geben, als man jetzt oft tut. Man

würde nämlich fühlen, daß Alles darauf hinausgeht, eine gewisse Reife zu erlangen, mit welcher allein jener Übertritt aus dem gebundenen und unvollkommenen Zustande in den freieren und vollkommeneren gedacht werden kann. Denn man kann sich doch das Sterben und wieder zu neuem Dasein Erstehen nicht als bloß zufällig geschehend, oder auf irdische Ereignisse berechnet vorstellen. Das Verlassen dieses Lebens steht gewiss, es geschehe früh oder spät, in unmittelbarer Beziehung auf das innere Wesen des Dahingehenden und ist immer ein Zeichen, daß nach der Erkenntnis, der nichts verborgen ist, eine fernere Entwicklung auf dieser Erde dem Scheidenden nicht mehr vorteilhaft war. Ebenso kann auch der Tod nicht auf Alle gleiche Wirkungen haben; Den, welcher im Leben mehr und höher zu geistiger Stärke gereift war, nicht so als Den führen und stellen, der darin zurückgeblieben. Der Tod und das neue Leben ergreifen nur immer das für sie Gereifte. So muß also auch der Mensch diese Reife in sich befördern, und die Reife für den Tod und das neue Leben ist nur eine und eben dieselbe. Denn sie ist eine Trennung vom Irdischen, eine Gleichgültigkeit gegen irdischen Genuss und irdische Tätigkeit, ein Leben in Ideen, die von aller Welt entfernt sind, ein sich Losreißen von dem Sehnen nach Glück; es ist mit einem Wort die Stimmung, daß man unbekümmert um die Art, wie man hier vom Schicksal behandelt wird, nur auf das Ziel sieht, dem man zustrebt, daß man also Stärke und Selbstverleugnung übt und wachsame Herrschaft über sich selbst. Daraus entsteht die heitere und furchtlose Ruhe, die, nichts Äußeres bedürfend, sich wie ein zweiter Himmel, ein geistiger neben dem körperlichen, in unbewölkter Bläue über den so in sich gestimmten Menschen ausbreitet.

*

Der Ernst und selbst der größte des Lebens ist etwas sehr Edles und Großes, aber er muß nicht störend in das Wirken im Leben eingreifen. Er bekommt sonst etwas Bitteres, das Leben selbst Verleidendes.
Wenn man das Ende des irdischen Daseins gar nicht fürchtet, wenn man ihm sogar mit mehr als gewöhnlicher Heiterkeit entgegensieht, muß man dem Gedanken daran doch keinen, auf irgend eine Weise störenden Einfluss auf das Leben einräumen.

*

Ich sehe den Tod als Das an, was er ist, die natürliche Entwicklung des Lebens, einen der Punkte, wo das unter gewissen endlichen Bedingungen geläuterte und schon gehobene menschliche Dasein in andere befriedigendere und erhellendere gelangen soll. Was menschlich ist, in dem Ausbildungsgange des Lebens liegt, was alle Menschen miteinander teilen, das kann der irgend Weise nicht fürchten, er muß es vielmehr begünstigen und lieben, gleichsam mit Wissbegierde, solange die Besinnung ihm beiwohnt, auf den Übergang achten, versuchen, wie lange er das fliehende Hier noch zu halten vermag.

*

Man kommt so ohne Erinnerung und ohne Bewusstsein in die Welt, daß es wohl die Mühe verdient, sie wenigstens mit klarer Besonnenheit zu verlassen. Es ist mir, als kennte man nicht das ganze Leben, wenn man nicht den Tod gewissermaßen in den Kreis einschließt.

*

Tod ist nichts als ein Wort. Erst die eigene Empfindung kann sagen, was in der Wirklichkeit diesem Wort zum Grunde liegt. Der Anblick der Sterbenden gibt wenig dazu. Was man an ihnen sieht, geht bloß dem Tode voran. Mit ihm selbst tritt für uns die starre Besinnungslosigkeit ein. Ob dies aber auch für sie so ist und sie erst wieder später oder anders erwachen? das ist's, was man zu wissen wünschte und was unmöglich ist zu erfahren.

*

Eine Sehnsucht nach dem Tode ist mir fremd; obwohl sie edlerer Art ist als Überdruss am Leben, ist sie dennoch zu missbilligen. Das Leben muß erst, solange es die Vorsehung will, durchgenossen und durchgelitten, mit einem Worte durchgemacht sein, und zwar mit völliger Hingebung, ohne Unmut, Murren und Klagen durchgeprüft sein. Es ist ein wichtiges Naturgesetz, das man nicht aus den Augen lassen darf, ich meine das der Reife zum Tode. Der Tod ist kein Abschnitt des Daseins, sondern bloß ein Zwischenereignis, ein Übergang aus einer Form des endlichen Wesens in die andere. Beide Zustände, hier und jenseits, hängen also genau zusammen, ja

268

sie sind unzertrennlich miteinander verbunden, und der erste Moment des Dort kann sich nur wahrhaft anschließen, wenn der des Scheidens von hier, nach der freien Entwicklung des Wesens, wahrhaft der letzte gewesen ist. Diesen Moment der Reife zum Tode, oder der Unmöglichkeit hier weiter zu gedeihen, kann keine menschliche Klugheit berechnen, kein inneres Gefühl anzeigen. Dies zu versuchen wäre nur eine eitle Vermessenheit menschlichen Stolzes. Nur Der, welcher das ganze Wesen zu durchschauen und zu erkennen im Stande ist, kann dies, und ihm die Stunde anheimzustellen und seiner Bestimmung auch nicht einmal durch heftige Wünsche entgegenzukommen, ist Gebot der Pflicht und der Vernunft.

*

Die Verschönerung im Tode, denn so kann man es wohl nennen, ist ein Vorrecht des Menschen. In den Tieren findet sich das Gegenteil; das schönste, anmutigste, edelste Pferd sieht auf dem Schlachtfelde hässlich und widerwärtig aus. Der Grund liegt doch wohl in dem Eindruck, den die Seele auf die Züge des Gesichts macht. Dieser Eindruck, wenn die Gemütsart sonst unverdorben war, ist in sich nun natürlich ruhig, sittlich rein und selbst bei Personen von geringen Geistesgaben bis auf einen gewissen Punkt edel. Im Leben wird er durch die augenblicklichen Erregungen des Gemüts, durch die Umstände immer mehr oder weniger aus dem Gleichgewichte gebracht. In dem Leiden einer Krankheit ist das doppelt der Fall. Mit dem Tode weicht nun jener augenblickliche Einfluss auf die Züge; der ursprüngliche, durch das ganze Gemüt bewirkte aber bleibt und erhält sich, solange die körperliche Gestalt der Teile nicht zerfallt, auch ohne die fortdauernde Anwesenheit des Gemüts gleich einem eingeprägten Bilde. In diesem muß dann natürlich eine vollkommene Ruhe liegen, da das bewegliche Leben in den ewigen Schlummer eingewiegt ist. Vielleicht hat aber auch die Erscheinung einen schöneren und höheren Grund. Wir sehen — und können nicht anders — den Tod als ein Scheiden der Seele, eine Befreiung derselben aus den Banden des Körpers an. Wir wissen aber durchaus nicht, was aus der fliehenden wird. Vielleicht ändert sie schon im Augenblicke, wo sie den Körper verlässt, ihre irdische Natur und wirft nun einen scheidenden Strahl auf die Zurückbleibenden, dessen Licht wir in den immer den Seeleneindrücken folgsamen Gesichtszügen erblicken. Alles in diesen letzten Momenten ist wunderbar und unbegreiflich, und wenn wir uns auch selbst darin befinden werden, werden wir doch auch mit der größten Besonnenheit nichts mehr davon wissen und erfahren. Denn gewiss endigt sich zunächst nur das Leben in völliger Bewusstlosigkeit. Die Natur wirft einen dichten Schleier über ihre Verwandlungen.

*

Es ist mir, als hätte der Tod eines Kindes noch etwas Rührenderes als der eines Erwachsenen, Noch nicht seinem eigenen Willen folgend, vertraut es dem Fremden, und es ist, als hätte man sein sorgloses

Vertrauen betrogen, selbst wenn der Tod nur eine Folge des bloßen blinden Geschicks ist.

*

Wenn man ein Wesen tot hat das man liebt, so glaubt man sich einheimisch in zwei Welten.

*

Der Verlust geliebter Personen bleibt in sich unersetzlich, und der Kummer und Gram darum lindert sich, wie ich sehr gut weiß und empfinde, durch keine Betrachtungen, eher noch in manchen Fällen und bei manchen Gemütern durch den ruhigen Verlauf der Zeit.

*

Man feiert die Toten nicht würdig durch verringerte Teilnahme an den Lebendigen, oder wenn man sich entzieht, ihnen hilfreich zu werden.

*

Die Wehmut, die das Herz bei Todesfällen geliebter oder geschätzter Personen erfüllt, ist eine Empfindung, die mit vielen im Gemüt zugleich zusammenhängt. Es ist wohl der Zurückbleibende, der sich selbst beklagt, aber es ist weit mehr noch als diese immer mehr oder weniger auf sich selbst und sein Glück bezogene Empfindung. Wenn der Tote ein sehr vorzüglicher Mensch war, so betrauert man gleichsam die Natur, daß sie einen solchen Menschen verlor. Alles um uns her gewinnt eine andere und schwermütige Farbe durch den Gedanken, daß

Der nicht mehr ist, der für uns Allem Licht, Leben und Reiz gab; es ist nicht mehr das einzelne Gefühl, daß uns der Dahingegangene so und so glücklich machte, daß wir diese und jene Freude aus ihm schöpften; es ist die Umwandlung, die unser ganzes Wesen erfahren hat, seit es den Weg des Lebens allein verfolgen muß. Für ein tiefer empfindendes Herz liegt auch darin ein höchst wehmütiges Gefühl, daß das Schicksal so enge Bande zerreißen konnte, daß die innere Verschwisterung der Gemüter nicht den Übrigbleibenden von selbst dem Vorangegangenen nachführte. Ich begreife, daß dies Gefühl nur in Wenigen so lebendig sein, nur auf wenige Fälle passen könne. Aber auch ganz einfache Fälle, selbst unbedeutende, nur harmlose und gute Menschen, wenn sie auch kaum eine Lücke in der Reihe der Zurückgebliebenen zu machen scheinen, erregen doch immer Wehmut und Schmerz, die in einem irgend fühlenden Gemüt nicht so leicht und nicht so bald verklingen. Das Leben hat seine unverkennbaren Rechte, und es gibt nichts Natürlicheres als den Wunsch, womöglich mit Allen, die man liebt und schätzt, zusammen darin zu bleiben, und den Schmerz, den nie endenden, wenn dies Band zerrissen wird. Die zu große Ruhe bei dem Hinscheiden geliebter Personen, wenn sie auch nicht aus Gefühllosigkeit, sondern aus christlicher Ergebung entspringt, ja die unnatürliche Freude, daß sie ins Himmelreich eingegangen sind, zeugen immer von einem überspannt frömmelnden Gemüt, und ich habe niemals damit sympathisieren können.

*

Man betrauert einen Verstorbenen nicht, weil man
durch ihn etwas Äußeres verliert, sondern bloß um
sein selbst, um seines Inneren willen. Denn Treue,
Liebe, Anhänglichkeit, das sind die wahrhaft uner-
setzlichen Dinge, die man durch den Tod wirklich
verliert und betrauert.

*

Der Verstorbene ist oft zu beklagen, daß er so früh
oder gerade in dem Augenblicke, wo er starb, hin-
weggerissen wurde. Eine junge Person hätte gerne
länger gelebt, eine Mutter wäre gern bei ihren Kindern geblieben, und hundert Fälle der Art. Für den
Zustand jenseits gibt es kein Zufrüh oder Zuspät; die
Spanne des Erdenlebens kann dagegen gar nicht in
Betrachtung kommen.

*

Das Dasein des Menschen dauert gewiss über das
Grab hinaus und hängt natürlich zusammen in seinen
verschiedenen Epochen und Perioden. Es kommt
also darauf an, die Gegenwart zu ergreifen und zu
benutzen, um der Zukunft würdiger zuzureifen. Die
Erde ist ein Prüfungs- und Bildungsort, eine Stufe zu
Höherem und Besserem, man muß hier die Kraft
gewinnen, das Überirdische zu fassen. Denn auch
die himmlische Seligkeit kann keine bloße Gabe sein
und kein bloßes Geschenk, sie muß immer auf gewisse Weise gewonnen werden, und es gehört eine
wohlerprüfte Seelenstimmung dazu, um ihrer durch
den Genuss teilhaftig zu werden.

*

Ich muß offenherzig gestehen, daß ich, wäre es auch unrecht, nicht an einer Hoffnung jenseits des Grabes hänge. Ich glaube an eine Fortdauer, ich halte ein Wiedersehen für möglich, wenn die gleich starke gegenseitige Empfindung zwei Wesen gleichsam zu Einem macht. Aber meine Seele ist nicht gerade darauf gerichtet. Menschliche Vorstellungen möchte ich mir nicht davon machen, und andere sind hier unmöglich. Ich sehe auf den Tod mit absoluter Ruhe, aber weder mit Sehnsucht, noch mit Begeisterung.

*

Ich habe die Tröstung, daß der Gedanke und das Gefühl nicht verloren gehen können, solange nur das Wesen überhaupt fortdauert. Ich habe von Jugend an eine große Zuversicht zu der Kraft des Gedankens gehabt, und die Zuversicht wächst, wenn man sich eines Gefühls in sich bewusst ist, das nicht so stark, so dauernd sein könnte, wenn es nicht Stoff der Ewigkeit in sich trüge. Eine wahrhaft empfundene Liebe kann nicht untergehen. Die Kraft, die über das Grab hinausträgt, liegt in ihr. Es gibt eine geistige Individualität, zu der aber nicht Jeder gelangt, und diese, als eigentümliche Geistesgestaltung, ist ewig und unvergänglich. Was sich nicht so zu gestalten vermag, das mag wohl in das allgemeine Naturleben zurückkehren.

*

Die Worte Paulus': „Lebten wir allein für diese Welt, so wären wir die elendesten Geschöpfe", haben allerdings eine tiefe Wahrheit und einen innerlich ergreifenden Sinn. Sie sprechen auf die kürzeste und einfachste Art die überirdische Bestimmung des Menschen aus. Denn in allen höheren, edleren, des Menschen wahrhaft würdigen Gefühlen erblicken wir mit Recht einen Ursprung, der nicht der Erde angehören kann. Alle Veredelung unsers Wesens stammt nur aus dem Gefühl der Ausdehnung unseres Daseins über die Grenzen dieser Welt. Das gibt dem Menschen ein so eigentümliches, den Nachdenkenden unaufhörlich begleitendes Gefühl, daß ihm die Welt, die ihn umgibt, in der er allein unmittelbar wirkt und genießt, nicht genügt, und daß seine Sehnsucht und seine Hoffnungen ihn zu einer anderen unbekannten und nur geahnten hinziehen. In dem verschiedenen Verhältnis, in das sich Jeder zu der einen und der anderen stellt, liegt hauptsächlich der Unterschied der inneren Individualität der Menschen. Es gibt den Charakteren die ursprüngliche Richtung, aus der sich alles Übrige entwickelt. Wer nun da ganz im Irdischen befangen wäre, ohne für eine höhere Welt Sinn und Gefühl zu haben, der wäre in Wahrheit elend zu nennen. Er entbehrte der höchsten und besten inneren Genugtuung und könnte in dieser Gesinnung zu keiner Vervollkommnung und eigentlichen Veredelung seines sittlichen Wesens gelangen. Es gibt aber auch eine gewisse Verschmähung der Erde und eine irrige Beschäftigung mit einem überirdischen Dasein, die, wenn sie auch nicht zu einer Vernachlässigung der Pflichten des Lebens führt, doch das Herz nicht dazu kommen lässt, die irdischen Wohltaten der Vorsehung recht zu genießen. Die wahrhaft schöne und edle Stimmung vermeidet diese doppelte Einseitigkeit. Sie geht von den unendlichen Spuren des Göttlichen aus, von denen alles Irdische und die ganze Schöpfung so sichtbar in weiser Anordnung und liebevoller Fürsorge durchdrungen ist. Man knüpft in ihr die reinen, wirklich einer besseren Welt angehörenden Empfindungen des Herzens zunächst an die menschlichen Verhältnisse an, denen dieselben auf eine würdige und nicht entweihende Weise gewidmet werden können. Man sucht so und pflanzt das Überirdische im Irdischen und macht sich dadurch fähig, sich zu dem ersten in seiner Reinheit zu erheben. In diesem Verstande lebt man in dieser Welt für eine andere; denn das Irdische wird bloß zur Hülle des göttlichen Gedankens; er allein ist sein eigentlicher und nicht tief in ihm verborgen liegender, sondern hell und sichtbar aus ihm hervorstrahlender Sinn. In dieser Absicht trennt sich dann die Seele leicht ganz vom Irdischen und erhebt sich über dasselbe. Unmittelbar daran knüpft sich der Glaube an Unsterblichkeit und an ein jenseits des Grabes beginnendes Dasein an. Diesen trägt ein Gemüt, das im richtigen Sinn nicht für diese Welt allein lebt, nicht bloß als Hoffnung und Sehnsucht, sondern als unmittelbar mit dem Selbstbewusstsein verbundene Gewissheit in sich. Wären wir nicht gleichsam schon ausgestattet mit dieser Gewissheit auf die Erde gesetzt, so wären wir in der Tat in ein Elend hinabgeschleudert. Es gäbe keinen Ersatz für irdisches Unglück und, was noch mehr und beklagenswerter wäre, die wichtigsten Rätsel blieben ungelöst, und unserem ganzen inneren

Dasein fehlte, was ihm eigentlich das Siegel seiner Vollendung aufdrückt.

Editorische Notiz:

Der Text der vorliegenden Edition folgt der Ausgabe:
Elisa Maier: Wilhelm von Humboldt. Lichtstrahlen. Aus seinen Briefen an eine Freundin,
Frau von Wolzogen, Schiller, G. Forster und F. A. Wolf. Mit einer Biographie Humboldts,
Leipzig 1855.

Der Text wurde aus Fraktur übertragen. Die Orthographie wurde behutsam modernisiert,
grammatikalische Eigenheiten bleiben gewahrt. Die Interpunktion folgt der Druckvorlage.

www.ingramcontent.com/pod-product-compliance
Lightning Source LLC
Chambersburg PA
CBHW021415110726
47901CB00008B/2176